Planète singes

Planète singes

nos cousins les primates

Robin Dunbar et Louise Barrett

BORDAS

ÉDITION ORIGINALE

Cet ouvrage a été publié en 2000, parallèlement à la diffusion, par la BBC 1, de la série télévisée *Cousins*.
Producteur des séries : Bernard Walton
Producteur : Miles Barton

Publié par la BBC Worldwide Ltd
Woodlands 80 Wood Lane, London W 12 OTT

1re publication en 2000

ÉDITION FRANÇAISE

Traduction
Nathalie Audard et Érik Seinandre

Adaptation française
Marie-Claude Bomsel, docteur vétérinaire et professeur au Museum d'histoire naturelle

Réalisation de l'ouvrage
Éditions Octavo
avec la collaboration de Nathalie Barthès et de Françoise Pham

Direction éditoriale
Catherine Delprat

Coordination éditoriale
Agnès Dumoussaud assistée de Laurence Alvado et d'Annabelle Mauger

Couverture
Véronique Laporte

N° Éditeur : 10086706
ISBN : 2-04-760048-0
Dépôt légal : octobre 2001

Achevé d'imprimer au Royaume-Uni par Butler & Tanner Ltd, Frome, en septembre 2001.

Sommaire

3

La vie des singes est profondément marquée par la sociabilité. Toutes les espèces de singes vivent en groupe sous une forme ou sous une autre. Mais si ce mode de vie constitue la solution idéale pour échapper aux prédateurs, il ne va pas sans problèmes, les animaux devant alors rivaliser entre eux pour la nourriture. Dans de telles circonstances, de bonnes dispositions sociables sont essentielles. Respecter la hiérarchie, et évoluer au sein de réseaux relationnels complexes, requiert une vigilance de chaque instant.

4

Gorilles, chimpanzés et hommes appartiennent au même groupe de primates : les grands singes. Ce sont des créatures extrêmement sociables, aux modes de vie très variés ; dotés d'un cerveau plus développé, ils font preuve d'aptitudes sociales et intellectuelles plus sophistiquées. En à peine quelques millions d'années, les humains sont devenus l'espèce dominante. Qu'est-ce qui nous sépare – et nous rapproche – des autres grands singes ? En sommes-nous aussi différents que nous aimons à le penser ?

Avant-propos

Au cœur des forêts sèches de Madagascar vit une petite créature enchanteresse qui tiendrait dans la paume de votre main. Il s'agit d'un microcèbe mignon d'à peine 30 g, le plus petit des primates. Arrivée dans l'ouest de l'île pour filmer cet animal minuscule, je m'attendais à une approche rendue difficile par son caractère solitaire et nocturne, mais il se révéla intrépide. Comme je m'approchais de l'un d'eux, qui s'était posté sur une branche au-dessus de ma tête, il étendit son corps souple aux reflets roux et fixa sur moi ses grands yeux brillants avec un air de curiosité, puis disparut d'un bond dans l'obscurité.

Si petit qu'il soit, ce primate n'en est pas moins d'une importance considérable, car il est très semblable aux tout premiers ancêtres des primates, y compris, bien sûr, l'homme. Avec sa face légèrement pointue, ses grandes oreilles arrondies et sa queue fine, le microcèbe mignon tient plus du rongeur, mais il possède deux caractéristiques fondamentales des primates : des yeux dirigés vers l'avant, grâce auxquels il peut évaluer les distances, et des mains préhensiles, qui lui permettent de bondir à travers la canopée et de grimper aux arbres, le rendant parfaitement adapté à la vie arboricole.

Cet ouvrage, qui fait autorité, retrace de manière très accessible l'évolution des primates et décrit comment, à partir de débuts aussi modestes, un même archétype a produit l'ordre mammalien incroyablement riche et haut en couleur auquel nous appartenons. Des anciens prosimiens à la prospérité des singes et des grands singes, jusqu'à nous, *Planète singes* aborde la vie des primates sous tous ses aspects et donne un formidable aperçu de nos origines.

À observer les primates se câliner, se chamailler, élaborer des stratégies, résoudre des problèmes et appréhender leur environnement, il devient clair que, plus que tout autre chose, c'est notre sociabilité et notre intelligence qui témoignent de notre parenté biologique avec eux. Il est dès lors surprenant de constater que l'on en savait si peu sur leur comportement, jusqu'à ces dernières années. Auparavant, les primates n'ont quitté leurs terres exotiques que pour être exposés, captifs, aux regards troublés des hommes. Il y a trente ans, moins de dix espèces avaient été étudiées en détail dans leur milieu naturel. L'observation des animaux sauvages n'est jamais chose aisée, et les primates ont leurs propres spécificités. Ils habitent des lieux éloignés et inaccessibles, comme les hauteurs de la canopée des denses forêts tropicales. Aussi, comme nous avons perdu cette aptitude propre aux primates – qui est de grimper aux arbres –, les torticolis sont au rendez-vous dans nos efforts pour les apercevoir, fût-ce fugitivement. Grâce au dévouement et à la détermination de primatologues, tels Robin Dunbar et Louise Barrett, qui ont progressivement accoutumé les animaux à leur présence, découvert leur mode de vie, appris à reconnaître chaque individu et minutieusement brossé le tableau de leur vie sociale, l'étude des primates est devenue l'un des domaines de recherche les plus dynamiques et les plus exaltants.

Un émouvant face-à-face : rencontre avec un jeune orang-outan de Bornéo.

Cet ouvrage explore tout particulièrement la relation qui existe entre la vie en groupe et l'intelligence chez les singes, avant de sonder celle des grands singes. Leur capacité à prendre conscience de soi, à l'empathie, à l'invention, à l'apprentissage et même au langage est riche d'enseignements sur notre propre évolution. Nous sommes, certes, dotés d'une intelligence exceptionnelle et d'une grande curiosité pour le monde qui nous entoure, mais, à observer nos proches parents, nous voyons quelque chose de très semblable briller au fond de leurs yeux.

Au cours des dernières décennies, nos connaissances sur les primates ont fait d'énormes progrès, mais il est certain que nous avons encore beaucoup à apprendre. Leur protection est le prochain défi que nous devons relever. Près de la moitié des espèces sont menacées par le primate le plus dangereux : l'homme. La destruction de leurs habitats et la chasse les ont dramatiquement touchées, et le temps est compté pour nombre d'entre elles. Nous ne renverserons cette tendance qu'au prix d'une meilleure compréhension de leurs mœurs, et cet ouvrage y contribue très largement.

Dr Charlotte Uhlenbroek

1

LE MONDE DES PRIMATES

1.1 QU'EST-CE QU'UN PRIMATE ?

Un vieil orang-outan balance nonchalamment ses 75 kg de branche en branche dans la jungle. Plus bas, caché dans le feuillage, un minuscule tarsier d'à peine 100 g somnole dans son nid, après une nuit passée à chasser les insectes. À proximité, assis sur des tas de feuilles de figuier, un groupe de singes folivores regarde passer l'orang-outan, en mâchant d'un air méditatif. À quelque distance, une troupe de macaques à queue de cochon s'enfonce bruyamment dans le sous-bois à la recherche de nourriture. Au sol, un homme, muni de jumelles et d'un magnétophone, observe attentivement l'orang-outan. Tous appartiennent à la même famille zoologique : les primates. C'est une famille imprégnée d'histoire, dont les origines remontent au temps des dinosaures, une famille a priori quelconque et pourtant remarquable de diversité dans ses formes et ses modes de vie, et par la taille de son cerveau.

Page précédente : le gorille mâle est le plus grand des primates vivants.

CE QUI CARACTÉRISE LES PRIMATES

On compte environ 230 espèces vivantes de primates. Elles ne constituent qu'une infime fraction de toutes celles qui ont existé depuis que ce remarquable groupe de mammifères est apparu sur Terre. Nous aurons l'occasion de revenir sur cette longue histoire, mais pour l'heure se pose une question plus ardue : pourquoi groupons-nous ces espèces au sein d'une même famille ? En quoi diffèrent-elles des quelque 4 000 autres espèces de mammifères, comme les kangourous et les éléphants ?

Les primates forment l'un des ordres (ou subdivisions principales) des mammifères (classe qui regroupe les animaux allaitant leurs petits). Certains ordres mammaliens, comme les rongeurs et les carnivores, comprennent de nombreuses espèces. D'autres, comme les galéopithèques, seulement une poignée. Les primates constituent l'un des ordres mammaliens les plus riches.

On répartit généralement leurs 230 espèces en trois groupes principaux : le groupe des grands singes (auquel appartient l'homme), celui des singes et celui des prosimiens (lémurs, galagos et autres petits animaux secrets de la nuit). Les grands singes sont souvent qualifiés d'« anthropoïdes ». Tous ces groupes de primates partagent des traits distinctifs témoignant de leur ancêtre commun, traits qui ont évolué en fonction du mode de vie arboricole qui est le leur depuis des millions d'années. La plupart des primates habitent les forêts, ils sont capables de grimper dans les arbres, de se balancer de branche en branche,

1. Un entelle doré trouve sans effort un abri dans un arbre. Les primates sont bien adaptés à la vie arboricole.

ou encore de ramper dans les sous-bois. Même les gorilles et les mandrills, qui se déplacent habituellement au sol, demeurent largement confinés aux habitats forestiers. Seuls les humains, les géladas et les patas vivent dans des zones ouvertes, où ils évoluent uniquement au sol. Néanmoins, même les géladas et les patas trahissent leur ancêtre arboricole, avec leurs pieds préhensiles, semblables à des mains, qui en font de bons grimpeurs. Seuls nous autres humains sommes de piètres grimpeurs, nos pieds ayant perdu leur capacité préhensile pour assurer un appui stable autorisant le type de marche propre à notre espèce.

Un mammifère plutôt ordinaire

Anatomiquement, les primates se révèlent être des mammifères étonnamment peu originaux. De taille moyenne et sans forme corporelle spécifique, ils ne présentent aucun des traits distinctifs d'autres ordres mammaliens, comme les pieds bien particuliers des mammifères à sabots ou le profil hydrodynamique des dauphins. Ils ressemblent de très près à leurs ancêtres fossiles et n'ont guère évolué depuis le début de l'ère des mammifères, il y a quelque 65 millions d'années.

Nous pouvons malgré tout identifier un certain nombre de caractéristiques-clés, communes à la plupart d'entre eux (mais pas à tous) : des yeux orientés vers l'avant pour une vision binoculaire ; des ongles à la place de griffes ; une main et un pied à cinq doigts ; un pouce opposable aux autres doigts, rendant la main semblable à une pince ; un cerveau relativement gros ; et une longue enfance, qui se prolonge bien au-delà du sevrage. Hormis ces caractéristiques, peu de choses différencient les primates d'autres ordres mammaliens tout aussi anciens, comme les insectivores (hérissons et musaraignes) ou les rongeurs. Leurs oreilles ne sont pas spécialisées (à la différence de celles des chauves-souris), pas plus que leurs dents (contrairement aux canines des carnivores) ; et leurs mains et pieds ne sont guère différents de ceux à cinq doigts des premiers mammifères (exception faite des sabots).

1. Semblable à une main et adapté pour grimper aux arbres, le pied du sifaka de Madagascar est typique de tous les primates.

2. La main du chimpanzé est adaptée autant à l'escalade des arbres qu'à la manipulation délicate d'objets.

1

2
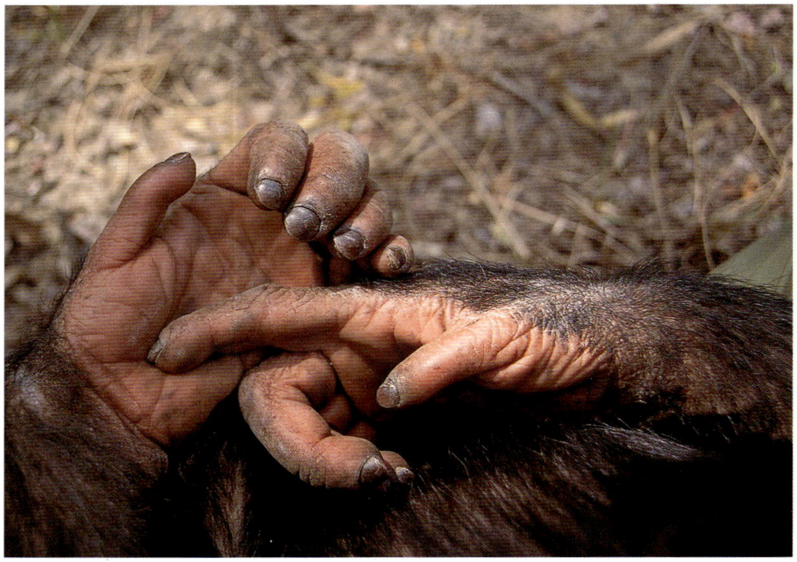

Mais si nous, humains, remplissons plutôt bien ces critères, ce n'est pas le cas de tous les primates. Certains, comme les colobes d'Afrique, n'ont pas de pouce, tandis que celui des gibbons d'Asie du Sud-Est n'est qu'un vestige.

La façon qu'ont ces espèces de se déplacer explique probablement cette exception notable, car les pouces leur seraient une entrave (les gibbons se balancent d'une branche à l'autre en utilisant la main comme un crochet, alors que les colobes évoluent par bonds successifs). Chez les prosimiens, le second orteil de chaque pied est pourvu non pas d'un ongle mais d'une griffe, qui leur sert de peigne pour le toilettage.

Tout ceci illustre l'extraordinaire diversité des primates. En termes de taille, par exemple, ils montrent d'énormes variations : le plus petit, le microcèbe mignon de Madagascar, pèse à peine 30 g, tandis que le plus imposant, le gorille mâle, est 4 000 fois plus lourd avec ses 120 kg. Certaines espèces de lémuriens, aujourd'hui éteintes, pesaient même jusqu'à 200 kg. Nonobstant, les primates présentent tous une allure identique, avec les mêmes traits corporels caractéristiques des mammifères.

Les singes-araignées (ou atèles) sont dotés d'une queue préhensile qui fait office de cinquième main. Ils peuvent ainsi se suspendre à une branche avec leur queue, tout en cueillant des fruits à l'aide de leurs mains.

Ces chauves-souris frugivores du sud de l'Inde ont été considérées comme des membres potentiels de la famille des primates. La génétique moléculaire a démontré que, à l'instar des petites chauves-souris insectivores, elles appartiennent à une autre famille de mammifères.

PRIMATE OU PAS ?

Les corps des primates ne présentant que peu de spécificités, tracer la frontière qui les sépare des autres mammifères se révèle difficile. Quels animaux faut-il inclure dans la famille des primates ? On a proposé, au cours du XXe siècle, de nombreux candidats, parfois incongrus.

Ainsi, les primates ayant des dents semblables à celles des chauves-souris frugivores, certains scientifiques ont suggéré que celles-ci devaient appartenir à la même classe, en dépit de leur envergure de 1,50 m qui, elle, n'évoque en rien les primates. La génétique moléculaire nous confirme aujourd'hui que les deux sous-familles de chauves-souris (celle des frugivores et celle des insectivores, plus petits et qui nous sont plus familiers) ont un ancêtre commun. Il semble donc que les chauves-souris soient des chauves-souris, et non nos cousines.

On a également considéré le cas des deux espèces de galéopithèques (ou colugos) d'Indochine et d'Indonésie. Chez ces mammifères de la taille d'un chat, un repli de peau relie les bras aux jambes et leur permet de planer sur des distances allant jusqu'à 150 m. Mais, malgré la similitude de leurs dents, ce ne sont ni des lémuriens, ni de réels « volants ». Il se peut, néanmoins, qu'ils descendent de ces mêmes anciens mammifères (les Plésiadapidae), qui, il y a 65 millions d'années, donnèrent naissance aux primates.

Les prétendants les plus crédibles ont sans conteste été les toupayes, qui évoluent dans les bas étages des forêts d'Asie du Sud-Est. Ce n'est que dans les années 1970 que l'on a pu conclure qu'ils appartenaient à un ordre à part, *Scandentia*, classé à côté des insectivores.

DÉFINIR LES ESPÈCES

Le biologiste suédois Carl von Linné (1707-1778) est à l'origine de notre système moderne de classification zoologique. Linné s'attacha à répertorier les animaux et les plantes alors connus en un système cohérent, fondé sur les similarités physiques. Il conçut un système de classification hiérarchique, dans lequel les espèces se trouvaient regroupées en genres, eux-mêmes rassemblés en familles, puis en ordres, et ainsi de suite jusqu'en haut de l'échelle. L'identification des organismes repose principalement sur le genre et l'espèce. Selon le système original de Linné, chaque espèce (y compris la nôtre) est identifiée par un nom latin formé de deux mots, qui spécifie d'abord le genre, puis l'espèce. Linné donna ainsi à l'espèce humaine le nom d'*Homo sapiens*, l'« homme sage ». Nous sommes les membres de l'espèce « sage » *(sapiens)* appartenant au genre « de type homme » *(Homo)*.

1. La mule résulte du croisement entre un cheval et une ânesse. Bien que plus robuste et plus travailleuse que chacun de ses parents, elle est stérile.

2. Le biologiste suédois Carl von Linné est le père de la classification biologique moderne.

2

Classifier les différences

Au début du XIXe siècle, le système de classification de Linné était censé refléter les ancêtres communs. On pensait ainsi que les espèces qui descendaient du même ancêtre, depuis éteint, étaient semblables, car elles avaient hérité de certaines caractéristiques de cet aïeul commun, même si elles avaient entre temps développé des traits qui leur étaient propres. Les similarités physiques continuèrent donc à influencer largement la classification zoologique, y compris chez les primates. Cependant, ce système avait ses limites. Quelles différences deux populations animales devaient-elles afficher pour être considérées comme appartenant à des espèces distinctes ?

On s'aperçut également que les taxinomistes travaillant sur différents groupes n'usaient pas toujours des mêmes points de repère. Il apparut que plus ils s'approchaient de l'espèce humaine, plus la classification devenait raffinée. Ainsi, par exemple, les différences qui séparaient deux espèces de singes ne distinguaient pas deux sous-espèces (ou races biologiques) d'oiseaux, tout comme elles seraient probablement passées inaperçues chez les spécialistes des limaces et des escargots.

De parfaits exemples

Le problème provenait en partie de ce que les premiers biologistes avaient emprunté la notion d'espèce aux anciens philosophes grecs, chez qui le terme était usité dans le cadre de la vie quotidienne. Pour eux, les choses partageant un ensemble de caractéristiques devaient être classées dans la même catégorie. Linné et les biologistes de son temps voyaient dans une espèce un groupe d'individus se battant pour atteindre une forme parfaite, et chaque espèce devint

3

identifiable par son « spécimen type », l'individu censé en être le parfait exemple. Linné lui-même se posa comme spécimen type de notre espèce, et il le demeure à ce jour !

Variation naturelle

Cette conception typologique s'est néanmoins heurtée à la nouvelle vision évolutionniste que les biologistes adoptèrent après la publication, en 1859, de l'œuvre décisive de Charles Darwin, *De l'origine des espèces*. Darwin voyait le monde comme une entité variable : sans variations, il ne pouvait y avoir d'évolution. Ainsi, loin de s'évertuer à s'imiter entre eux, les organismes œuvraient à une diversité aussi grande que possible, capable de soutenir de nouveaux développements. Il en découla la définition aujourd'hui largement acceptée d'une espèce : deux animaux appartiennent à la même espèce s'ils sont capables de se reproduire et d'engendrer une progéniture fertile. Cette définition permet d'expliquer les divergences graduelles (mais parfois très rapides) qui apparaissent entre deux populations d'une même espèce à mesure qu'elles évoluent en deux espèces distinctes.

Le continuum génétique

Il n'en reste pas moins que la classification zoologique porte encore les marques de son passé pré-darwinien. Nous classons en catégories distinctes ce qui est en réalité un continuum de similarité génétique. Là où nous devrions évoquer des degrés de parenté ou d'affinité génétique, nous imposons des frontières. Nous continuons à ranger les humains et les deux espèces de chimpanzés *Pan* en deux genres distincts, quand bien même les vraies différences qui nous séparent le justifient à peine.

3. Deux espèces, très proches l'une de l'autre, s'observent avec curiosité.

VOIR AUSSI

1.1 Qu'est-ce qu'un primate ?
p. 15 Primate ou pas ?

1.3 Les primates aujourd'hui
p. 37 La classification
p. 40 L'horloge moléculaire

3.1 Les modes de vie des singes
p. 114 Cercopithèques : naturellement différents

4.1 La planète des grands singes
p. 178 L'histoire récente

UN MODE DE VIE TROPICAL

Outre leurs caractéristiques physiques, les primates ont en commun une autre particularité importante : ce sont tous, excepté l'homme, des mammifères tropicaux. Seules les forêts tropicales leur offrent tout au long de l'année les fruits et les feuilles nécessaires à leur survie. Les forêts des latitudes tempérées sont soit formées de conifères (et donc absolument pas adaptées), soit trop saisonnières (et donc incapables de nourrir les primates durant l'hiver). Seul un petit nombre d'espèces pointe son nez dans les régions subtropicales d'Europe et d'Asie. Les macaques de Barbarie (ou magots), par exemple, ont un pied à Gibraltar à l'extrémité sud du continent européen ; les macaques du Japon ont, quant à eux, élu domicile dans les terres enneigées du nord du Japon.

Présents sur tous les continents et dans tous les types d'habitat, nous, humains, sommes la véritable exception. Il n'en a cependant pas toujours été ainsi, dans la mesure où nous sommes des créatures récentes du paysage terrestre. Comme celle de nos cousins primates, notre évolution s'est en très grande partie déroulée en Afrique, se limitant à quelques incursions dans les régions principalement tropicales d'Asie du Sud-Est. Ce n'est qu'à l'arrivée de l'homme moderne, voilà tout juste 100 000 ans, que nous nous sommes aventurés sur toute la surface du globe, en une déferlante qui a tout englouti sur son passage (▷ p. 210). Notre corps lui-même trahit nos origines tropicales. Notre charpente allongée et mince, nos longues jambes sont caractéristiques d'une espèce tropicale plutôt que d'une espèce adaptée aux climats rigoureux, chez laquelle des membres plus courts réduisent la perte

1

1. Un macaque de Barbarie femelle contemple le rocher de Gibraltar, l'unique territoire européen des primates aujourd'hui.

2

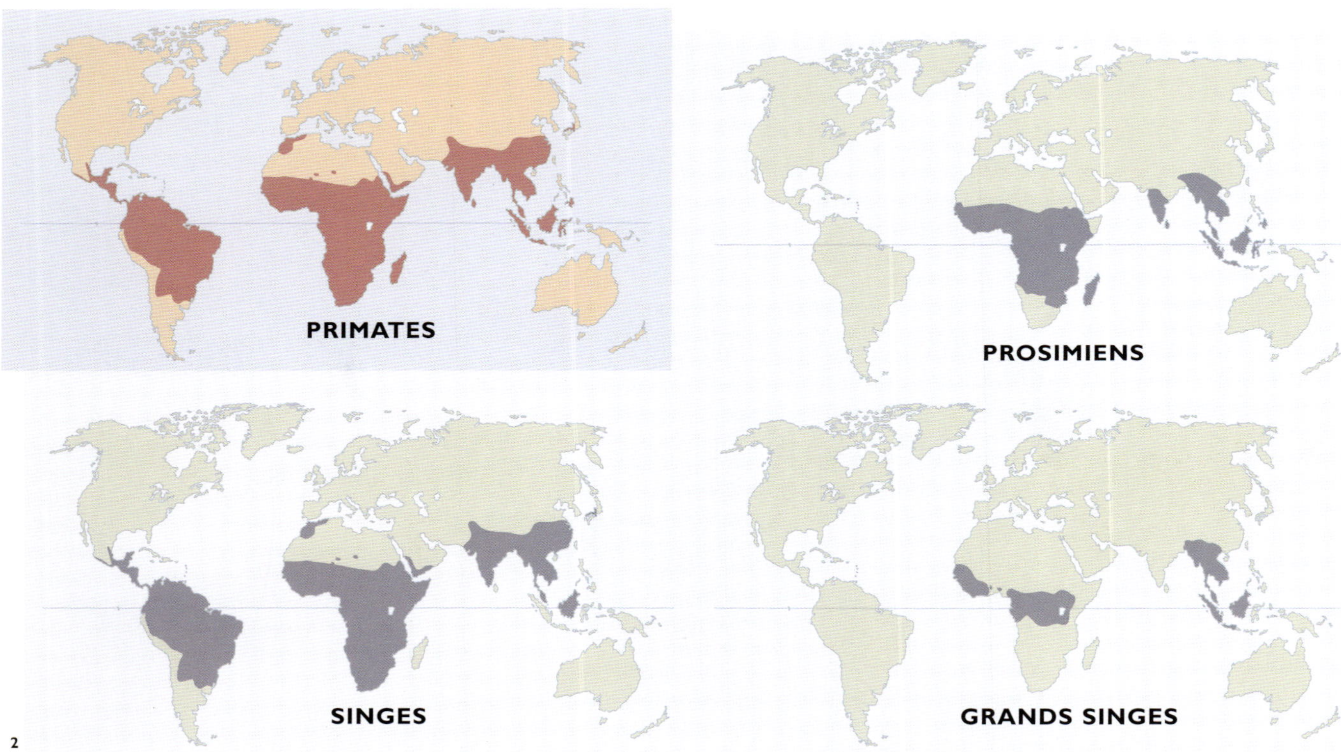

2. Bien qu'ayant autrefois occupé des territoires plus dispersés, les primates (hormis les humains) sont aujourd'hui concentrés dans les zones tropicales, principalement dans les forêts.

de chaleur. Notre absence de pelage résulte d'une adaptation visant à évacuer la chaleur du corps, ce qui obligeait nos ancêtres à s'emmitoufler dans des peaux et à dormir près du feu pour affronter les nuits fraîches et la neige d'Europe et d'Asie du Nord.

Les habitats des primates

Leurs adaptations écologiques étant assez limitées, les primates n'occupent en général que les continents et pas les îles, sauf si celles-ci étaient encore rattachées au territoire continental jusqu'à une date récente. Ceci est patent en Asie du Sud-Est, où les primates habitent les îles de l'archipel indonésien (dont Sumatra, Java, Bornéo et Célèbes), qui se sont détachées du continent il y a seulement 10 000 ans, et n'occupent pas les îles isolées depuis beaucoup plus longtemps, comme la Nouvelle-Guinée. Les primates ont été pris au piège sur ces îles indonésiennes par la brusque montée des eaux qui se produisit à la fin de la dernière ère glaciaire.

Les primates sont néanmoins capables de conquérir des terres insulaires. Certaines îles des Caraïbes ont ainsi abrité des espèces fossiles, dont la dernière s'est éteinte peu après l'arrivée des hommes, il y a environ 4 500 ans. Elles seraient arrivées par le sud du continent américain au cours des derniers millions d'années seulement. Mais le fait est que, une fois installées, ces espèces s'adaptent à une vie sans guère de concurrents. Or, la venue, par la suite, de rivaux écologiques agressifs (tels les hommes) constitue souvent une menace.

Les primates n'ont réussi une parfaite intégration que dans peu d'îles, comme les

Seule une espèce de primates, les géladas, est réellement herbivore, à l'instar des chevaux et des vaches.

Au cœur de l'hiver, les macaques du Japon se réchauffent dans les sources chaudes.

PRENDRE UN BAIN

Peuplant le nord de l'île japonaise Honshu, les macaques du Japon constituent la population de primates la plus septentrionale. Si les étés y sont chauds et tempérés, les hivers y sont par contre rigoureux et très enneigés, et les animaux vivent dans les conditions les plus rudes.

Par ailleurs assez volcanique, cette région est parsemée de sources chaudes issues du manteau terrestre, qui jaillissent en surface, répandant leur eau bouillante sur le sol glacé. Ainsi, certaines troupes de singes ont pris l'habitude de venir s'installer près de ces sources chaudes en hiver, lorsqu'il gèle. Il semble qu'ils aient adopté ce comportement dans les années 1960, imitant probablement des hommes qui appréciaient de pouvoir se relaxer dans cette source de chaleur naturelle. Toutefois, les singes ont fort bien pu prendre conscience des bienfaits de l'eau chaude en se perchant sur des roches au-dessus des sources.

Comment les macaques survivent aux températures négatives après être sortis de leur bain chaud demeure un mystère. Leur fourrure est certes relativement imperméable, mais un séjour prolongé dans l'eau chaude doit réduire leur capacité à retenir la chaleur corporelle et les rendre plus enclins aux coups de froid.

chaînes insulaires d'Asie du Sud-Est (Indonésie, Philippines et Japon) et Madagascar. Madagascar semble être un cas unique, où les animaux venus d'Afrique ne furent confrontés à aucun rival, et purent évoluer en un nombre incroyable d'espèces différentes. Mais certaines d'entre elles aussi ont succombé aux conséquences de l'insularité.

Cette vulnérabilité est en partie due au fait que les zones restreintes ne peuvent accueillir autant d'espèces que les régions plus vastes. Ce phénomène, le « rapport espèce-surface habitable », s'applique non seulement aux îles océaniques, mais aussi aux forêts peu étendues et aux parcs nationaux, semblables à des habitats insulaires séparés les uns des autres par des étendues de terre inhospitalière. Ces zones limitées ne pouvant en outre accueillir que des populations restreintes, les espèces y courent davantage de risque d'extinction.

1

1. Les macaques noirs de Célèbes, en Indonésie, sont issus d'une population coupée de l'Indochine par une montée des eaux, à la fin de la dernière ère glaciaire.

TAILLE ET ALIMENTATION

Le régime alimentaire des primates est fonction des forêts qui les hébergent. La plupart des espèces sont insectivores, ou folivores ou frugivores, ou une combinaison des trois. On ne compte aucun vrai carnivore, excepté peut-être l'homme, ni herbivore, hormis le gélada. Les hommes ne sont eux-mêmes pas de vrais carnivores : sans légumes pour équilibrer notre régime, nous mourrions d'empoisonnement protéique (comme cela s'est produit lors des premières expéditions vers l'Ouest américain).

Bien que les premiers primates se soient probablement nourris d'insectes, ce régime, s'il est exclusif, ne peut assurer la survie d'aucune espèce, car les insectes sont, d'une part, petits et doivent, d'autre part, être ingérés un à un. Le seuil critique du poids de l'animal semble se situer autour de 1 kg. Les individus plus lourds ne peuvent capturer suffisamment d'insectes chaque jour pour se maintenir en vie.

Les espèces de poids moyen, jusqu'à 10 kg environ, comme les singes-araignées, tendent à être frugivores, tandis que celles plus imposantes, tels les colobes, sont plutôt folivores. Cette particularité tient en grande partie à la quantité disproportionnée de nourriture que les petits animaux doivent ingurgiter chaque jour, les amenant à préférer des aliments très nourrissants d'où ils peuvent facilement extraire les nutriments. Les espèces plus grandes se contentent d'un régime moins nutritif de feuilles, plus difficiles à digérer.

Que le régime alimentaire ait d'importantes implications sur le système digestif et sur la dentition n'a rien de surprenant. Les différentes parties du système digestif (estomac, intestin grêle, gros intestin) remplissant des rôles distincts, leurs tailles dépendent du régime de l'espèce. Ainsi, chez les folivores, les feuilles doivent fermenter pour libérer leurs

★ Les primates ont un cerveau proportionnellement beaucoup plus développé que toutes les autres espèces animales.

2. (ci-contre) Un vervet du Kenya ouvre une figue. Les mains des primates leur permettent de faire preuve d'une grande dextérité.

1

2

1. Le colobe bai de Zanzibar, devenu rare, est un folivore. C'est l'une des espèces de singes les plus menacées.

2. Le microcèbe mignon de Madagascar compte parmi les primates les plus petits. Pour limiter ses dépenses énergétiques lorsque la nourriture se fait rare, il entre en état de torpeur dans son nid.

nutriments, un peu comme chez les vaches et les moutons. La cellulose, qui compose les parois des cellules des feuilles, est difficile à digérer, et seules les bactéries peuvent la décomposer. Les folivores sont ainsi dotés d'un estomac particulièrement dilaté et rempli de bactéries, qui fait office de cuvette de fermentation (▷ p. 110). Les bactéries sont elles-mêmes digérées dans l'intestin grêle, libérant les nutriments qu'elles ont extraits des feuilles. Chez les frugivores, au contraire, l'estomac est plus petit, et l'intestin grêle, plus long, absorbe efficacement les nutriments tirés de la pulpe des fruits.

Régime alimentaire et répartition

Le régime alimentaire et la taille ont d'autres effets notables sur la vie des primates. Les espèces de grande taille, tels les chimpanzés, ont besoin de plus d'espace que les petites pour satisfaire leurs besoins en nourriture, de sorte que les animaux sont en moins grand nombre sur une surface donnée. En outre, les fruits étant une source de nourriture éphémère, l'habitat des frugivores doit être plus vaste que celui des folivores pour abriter en permanence au moins un arbre garni de fruits. Les feuilles se répartissent de façon plus uniforme, à la fois dans l'espace et dans le temps, et les folivores se contentent d'aller voir sur l'arbre voisin lorsqu'ils en ont terminé avec le premier.

Plus l'on s'éloigne de l'équateur, moins il y a d'espèces de primates dans une aire donnée, et seules les grandes espèces tendent à habiter loin de l'équateur. Cela est dû au caractère saisonnier des habitats non tropicaux, les grandes espèces souffrant moins d'un manque de nourriture à la mauvaise saison. Les animaux de la taille d'une souris doivent en effet ingurgiter leur propre poids chaque jour, tandis qu'un animal de la taille d'un humain peut jeûner durant 70 jours.

On a par ailleurs constaté, avec quelque étonnement, qu'une communauté regroupant plusieurs espèces, parfois jusqu'à 12 ou 15, accueille rarement plus d'une espèce folivore. Une forêt africaine typique peut ainsi abriter sept ou huit espèces de frugivores – babouins, cercopithèques, chimpanzés – et un ou deux galagos insectivores, mais elle n'accueillera qu'une seule espèce de colobes folivores. Cela n'empêche pas ces derniers d'être parfois les plus nombreux, allant jusqu'à représenter la moitié de la population globale. On ne connaît pas encore très bien les raisons de cette singularité. Elle est peut-être due au fait que les folivores vivent en groupes plus resserrés que les frugivores, les feuilles étant plus abondantes que les fruits. Ou encore à ce que les folivores n'ont pas à se battre pour leur nourriture autant que les frugivores, qui ne trouvent la leur qu'en quantité limitée. Les frugivores sont ainsi contraints à adopter diverses « niches écologiques » (chaque espèce développe son propre mode de vie), ce qui conduit à la cohabitation d'espèces distinctes. Une telle séparation écologique peut conduire à la colonisation de la canopée sur différents étages, ou à la spécialisation dans différents types de fruits.

En transportant sur de grandes distances les graines des fruits qu'ils ont ingérés, puis en les éliminant dans leurs fèces, les chimpanzés favorisent la régénération des forêts.

LES PRIMATES SEMEURS DE GRAINES

Les primates semblent jouer un rôle important dans l'écologie des forêts tropicales. Sans leur aide, de nombreux arbres tropicaux disparaîtraient.

Le nectar des fleurs du kapokier constitue plus des trois quarts de l'alimentation du lémur mongoz, sans doute l'espèce qui assure au mieux la pollinisation de cet arbre. Le poids approprié du cheirogale agit comme un levier sur les lianes grimpantes dont il tire le nectar, libérant ainsi le pollen ; la tentation est alors très grande de penser qu'au cours de l'évolution, le cheirogale et la plante ont conclu un pacte fondé sur des services mutuels.

Les primates jouent aussi un rôle important dans la dispersion des graines. De nombreux arbres stoppent la croissance de leurs propres plants, lorsque ceux-ci germent trop près de leur tronc ; ils confient aux oiseaux et aux mammifères le soin de transporter les graines assez loin pour permettre la germination. Les singes s'acquittent particulièrement bien de ce rôle.

Certains possèdent des abajoues où ils stockent les fruits, en attendant de pouvoir les consommer en toute tranquillité. Il arrive que des graines tombent accidentellement, germant ainsi loin de leurs arbres. Elles parcourent même parfois de longues distances dans les intestins de nombreux singes et grands singes. Celles qui ne sont pas brisées lors de la mastication se retrouvent intactes dans les fèces, parfois à des kilomètres des arbres. En outre, l'acide contenu dans l'estomac d'un frugivore « prépare » les graines de certains arbres, celles-ci ne pouvant germer que si elles ont séjourné dans l'estomac d'un animal.

1.2 LES ORIGINES DES PRIMATES

Il y a 65 millions d'années, une météorite géante, s'écrasant quelque part près de la presqu'île du Yucatán au Mexique, sonna le glas de l'ère des dinosaures. Les poussières et les cendres résultant de l'impact engendrèrent un « hiver nucléaire » et, incapables d'affronter le climat plus froid et les changements de végétation, les dinosaures disparurent. Libérés de la concurrence face à ces reptiles, qui avaient dicté leur loi durant 250 millions d'années, les petits mammifères qui se cachaient dans les sous-bois ou évoluaient au sommet des arbres se trouvèrent soudain dans un paradis écologique. Parmi eux, les Plésiadapidae (des animaux aux allures d'écureuil, apparentés à la musaraigne et au hérisson d'aujourd'hui), se diversifiant au sein de nouvelles niches écologiques, engendrèrent les premiers primates. Issu de ces humbles débuts, par un long et sinueux chemin à travers les âges, l'homme entra finalement en scène.

LA NAISSANCE DES PRIMATES

Les primates représentent l'une des plus anciennes lignées de mammifères vivant aujourd'hui. Leurs origines remontent à l'ère des dinosaures, voilà plus de 65 millions d'années. En grande partie nocturnes et probablement solitaires, leurs ancêtres se nourrissaient d'insectes et faisaient leurs nids dans des trous d'arbres, à l'instar des prosimiens d'aujourd'hui, tels les galagos et les lémurs.

Les Plésiadapidae

Les ancêtres des primates ne sont pas considérés comme des primates eux-mêmes. Ils ont en fait leur propre sous-ordre mammalien, les Plésiadapidae. Ces mammifères arboricoles affichaient des caractéristiques bien éloignées de celles des primates, dont de longues incisives centrales semblables à celles des rats, et un cerveau relativement petit. Certains fossiles suggèrent l'existence de pans de peau reliant les bras aux jambes, qui servaient peut-être à voler d'un arbre à l'autre. Les Plésiadapidae montraient de grandes variations de taille, de 10 g (à peine le poids d'une cigarette) pour le plus petit à 3 kg (le poids d'un chat) pour le plus gros. Typiquement de la taille d'un écureuil, ils en avaient probablement l'apparence et le comportement, mais la plupart d'entre eux, si ce n'est tous, étaient nocturnes. Ils se nourrissaient vraisemblablement d'insectes, bien que certains aient pu être frugivores, voire folivores.

Survivant à l'extinction massive qui eut raison des dinosaures, les Plésiadapidae ont prospéré entre 70 et 55 millions d'années avant notre ère, avant de disparaître à leur tour. Malgré leur passage sur Terre relativement court, leur groupe a été particulièrement florissant. On a découvert plus de 100 espèces fossiles, souvent à partir de minuscules fragments d'os de mâchoire qui portaient encore de toutes petites dents. Ce sont surtout ces dents, comparables à celles des primates actuels, qui nous ont fait classer les Plésiadapidae comme leurs proches parents.

Diversifiés en de nombreuses espèces, ils ont occupé les régions boisées et forestières de

1

1. Os inférieur de la mâchoire (1 cm de long) d'un Plésiadapidae (Wyoming, États-Unis). Pour la plupart, ces derniers ne sont connus que grâce à leurs dents, qui fossilisent mieux que les os plus tendres.

2. Les dinosaures ont dicté leur loi durant 250 millions d'années. À leur disparition, il y a 65 millions d'années, les mammifères primitifs, tels les Plésiadapidae, ont pu se diversifier.

2

1

2

1. Les Plésiadapidae, les tout premiers ancêtres de la famille des primates, ont coexisté avec les derniers dinosaures. L'espèce *Plesiadapis* ressemblait probablement à ceci.

2. Disparu il y a seulement 1 000 ans, le *Megaladapis* était un lémurien géant folivore de 70 kg.

tout l'hémisphère Nord. La température sur Terre était alors de 10 à 15 °C plus élevée qu'elle ne l'est aujourd'hui. Les zones auparavant tempérées (et qui le sont à nouveau de nos jours) étaient tropicales, et le climat de Paris ressemblait davantage à celui de Bombay aujourd'hui.

Les Adapidae

Il y a environ 55 millions d'années, une hausse spectaculaire de la température provoqua une vague d'extinctions, bien que pas d'une aussi grande ampleur que celle qui décima les dinosaures. Si les Plésiadapidae succombèrent, un groupe ancêtre des primates survécut : les Adapidae, des animaux de la taille d'un chat, dont les premiers fossiles ont quelque 55 millions d'années.

Les Adapidae furent les premiers vrais primates. Plus grands que les Plésiadapidae, ils possédaient les traits distinctifs des primates d'aujourd'hui, comme des ongles à la place de griffes, un cerveau relativement développé et des pouces opposables qui leur permettaient de se déplacer en saisissant les branches. À la différence des Plésiadapidae, leurs yeux étaient orientés vers l'avant, leur offrant une vision en trois dimensions. Sous bien des aspects, ils ressemblaient davantage aux prosimiens actuels (lémurs, galagos et leurs semblables) qu'aux singes et grands singes : ils vivaient principalement dans les arbres, de jour comme de nuit, et se nourrissaient de préférence d'insectes et de fruits.

Avec plus de 180 espèces mises à jour dans les couches fossilifères datant de 55 à 40 millions d'années, ce fut l'un des groupes mammaliens les plus abondants de cette époque. Certains étaient même encore vivants il y a 5 millions d'années. À l'instar des Plésiadapidae (mais à la différence des primates actuels), ces premiers membres de la famille des prosimiens n'avaient élu domicile que dans les régions alors tropicales de l'hémisphère Nord (au sud des États-Unis et de l'Europe, au nord de l'Afrique du Nord et de l'Inde, et en Asie du Sud).

3

3. Crâne fossile d'un Adapidae découvert en France. Premiers vrais primates, les Adapidae étaient très présents en Europe il y a 55 à 40 millions d'années.

Les primates comptent parmi les plus anciens groupes mammaliens encore vivants. Leurs ancêtres directs partageaient la forêt avec les derniers dinosaures.

NOUVELLES NICHES, NOUVELLES ESPÈCES

Les zones fossilifères qui retracent l'histoire de la Terre il y a 40 à 35 millions d'années demeurent particulièrement silencieuses. Nous ne savons guère ce que cache cette mystérieuse « grande coupure », si ce n'est que lorsqu'elle prit fin, le monde avait connu un bouleversement spectaculaire. Les températures avaient chuté de plus de 10 °C et le niveau des océans, de 400 m par endroits, atteignant leur plus bas niveau depuis 65 millions d'années. Les forêts tropicales, qui abritaient les primates, se déplacèrent alors vers l'équateur, jusqu'à leur emplacement actuel. Les primates devinrent dès lors des espèces réellement équatoriales, principalement circonscrites aux tropiques.

Un autre bouleversement marque la fin de la grande coupure fossilifère ; un groupe de primates totalement nouveau apparut : le groupe des simiiformes, auquel appartiennent les singes et les grands singes.

Les premiers simiiformes

Les premiers simiiformes fossiles furent découverts dans les lits érodés des rivières de Ouadi Fayoum, au bord du désert saharien en Égypte du Nord. Les falaises de sable n'ont pas toujours été aussi inhospitalières en ces lieux, et le climat y était luxuriant et humide il y a 30 à 35 millions d'années. Le long des berges opulentes des forêts serpentaient des rivières paresseuses, qui devinrent stagnantes et laissèrent la place aux marécages. Des crocodiles, des oiseaux aquatiques et

4. La Terre est aujourd'hui beaucoup plus froide que lors de l'apparition des premiers primates. Les grands changements climatiques ont souvent coïncidé avec l'émergence de nouvelles familles de primates.

4

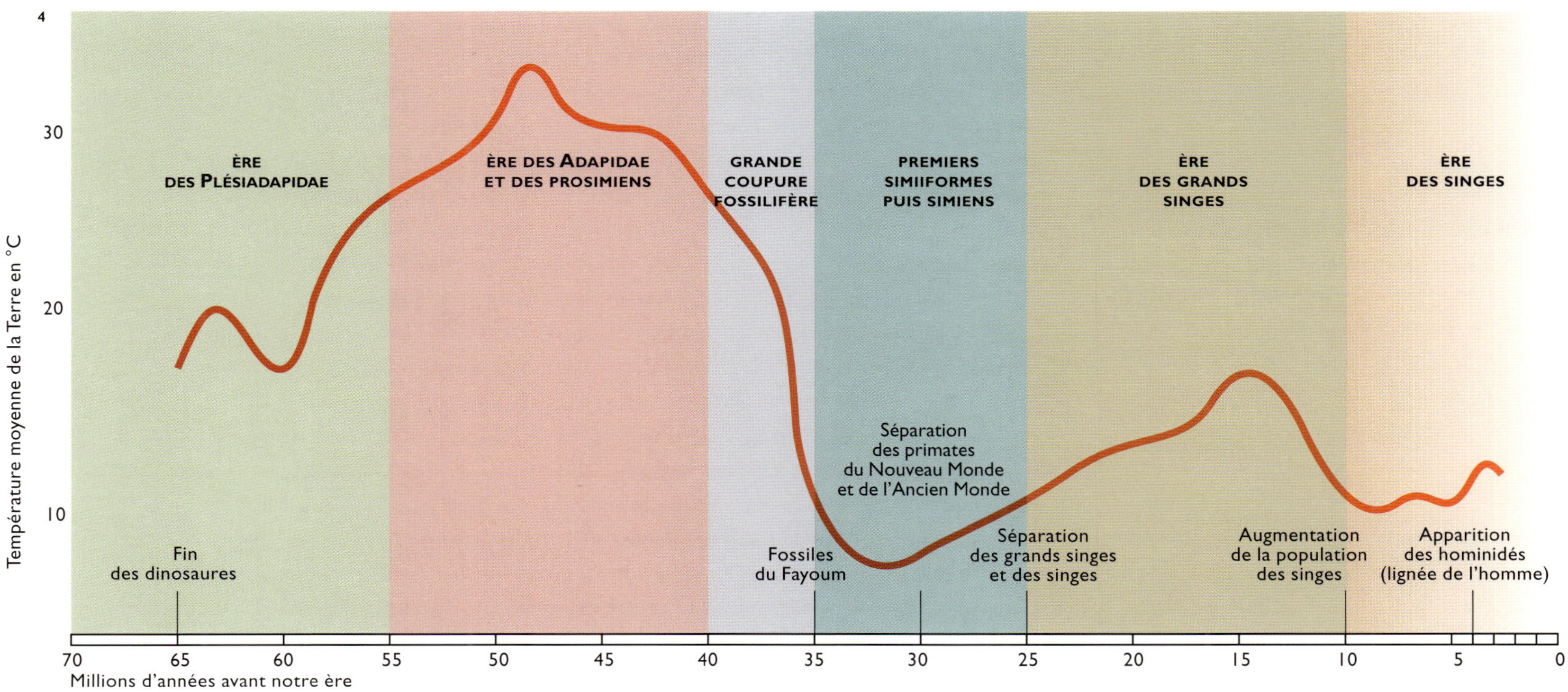

des créatures étranges et préhistoriques, apparentées aux hippopotames et aux éléphants, s'affairaient le long des cours d'eau.

Dans les arbres, à l'abri des dangers de la terre ferme, des primates d'un genre nouveau scrutaient le paysage : les premiers simiiformes. Ils étaient manifestement différents des prosimiens Adapidae des 20-25 millions d'années précédentes. Les griffes des pattes postérieures avaient disparu et les orbites avaient rétréci, indiquant le passage d'un mode de vie nocturne à une activité diurne.

Ces modifications importantes semblent liées à un passage du régime insectivore au régime frugivore. Les insectivores, comme les prosimiens, repèrent en général leurs proies, plus actives la nuit, par les odeurs et les bruits, d'où leur large centre olfactif cérébral et leurs grandes oreilles. Le passage à un régime frugivore coïncide donc avec une activité plus diurne, une moindre dépendance par rapport au sens olfactif et un élargissement des zones cérébrales assurant la vision.

Le mystère transatlantique

Les primates du Fayoum, ainsi que d'autres fossiles de la même époque, présentent de

Les dents sont révélatrices du comportement des espèces de primates. Un babouin anubis mâle exhibe ses canines redoutables, dont il ne manquera pas de faire bon usage si son adversaire ne le prend pas au sérieux.

QU'Y A-T-IL DANS UNE DENT ?

Les dents constituent les restes fossiles les plus courants ; en fait, certaines espèces de primates éteintes ne sont connues que grâce à quelques dents qui leur ont survécu. Celles-ci sont en effet constituées d'un matériau extrêmement dur (l'émail), très résistant même après la mort de l'animal. En comparant les dents fossiles à celles des primates actuels, les scientifiques sont capables de glaner une quantité surprenante d'informations sur les habitudes des mammifères disparus.

La taille d'une dent, en particulier d'une molaire, est un bon indice de la corpulence de l'animal. Parce qu'il leur faut manger davantage, les grands animaux sont dotés de dents plus grosses afin de hacher les aliments plus vite. La taille relative des dents nous informe sur le régime alimentaire. Les frugivores possèdent de larges incisives et de petites molaires. L'opposé vaut pour les folivores. Les fruits doivent effectivement être tranchés en morceaux mais guère mâchés, tout le contraire des feuilles. Au microscope, l'usure des dents est révélatrice : pour les protéger, la couche d'émail est plus épaisse chez les animaux vivants au sol, dont les aliments sont souillés de terre. On note également davantage d'éraflures mais moins d'arêtes sur les molaires.

La taille relative des canines nous renseigne sur le mode de vie sexuelle des espèces. Celles, comme le babouin, où les mâles ont des canines beaucoup plus grandes que les femelles, pratiquent la polygamie, les mâles se faisant concurrence pour s'approprier les femelles du groupe. Les espèces où les femelles ont des canines aussi grandes, voire un peu plus, que celles des mâles sont monogames.

Les trois petits os de nos oreilles internes qui transmettent les sons du tympan au cerveau résultent de l'adaptation des mâchoires de nos ancêtres reptiles.

nombreuses similitudes avec les singes qui vivent aujourd'hui en Amérique centrale et en Amérique du Sud. Sous bien des aspects, ils ressemblent davantage à ceux-ci qu'aux singes ou grands singes d'Afrique et d'Asie.

Il semble que ces premiers simiiformes (qui donnèrent les simiens) soient à l'origine de deux divisions majeures de cette famille de primates : les singes du Nouveau Monde et le groupe de l'Ancien Monde, qui engendra les singes et les grands singes d'Afrique et d'Asie (▷ p. 110). Les études d'ADN de primates (▷ p. 40) suggèrent en effet fortement que l'ancêtre commun des simiens du Nouveau Monde et de l'Ancien Monde vécut à peu près à cette période (il y a 25 à 30 millions d'années). D'autres fossiles soutiennent également l'hypothèse d'une origine commune en Afrique, voilà 30 millions d'années (une poignée seulement de fossiles primates sud-américains dépasse les 20 millions d'années, et les quelques fossiles de type simien antérieurs à ceux du Fayoum se trouvent tous en Afrique).

VOIR EN TROIS DIMENSIONS

Comme chez la plupart des mammifères, les yeux de nos ancêtres Plésiadapidae étaient orientés sur les côtés plutôt que vers l'avant. Cette disposition offre une vision très large et permet aux animaux de détecter facilement leurs prédateurs. Mais, pour qu'un animal puisse voir en trois dimensions, et soit donc à même d'apprécier les distances, les champs visuels des deux yeux doivent se chevaucher, ce qui était à peine le cas chez les Plésiadapidae.

Le temps que les Adapidae (les premiers vrais primates) apparaissent, les orbites s'étaient déplacées vers l'avant de la tête, offrant une vision frontale et des champs visuels qui se chevauchaient. Capables de voir en trois dimensions, ces animaux pouvaient apprécier correctement les distances, une nécessité pour les espèces qui se déplacent en sautant dans les arbres. Mais les pommettes ne pouvant plus soutenir à elles seules les orbites des Adapidae, un anneau osseux spécial vint maintenir les globes oculaires, une caractéristique que l'on retrouve chez les prosimiens d'aujourd'hui.

Les singes et les grands singes allèrent encore plus loin. Leurs yeux vers l'avant et leur museau court offraient une vision tridimensionnelle plus large que celle des Adapidae. L'anneau fut remplacé par une cavité osseuse robuste qui entourait et soutenait chaque globe oculaire. Elle empêchait ainsi les muscles des joues de venir heurter les yeux au cours de la mastication, problème qui tracasse encore aujourd'hui les prosimiens. Des globes oculaires très mobiles compensaient le manque de vision globale.

Le tarsier, curieux primate à la croisée des prosimiens et des simiens, est une exception notable : ses yeux en position frontale peuvent à peine bouger, ce qu'il compense en tournant sa tête à 180°, comme le hibou.

Le colobe guereza d'Ouganda fait preuve d'une agilité caractéristique. Ses yeux orientés vers l'avant lui offrent la vision tridimensionnelle indispensable à un bon atterrissage.

1

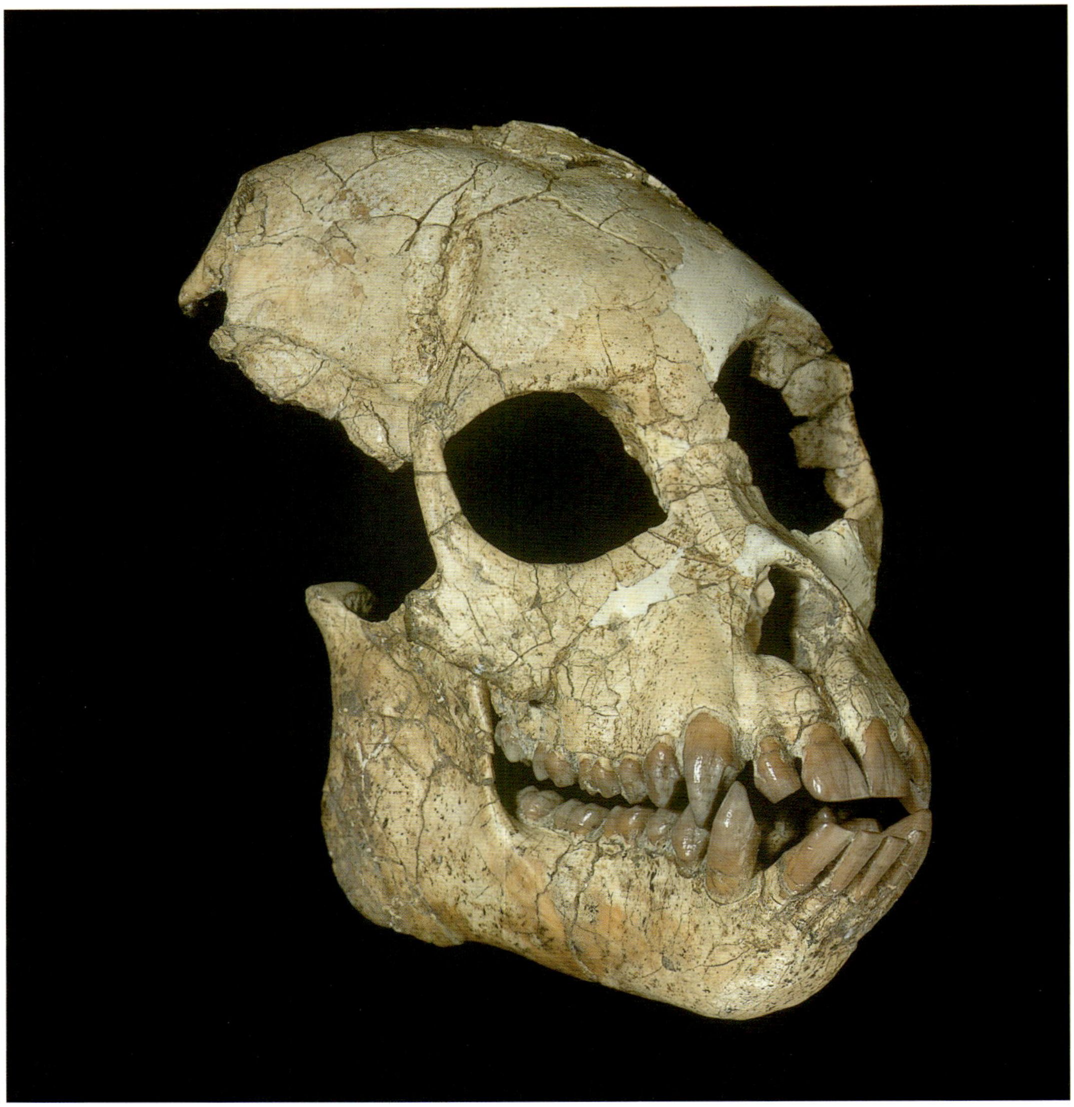

2

1. L'*Aegyptopithecus zeuxis* était typique des nouvelles espèces de primates apparues il y a quelque 30 millions d'années. Ces premiers anthropoïdes sont les ancêtres de nos singes et grands singes d'aujourd'hui.

2. Vivant il y a 20 millions d'années environ, le *Proconsul* comptait parmi les grands singes africains les plus communs et les plus répandus.

Nous voici face à un réel mystère : comment, depuis l'Afrique, les ancêtres des singes du Nouveau Monde ont-ils traversé l'Atlantique ? Cette question plonge les scientifiques dans la perplexité depuis des décennies.

Une chose est sûre cependant : les primates d'Amérique du Sud ne peuvent provenir des prosimiens Adapidae du nord du continent (les analyses moléculaires apportent la preuve qu'ils descendent du même ensemble de singes et de grands singes de l'Ancien Monde, et non de la branche des prosimiens). De plus, l'Amérique du Sud et l'Amérique du Nord étaient séparées en deux continents distincts jusqu'à il y a environ 20 millions d'années.

La migration depuis l'Afrique, soit par la traversée de l'Atlantique, soit via l'Antarctique, semble la solution la plus plausible. Traverser l'Atlantique n'est pas aussi improbable que l'on pourrait le penser. Il y a 30 millions d'années, l'océan Atlantique, à son point le plus étroit, n'était large que de 500 km (depuis l'ère des dinosaures, et encore aujourd'hui, le Nouveau et l'Ancien Monde s'éloignent l'un de l'autre). Mais, surtout, les animaux ont pu se servir de la chaîne insulaire qui émergeait au milieu de la partie sud de l'Atlantique, comme de pierres de gué. Aujourd'hui immergées, ces îles forment en partie la dorsale médio-atlantique, une immense chaîne montagneuse sur le fond océanique qui pousse les plateaux continentaux américain et afro-européen. De larges zones de plaques continentales autour de l'Afrique et de l'Amérique devaient alors émerger, du fait du très bas niveau des eaux à cette époque.

Les animaux n'eurent donc pas à parcourir une distance énorme. Un groupe d'individus a ainsi fort bien pu, lors d'une pluie torrentielle par exemple, partir au large sur un tronc d'arbre ou un radeau de végétation. Les courants océaniques dirigés vers l'ouest les auraient emportés jusqu'aux abords du Brésil. Aujourd'hui encore, les tortues Luth empruntent chaque année cette route depuis l'île de l'Ascension, où elles s'alimentent, jusqu'aux Caraïbes, où elles se reproduisent.

La voie de l'Antarctique est, elle aussi, plus plausible qu'il n'y paraît. Jusqu'à environ 20 millions d'années avant notre ère, l'Amérique du Sud et l'Antarctique étaient reliés par la saillie que l'on voit encore s'étirer en direction du cap Horn. L'Antarctique n'a d'ailleurs pas toujours présenté son paysage glacé actuel. En effet, avant de disparaître avec le capitaine Scott au cours de leur expédition fatale au pôle Sud, le jeune botaniste John Wilson apporta la preuve que l'Antarctique avait un jour été boisé. Cette voie devient encore plus plausible quand on sait que nombre des premiers sites fossiles d'Amérique du Sud se trouvent au sud de l'Argentine et du Chili, les régions les plus proches de l'Antarctique.

Il y a encore environ 5 millions d'années, les grands singes étaient beaucoup plus nombreux que les singes.

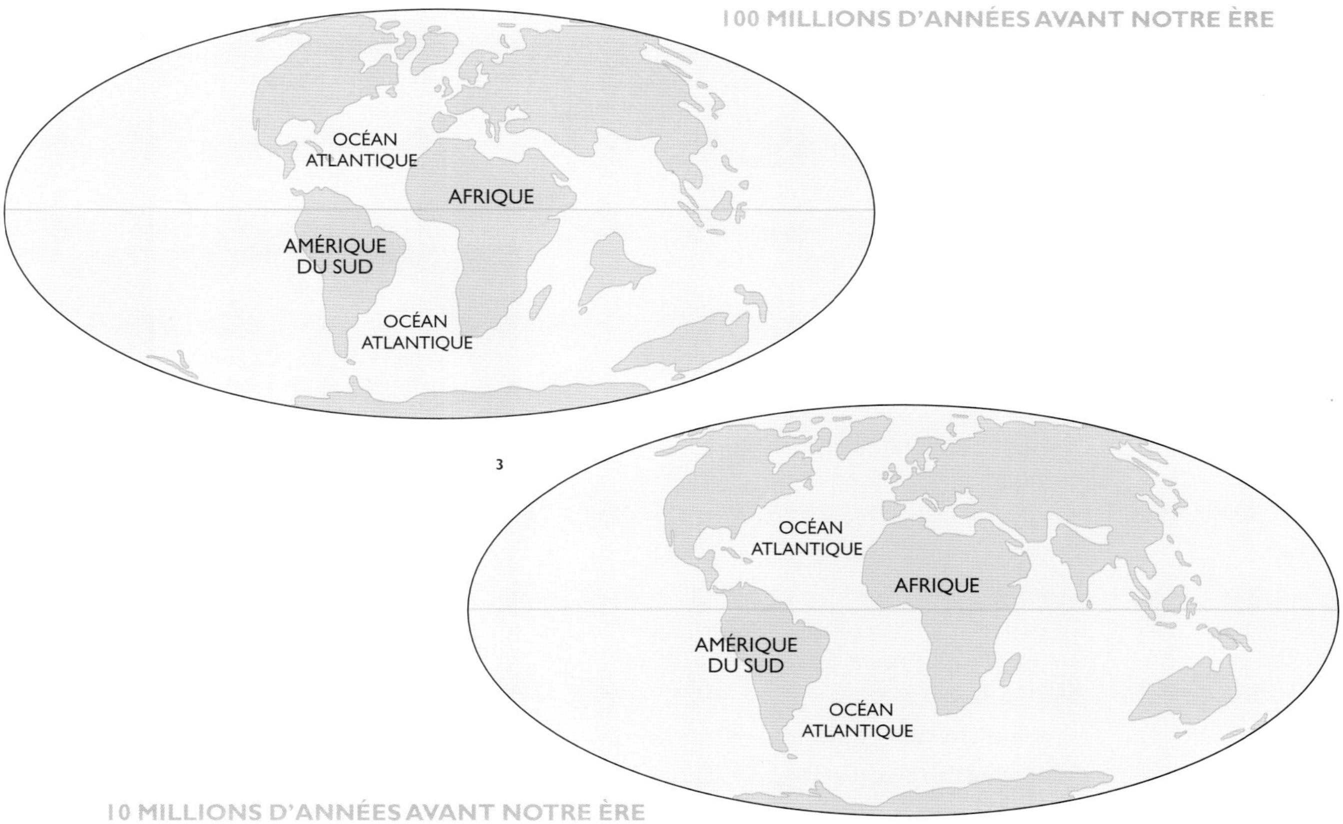

3. Comment les primates atteignirent l'Amérique du Sud, depuis l'Afrique, il y a environ 30 millions d'années, demeure un mystère. Ces deux zones continentales étaient néanmoins alors beaucoup plus rapprochées.

DES ANCIENS AUX MODERNES

Les hommes appartiennent à la famille anthropoïde des grands singes, au même titre que les chimpanzés, les gorilles, les orangs-outans et, de façon plus éloignée, les gibbons. Nous avons tendance à penser que les grands singes sont issus d'une lignée plus récente que celle des singes. Mais elle est, au contraire, plus ancienne et bien avérée, et ce sont les singes (en particulier le groupe des babouins, macaques et cercopithèques) qui sont les « petits jeunes ».

1

1. Avec plus de 200 kg, le *Gigantopithecus* est le plus grand primate qui ait jamais existé. Courant en Chine il y a 5 à 10 millions d'années, on ne le connaît que par ses dents fossilisées.

Les anciens grands singes

Passés les riches dépôts fossilifères primitifs du Fayoum et d'ailleurs, l'histoire de l'évolution des primates dans le Nouveau Monde devient plus floue. Mais à mesure que nous découvrons toujours plus de fossiles, vieux de quelque 20 millions d'années, il apparaît clairement que les primates du Fayoum s'étaient, à cette époque, séparés en deux grands groupes, les grands singes et les singes. Ces derniers sont néanmoins secondaires à ce stade, car les grands singes dominent alors indubitablement l'Ancien Monde. Ils sont partout, les 60 espèces connues occupant toute l'Afrique et s'étirant à travers le sud de l'Eurasie, depuis l'Espagne à l'ouest jusqu'en Chine à l'est. Bien qu'aucun ne semble être un ancêtre direct des grands singes actuels, ils n'en appartiennent pas moins à ce groupe : ils possèdent des molaires identiques et sont eux aussi dépourvus de queue.

Les anciens grands singes ont largement prospéré, occupant nombre des forêts et niches fréquentées aujourd'hui par les singes. Certains étaient gigantesques. Le bien nommé *Gigantopithecus*, dont les deux espèces ont parcouru les zones boisées d'Inde et de Chine il y a 5 à 10 millions d'années, pesait entre 200 et 300 kg. On ne les connaît que par leurs mâchoires et leurs dents, beaucoup utilisées dans l'herboristerie chinoise où on les incorporait, broyées, dans des remèdes traditionnels. Quatre fois plus lourd qu'un homme, le *Gigantopithecus* est le plus grand primate qui ait jamais vécu. Il était si imposant qu'il ne pouvait être qu'un herbivore terrestre.

Il y a 20 millions d'années, les grands singes représentaient 80 % de toute la population africaine d'anthropoïdes. Puis, quelque 10 millions d'années plus tard, le malheur les frappa, et leur nombre s'effondra à seulement 20 %, leur pourcentage actuel. Impitoyablement, les singes prirent leur place.

2

2. Les anciens herboristes chinois traitaient certaines affections à l'aide de dents de « dragons » broyées (comme l'imposante dent de *Gigantopithecus*, ci-dessous à droite).

Les grands singes se seraient laissés prendre de court par le climat devenu plus sec et plus froid il y a 10 à 15 millions d'années. Ces changements provoquèrent le déclin des forêts, qui se concentrèrent tout particulièrement en Afrique. Ce changement d'habitat, des forêts à des régions boisées plus ouvertes, joua en faveur des singes, en partie grâce à leur capacité à manger les fruits encore verts. Tous les grands singes, y compris les humains, en sont incapables, car ils ne possèdent pas l'enzyme qui annihile les tanins protégeant les fruits avant que les graines ne soient prêtes à germer. Ces tanins toxiques donnent une sensation âpre dans la bouche (ainsi que des maux d'estomac, si ce n'est pire), avant de se décomposer naturellement à la maturité du fruit.

À la différence des grands singes, les singes possèdent cette enzyme. Aussi, lorsque les forêts commencèrent à décliner, les singes prirent le dessus en s'appropriant les fruits, plus rares, avant les grands singes. De surcroît, ils étendirent leur territoire à la savane et jusqu'à la lisière des forêts pour s'y nourrir des graines qui abondaient dans ces prairies. Les grands singes furent mis hors compétition et en payèrent le prix.

Une seule lignée de grands singes survécut et prospéra, mais ce fut de justesse. Elle sortit elle aussi des forêts pour aller habiter les zones boisées et les prairies. Pour le moins inadaptée à ses nouveaux habitats, elle fut à deux doigts de disparaître. Mais elle survécut finalement, et nous en sommes le produit.

3

3.Venus de forêts ancestrales, les vervets ont prospéré dans les sous-bois d'Afrique. Celui-ci se délecte des fleurs d'un épineux.

L'ascension des singes

Les singes de l'Ancien Monde ont bien sûr eux aussi leur histoire. L'étude de leur ADN confirme que leur ancêtre commun avec la lignée des grands singes remonte à quelque 25 millions d'années. Néanmoins, ils n'entraient que pour une part insignifiante dans le paysage africain et asiatique, et ce n'est que bien plus tard qu'ils sortirent des forêts et prospérèrent rapidement.

Les anciens singes d'Afrique ressemblaient aux colobes folivores qui vivent aujourd'hui dans les forêts d'Afrique subsaharienne. On ne sait pas très bien s'ils étaient folivores, mais une adaptation précoce à un tel régime semble possible. Lors du changement climatique survenu il y a 12 millions d'années environ, une nouvelle lignée de singes apparut : les Cercopithécinae (babouins, macaques, cercopithèques et leurs parents), frugivores et granivores.

Celle-ci fut vite représentée en Asie par les macaques, qui quittèrent leur habitat ancestral d'Afrique pour s'établir au sud de l'Europe, avant de conquérir l'Asie et de pousser jusqu'à l'archipel du Japon. Les babouins (l'espèce de singes la plus présente en Afrique), dont les données fossilifères remontent à 5 millions d'années, ont quant à eux évolué pour donner les cinq sous-espèces rencontrées aujourd'hui.

Certains des anciens babouins étaient franchement exotiques. Le babouin géant herbivore *Theropithecus oswaldi* était de la taille d'un petit gorille. Il y a encore 50 000 à 100 000 ans, il parcourait les prairies de la savane d'Afrique de l'Est, mais sa corpulence et sa démarche lourde en faisaient une proie facile pour les chasseurs agiles de l'espèce humaine qui émergeait alors. Ses os abondent dans les campements fossiles d'Afrique, où nos ancêtres démembraient leurs proies. Son proche parent du nord du Kenya et du sud de l'Éthiopie, le *Theropithecus brumpti*, était sans doute deux fois plus petit, mais il compensait sa taille plus modeste par sa face spectaculaire. Ses pommettes portaient des collerettes massives qui saillaient sur les côtés et vers l'avant, singularité que l'on ne connaît à aucune autre espèce de primates, éteinte ou vivante. On ne voit d'ailleurs guère quelle pouvait être leur utilité. Il est probable que les mâles usaient de leurs couleurs vives dans la compétition pour s'approprier les femelles, à l'instar des mandrills avec leur museau haut en couleur.

Dans les forêts d'Afrique centrale et occidentale, les « babouins des forêts » (le drill et le mandrill) ainsi que les mangabeys, plus proches des singes, évoluèrent jusqu'aux formes qu'on leur connaît aujourd'hui. Enfin, au fur et à mesure des avancées et des reculs de la glace depuis l'Eurasie vers le Nord, les petits cercopithèques se diversifièrent et envahirent les forêts d'Afrique centrale (▷ p. 114).

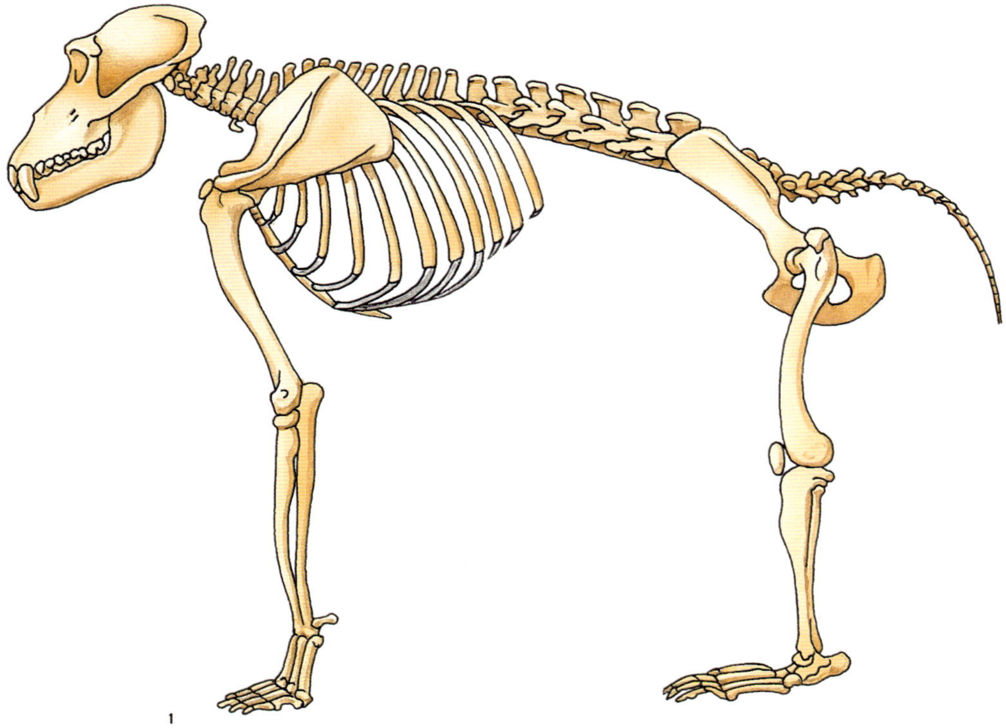
1

1. Squelette du babouin géant disparu *Theropithecus oswaldi*. Le gélada est aujourd'hui son plus proche parent.

2. (ci-contre) Le mandrill est un singe de grande corpulence qui vit au sol dans les forêts d'Afrique occidentale. L'évolution a doté les mâles de ces marques bleues et rouges qui témoignent probablement de la concurrence qu'ils se livrent entre eux.

1.3 LES PRIMATES AUJOURD'HUI

Depuis leur apparition, les primates ont colonisé avec succès les habitats tropicaux de la Terre ; ils sont par conséquent restés des animaux des tropiques. Une seule lignée s'est libérée de cette contrainte ancestrale, celle qui donna naissance à l'homme moderne. Notre aptitude à survivre dans les climats tempérés et sub-arctiques, nos capacités d'invention et de construction (agriculture, embarcations…) nous ont offert des possibilités bien au-dessus de celles de nos cousins primates. Mais la réussite de l'espèce humaine a provoqué une explosion démographique qui menace aujourd'hui de nombreuses autres espèces. Nous sommes les témoins de la sixième extinction massive de l'histoire de la planète, la première depuis la disparition des dinosaures. Loin d'être épargnés, nos cousins primates sont en déclin sur la Terre entière. La plupart ne célébreront pas le prochain millénaire avec nous, dans un peu moins de mille ans.

LA CLASSIFICATION DES PRIMATES

Les espèces de primates actuels se répartissent en deux groupes principaux : les prosimiens (« qui précèdent les grands singes ») et les simiens (primates de « type humain »). Les prosimiens sont les descendants directs des primates Adapidae d'il y a 40 millions d'années, et leur ressemblent sous bien des aspects, en particulier par leur mode de vie nocturne (bien que certains soient diurnes) et leur système reproducteur. En revanche, les simiens (les singes et grands singes de l'Ancien Monde et les singes du Nouveau Monde) sont le résultat de l'évolution de certains de ces mêmes prosimiens. Elle les conduisit à un mode de vie diurne et herbivore, ainsi qu'à un comportement beaucoup plus sociable, souvent au sein de larges communautés très stables.

Les prosimiens

Les prosimiens forment un groupe diversifié aux allures très variées. Ils n'en partagent pas moins des caractéristiques primitives, qui les distinguent des simiens. Leur existence repose davantage sur l'odorat, et les aires cérébrales correspondantes sont plus développées. Leur cerveau est proportionnellement plus petit, ressemblant davantage à celui des insectivores (musaraigne, hérisson et apparentés, l'autre grand groupe mammalien dont les origines remontent aux derniers dinosaures).

Divers groupes se dégagent au sein des prosimiens. Par convention, on classe à part les tarsiers, qui ont leur propre groupe (les études génétiques ont d'ailleurs montré qu'ils sont plus proches des singes et grands singes que des autres prosimiens). Les tarsiers ne s'apparentent aux prosimiens que par leur adaptation à une niche écologique de même type (celle d'un insectivore nocturne nichant dans les arbres).

1

1. Le lépilémur à pieds blancs est typique de la population exceptionnelle des prosimiens de Madagascar. Celui-ci exhibe son « peigne dentaire » (formé par les incisives inférieures et utilisé pour le toilettage), qui n'existe que chez les prosimiens.

Les autres prosimiens sont répartis en deux groupes principaux, les Lémuriformes et les Lorisiformes. Ces derniers comprennent à leur tour deux grands groupes : les galagos d'Afrique (avec onze espèces identifiées), ainsi que les loris et les pottos (avec trois espèces de loris en Asie du Sud-Est et quatre espèces de pottos en Afrique). Le groupe des Lémuriformes est, quant à lui, unique sous bien des aspects. On le rencontre exclusivement sur l'île de Madagascar, aux larges de la côte Sud-Est

On connaît actuellement 234 espèces de primates, mais on en découvre encore de nouvelles.

LA CLASSIFICATION DES PRIMATES

Les primates sont répartis en deux grands groupes, les prosimiens et les simiens (singes et grands singes). Les simiens comprennent à leur tour les singes du Nouveau Monde et les simiens de l'Ancien Monde (qui incluent les singes de l'Ancien Monde et tous les grands singes, y compris l'homme).

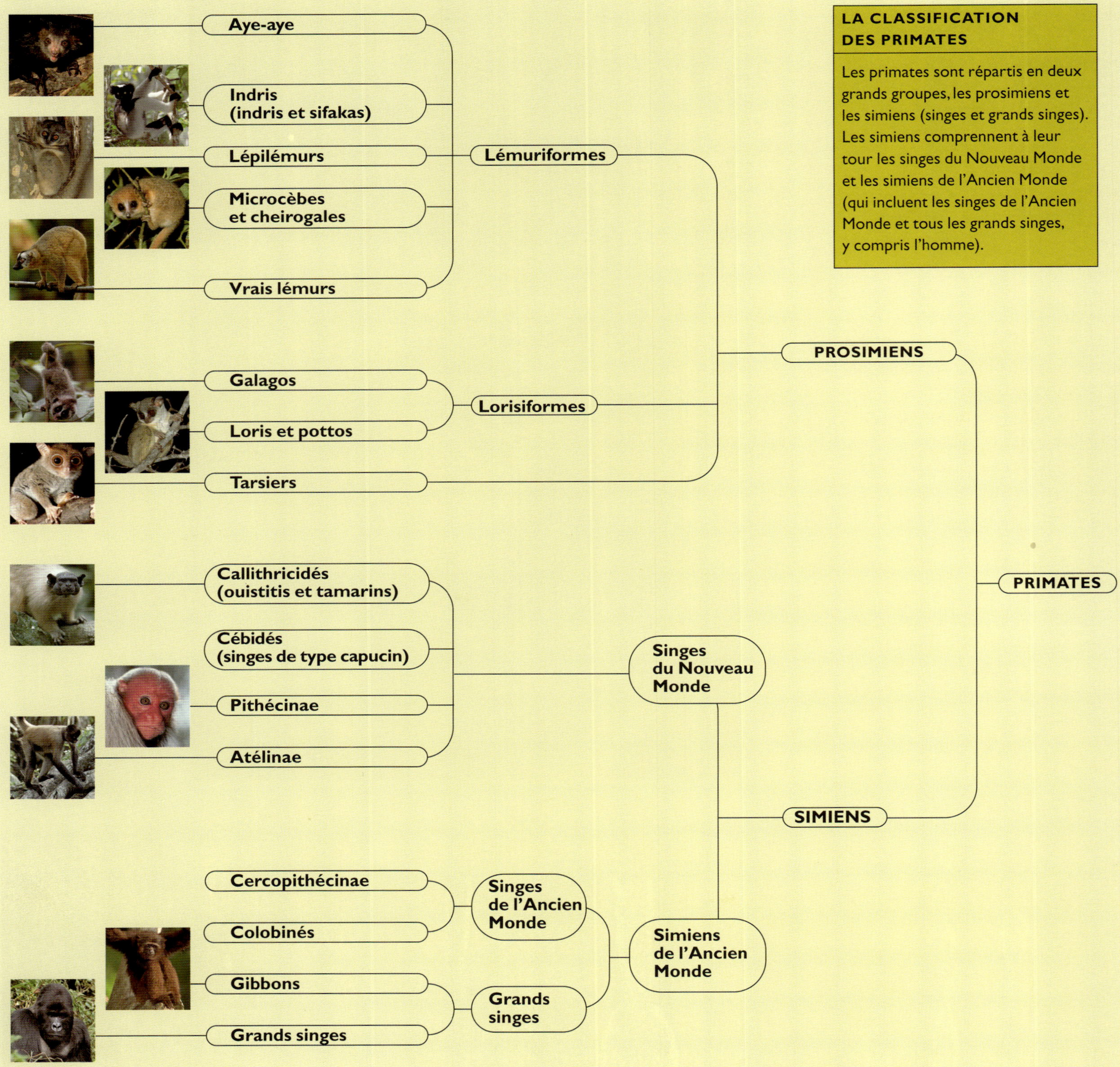

de l'Afrique. Il est représenté par un éventail d'espèces exceptionnellement riche, aux allures, modes de vie et niches écologiques extrêmement variés. On dénombre trente-trois espèces vivantes de lémuriens, et au moins quinze autres qui ont disparu il y a seulement 1 000 ans. Il est vraisemblable que d'autres espèces de lémuriens disparues nous sont inconnues, car les os des petits animaux sont délicats et fossilisent moins bien que ceux des grands animaux, qui constituent la majeure partie des spécimens fossilifères.

Les simiens

Les singes et grands singes (regroupés sous le terme de simiens) forment la seconde branche principale de l'arbre des primates.
À la différence des prosimiens, ils sont plutôt corpulents, et, à une exception près, tous diurnes. Leur cerveau est également plus développé, de même que leur vision des couleurs – très souvent associée à un régime frugivore –, et ils font preuve d'une plus grande intelligence et d'un mode de vie profondément sociable.

Nous adoptons ici la classification courante selon laquelle deux grandes catégories regroupent les simiens : les singes et les grands singes. Scientifiquement, cependant, les simiens se répartissent en deux groupes assez différents : les singes du Nouveau Monde, et les simiens de l'Ancien Monde (qui comptent à la fois les singes et les grands singes). Divers arguments justifient ces deux systèmes de classification. D'une part, les singes du Nouveau Monde et de l'Ancien Monde ont en commun de nombreuses caractéristiques qui les distinguent des grands singes. Certaines sont relativement anodines : tous les singes ont une queue, contrairement aux grands singes. D'autres sont plus significatives : les grands singes (et par définition les humains) ont un cerveau plus développé et se montrent beaucoup plus intelligents que les singes. Les singes et les grands singes correspondent, à cet égard, à des « niveaux » évolutifs différents, les seconds étant plus avancés intellectuellement que les premiers.

D'un autre côté, tracer une frontière entre les primates du Nouveau Monde et ceux de l'Ancien Monde reflète fidèlement l'histoire évolutive des primates et leurs relations génétiques. Les grands singes (dont nous-mêmes) et les singes de l'Ancien Monde ont plus de points communs entre eux qu'avec les espèces du Nouveau Monde. Plusieurs différences anatomiques significatives rendent bien compte de cette classification. Les narines des singes du Nouveau Monde sont larges et orientées sur les côtés, tandis que celles des simiens de l'Ancien Monde sont étroites et dirigées vers le bas. L'assemblage des os du crâne et la dentition diffèrent également : les humains et toutes les autres espèces de l'Ancien Monde sont dotés de huit prémolaires (les dents masticatrices), alors que les singes du Nouveau Monde en ont douze (selon un schéma qui s'apparente plus aux prosimiens et aux primates fossiles d'il y a 40 millions d'années).

Ces différences suggèrent que les singes du Nouveau Monde sont assez semblables aux ancêtres communs des simiens du Nouveau et de l'Ancien Monde. De fait, bien plus que les espèces de l'Ancien Monde, ils ressemblent beaucoup aux fossiles de simiens découverts dans le lit des fleuves du Fayoum en Égypte (▷ p. 27). En effet, depuis que les deux espèces se sont séparées (il y a probablement quelque 30 millions d'années), les singes de l'Ancien Monde ont davantage évolué.

Les singes du Nouveau Monde

Également appelés platyrrhiniens, les singes du Nouveau Monde habitent exclusivement les régions tropicales d'Amérique centrale et

Plus de 8 millions de singes sont sacrifiés chaque année en Amazonie, au Brésil.

d'Amérique du Sud. On les sépare en quatre (voire trois) groupes principaux. Le groupe des Callithricidés est composé de trente espèces (ouistitis et tamarins) avec un nombre particulièrement élevé d'espèces de très petite taille (pesant de 200 à 300 g). Leur façon de trottiner à travers la basse végétation des forêts du bassin amazonien, tout en gazouillant sans discontinuer, fait immanquablement penser à des oiseaux. Ils s'approprient effectivement les niches écologiques d'ordinaire occupées par les oiseaux frugivores, de fait particulièrement peu nombreux dans les forêts d'Amérique du Sud. Suit le groupe des Pithécinae, qui comprend une trentaine d'espèces légèrement plus grandes, comme le titi, le saki et le douroucouli (un singe nocturne). Les vingt espèces de singes restantes d'Amérique centrale et d'Amérique du Sud forment les deux autres groupes, les Cébidés (dont le capucin et le singe-écureuil) et les Atélinae (dont le singe-araignée et le singe hurleur). On y trouve en outre les plus grands singes du Nouveau Monde (jusqu'à 10 kg).

Les simiens de l'Ancien Monde

Les simiens de l'Ancien Monde se répartissent eux-mêmes en deux grands groupes : les singes de l'Ancien Monde (ou catarrhiniens), et les grands singes (auxquels appartient l'homme). Ces derniers se distinguent par leur absence de queue et leurs molaires spécifiques. Ils tendent en outre à être plus

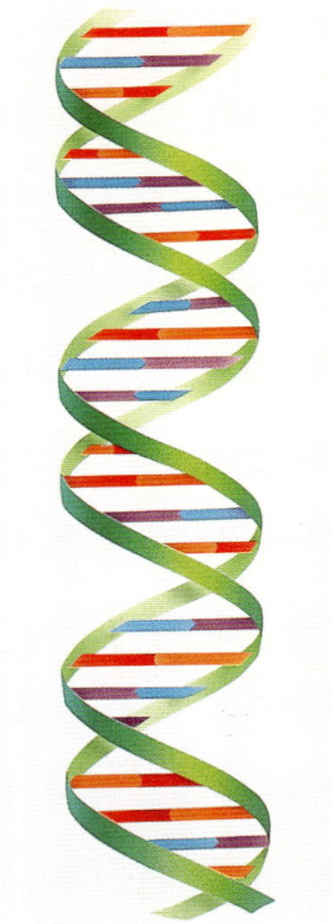

La molécule d'ADN contient la recette qui élabore chaque partie du corps. Les ressemblances entre les ADN d'espèces différentes permettent d'en établir les liens de parenté.

L'HORLOGE MOLÉCULAIRE

Après la découverte de la molécule d'ADN par Francis Crick et James Watson en 1958, les scientifiques purent établir les liens de parenté entre les espèces en comparant leur ADN. Au fil des milliers d'années d'évolution, des changements aléatoires, appelés mutations, ont modifié l'ADN de chaque espèce. Si les chercheurs parviennent à évaluer le rythme auquel ces mutations sont survenues, ils connaissent aussi l'époque à laquelle deux espèces se sont séparées de leur ancêtre commun. On appelle cette technique « l'horloge moléculaire ».

L'horloge moléculaire a, dans certains cas, transformé notre compréhension sur l'évolution des primates. Notre propre relation avec nos plus proches cousins, les grands singes, en est l'un des exemples les plus frappants.

La classification traditionnelle, fondée sur les similitudes d'ordre physique, séparait les hominoïdes (primates de type humain) en deux groupes : la famille des grands singes (chimpanzés, gorilles, orangs-outans) et l'homme (ainsi que, bien sûr, nos ancêtres fossiles). Notre groupe formait une famille à part, supposée s'être séparée de la branche des grands singes il y a quelque 15 millions d'années. Mais l'horloge moléculaire a révélé que l'homme et les deux espèces de chimpanzés avaient encore un ancêtre commun il y a 5 millions d'années (▷ p. 179). L'ancêtre commun de ces trois espèces et du gorille vécut peut-être 1 million d'années plus tôt. L'orang-outan figure à part, s'étant séparé des autres grands singes il y a environ 15 millions d'années.

Ainsi, loin de trôner majestueusement sur quelque pinacle, nous sommes en fait des membres somme toute ordinaires de la famille des grands singes africains. Selon les termes du biologiste Jared Diamond, nous ne sommes à la vérité que la troisième espèce de chimpanzé.

1. (ci-contre)
Un orang-outan âgé de cinq ans montre les longs bras et les courtes jambes caractéristiques de tous les grands singes, hormis notre propre espèce.

corpulents (de 30 à 100 kg), et leur cerveau est généralement plus développé. L'homme mis à part, il existe aujourd'hui quatre types principaux de grands singes. Les plus petits sont les gibbons, dont les huit ou neuf espèces (selon les critères) se rencontrent exclusivement en Indochine et sur les îles de l'Insulinde (Indonésie et Bornéo). Les trois autres types sont l'orang-outan, le gorille (une espèce chacun) et le chimpanzé (deux espèces) ; ce sont eux que l'on appelle vraiment grands singes. L'orang-outan n'a élu domicile que dans les îles du Sud-Est asiatique, tandis que les autres ne vivent qu'en Afrique.

En revanche, on compte quelque 90 espèces chez les singes de l'Ancien Monde, qui ont colonisé toute l'Afrique et toute l'Asie, et ont même un pied en Europe, à Gibraltar. Eux aussi se déclinent en deux grands groupes : les Colobinés et les Cercopithécinae, présents partout dans l'Ancien Monde. Typiquement folivores, les Colobinés forment la plus ancienne lignée. Les espèces asiatiques et africaines appartiennent à deux groupes distincts, respectivement les langurs et les colobes. Frugivores, les Cercopithécinae sont, quant à eux, d'origine plus récente, ce qui peut expliquer leur grande diversité. Les deux sous-groupes des macaques et des cercopithèques comptent chacun plus de 20 espèces. Les Cercopithécinae (dont les babouins et les mangabeys) manifestent une grande faculté d'adaptation et une grande intelligence, ils sont très sociables. Au contraire de la plupart des espèces de primates, ils s'accommodent souvent bien de la proximité des hommes.

Entre 1959 et 1980, l'exportation de macaques rhésus vers les laboratoires occidentaux fit chuter leur population de 90 %.

Jeune macaque rhésus de l'île Cayo Santrago, aux Caraïbes. Cette espèce y a été introduite au cours des années 1930.

DES PRIMATES NUISIBLES

Si la plupart des espèces de primates sont menacées d'extinction par l'homme, à leur tour, elles mettent parfois en péril d'autres espèces animales. Après avoir été introduits dans certaines îles par l'homme, délibérément ou accidentellement, des primates se sont mis à prospérer dans leur nouvel environnement, un peu à la manière des anciens lémuriens à Madagascar.

Les populations de macaques sur l'île Maurice, dans l'océan Indien, et à Porto Rico, aux Caraïbes, sont ainsi considérables. Quant aux vervets africains, ils prospèrent largement sur les îles de la Barbade et de Saint-Kitts aux Antilles. Dans la plupart des cas, les singes sont devenus une nuisance pour les agriculteurs, et une menace sérieuse pour les animaux et les plantes originaires des îles, les menant parfois au bord de l'extinction. Ce qui se passe à l'île Maurice illustre bien l'ampleur du problème. Au début du XVIIIe siècle, on y libéra une demi-douzaine de macaques à longue queue. Trois cents ans plus tard, on en dénombre plus de 30 000, en dépit de ceux éliminés par les fermiers.

Ces invasions soulèvent un problème éthique : devons-nous exterminer les populations parce qu'elles ont été importées et qu'elles nuisent à la flore et à la faune locales ; ou notre devoir est-il de les y laisser, même si l'homme les a introduites lui-même ?

UNE VIE QUI TIENT À UN FIL

Les derniers 400 ans ont vu disparaître de la planète le quart des espèces de la plupart des familles animales. Les primates ont été relativement chanceux et, à notre connaissance, aucune espèce n'a disparu durant cette période. Mais gardons-nous bien de trop d'optimisme. Élargissons le champ au dernier millénaire, et ce sont au moins 15 espèces de lémuriens qui manquent à l'appel. C'est le tiers des espèces de lémuriens actuelles, et 7 % environ de toutes les espèces vivantes de primates. Et nous ne sommes informés que de celles-là…

Pire encore, nous n'avons peut-être pas évalué à sa juste mesure toute notre capacité destructrice sur les primates. Parce qu'ils vivent longtemps et s'adaptent relativement bien par rapport aux autres animaux, ils résisteront peut-être plus longtemps à la disparition de leurs habitats et à la chasse. Les listes d'espèces en danger, établies par des organisations telles que l'Union internationale pour la conservation de la nature, ne nous incitent pourtant guère à l'optimisme : pas moins du tiers des espèces vivantes de primates sont en voie d'extinction dans un futur proche.

1

Un quatuor maléfique

Quatre menaces pèsent principalement sur la survie à long terme des primates : la destruction de leurs habitats, la chasse, leurs nombres limités en individus et la pression exercée par les humains.

Au cours des deux derniers siècles, la destruction des habitats s'est accélérée. Le bois dur des tropiques est très prisé, mais ces arbres poussent très lentement (il leur faut parfois un siècle pour atteindre la maturité). La déforestation se produit donc à un rythme beaucoup plus rapide que la repousse. De surcroît, on préfère souvent cultiver des zones qui pourraient être reboisées.

Des pays tels que l'Ouganda et le Nigeria ont ainsi perdu jusqu'à 90 % de leur couverture forestière aux cours des deux derniers siècles. La plupart des pays exportateurs de bois puisent dans leurs ressources naturelles à un rythme qu'ils ne seront bientôt tout simplement plus à même de soutenir. Le problème vient en partie de ce que les forêts ont plus de valeur une fois abattues et vendues que debout. Leur valeur

1. Les colobes d'Afrique de l'Est ont été chassés durant des siècles pour leur superbe fourrure noir et blanc, transformée en tapis.

1

1. Le semnopithèque rubicond d'Asie du Sud-Est ne survivra que si les forêts qui l'hébergent ne sont pas exploitées pour leur bois.

future, sous quelque forme que ce soit, sera forcément inférieure à leur valeur actuelle sous forme de bûches. Il nous faut, à long terme, trouver le moyen de revaloriser les forêts de ces pays.

Dans de nombreuses régions du globe, les primates sont également menacés en tant que source de viande. En Amérique du Sud, où ce sont les grands mammifères les plus nombreux, ils remplissent traditionnellement les marmites des tribus indiennes. En Afrique occidentale, ce que l'on appelle le commerce de la viande de brousse est une activité économique de longue date, et les primates, y compris les chimpanzés, en sont un article notable. Dans certaines régions, des espèces comme le drill ont frôlé l'extinction. En Extrême-Orient, les primates sont un mets de choix.

D'autres espèces ont également été chassées pour diverses raisons. En Éthiopie et en Afrique de l'Est, les colobes blanc et noir furent capturés par centaines de milliers pour leur fourrure séduisante. Entre 1871 et 1891, quelque 1,75 millions de peaux transitèrent ainsi par le marché londonien. Il y a encore peu de temps, on en faisait des descentes de lit pour les touristes : 25 singes sous les pieds !

L'essor continuel de la démographie empira les choses, notamment vis-à-vis des espèces rares que le nombre réduit d'individus rend particulièrement vulnérables. L'exemple des primates n'est bien évidemment pas unique. Nous sommes actuellement les témoins d'extinctions d'espèces animales à une échelle que la planète n'a connue que cinq fois jusqu'à présent, la dernière étant marquée par la disparition des dinosaures.

On appelle « méga-extinctions » ces cas rares d'extinctions massives et soudaines. Mais celle qui se produit aujourd'hui diffère notablement des autres. Alors que les précédentes résultaient de changements climatiques, cette fois, les hommes en sont la cause. La démographie a littéralement explosé au cours des derniers siècles. Pour subvenir à ses besoins, l'homme a transformé la terre en sols agraires, et s'est mis à empiéter de façon catastrophique sur les habitats naturels des animaux. De vastes étendues forestières sont abattues chaque année pour nourrir notre insatiable appétit de matériaux de construction, de papier et, dans une moindre mesure, de combustible. C'est ainsi, en surface, la moitié de la Suisse qui disparaît chaque année de la forêt amazonienne.

Préservation contre conservation

On a traditionnellement tenté de remédier à la disparition des espèces en transformant des zones sauvages en parcs nationaux ou en réserves, assurant ainsi une protection maximale aux animaux, tout en refoulant la population locale. Mais cette mesure échoue bien souvent. La confiscation des terres pastorales ou agraires traditionnelles est en effet source d'amertume, et, face à la pénurie de terre due à la croissance démographique, les indigènes empiètent peu à peu sur les réserves. Les gouvernements locaux sont souvent impuissants, voire réticents, à sanctionner ceux qui enfreignent les lois. La peur de l'instabilité politique et les exigences souvent légitimes des indigènes ne facilitent pas le juste équilibre entre les besoins de préservation des espèces et les leurs. On a alors créé de nouveaux parcs nationaux dans des zones peu habitées. Mais si les conflits avec la population locale s'en sont trouvés réduits, l'habitat protégé n'est pas toujours le plus approprié pour les animaux.

Un nouveau mouvement, né dans les années 1970, a mis l'accent sur la conservation plutôt que sur la préservation par exclusion.

La conservation prend en compte les intérêts de la population locale en la faisant profiter économiquement du tourisme. L'idée était que si les touristes y trouvaient leur compte, ils en feraient la promotion. Malheureusement, cette approche plus éclairée n'a pas toujours été couronnée du succès escompté. Les intérêts des agriculteurs ne coïncident pas toujours avec ceux de la conservation (ils se passeraient bien, par exemple, des nuisances causées par les primates qui s'en prennent aux récoltes).

Si grands soient nos efforts pour concilier conservation des espèces et développement économique et social , nous risquons fort d'être dépassés. Au bout du compte, c'est le rythme de croissance de la population humaine qui est à la base du problème. Plus que toute autre chose, c'est notre incapacité à prendre les bonnes décisions face aux problèmes qui se posent à nous qui est la cause de nos échecs. Il ne fait aucun doute que nous survivrons tant que la technologie nous permettra de profiter toujours plus des ressources de la planète. Mais, à moins d'une action radicale dès aujourd'hui, il n'est pas certain que tous les primates entreront avec nous dans le prochain millénaire.

2

3

2. Chaque année, une immense parcelle de forêt amazonienne disparaît, exploitée pour le bois ou pour l'agriculture. Ici, au nord du Brésil, les cultures (vert-jaune et marron) forment un patchwork au milieu des restes de la forêt originale (vert vif).

3. La démographie sans cesse croissante constitue la plus sérieuse menace pour la survie des primates. Les besoins des cités en expansion causent d'énormes contraintes environnementales, comme ici à La Paz, en Bolivie.

LE COMMERCE DE LA VIANDE DE BROUSSE

La chasse menace aujourd'hui sérieusement la survie de nombreuses populations de primates. Le problème n'est pas nouveau : au cours du dernier millénaire, l'orang-outan de Java et 15 espèces de lémuriens géants de Madagascar ont ainsi été exterminés jusqu'au dernier. Le danger ne provient pas tant des chasseurs des tribus, qui tuent pour nourrir leur famille, que de la demande croissante des populations urbaines. Les primates sont largement chassés pour leur chair en Afrique et en Amérique latine, plus qu'en Asie, où trois des principales religions (islam, hindouisme et bouddhisme) en interdisent la consommation. Pourtant, le péril existe aussi en Asie, car ils y sont très recherchés pour l'élaboration de divers remèdes traditionnels.

1. Un chasseur rapporte sa chasse du jour, jetée sur l'épaule.

Méthodes de chasse

Les chasseurs utilisent habituellement des pièges, parfois très élaborés, ou le fusil qui, compte tenu de la difficulté à capturer ces animaux intelligents et vivant dans les arbres, est généralement plus efficace. Cependant, la capture de certains primates nécessite parfois le recourt à des techniques plus spécialisées. Ce sont ainsi des chiens qui chassent les groupes de drills, les poursuivant jusque dans les arbres. Une fois les singes aculés, les chasseurs en tirent quelques-uns au fusil. La tribu des Hadza en Tanzanie use d'une méthode plus rudimentaire pour chasser le babouin : en cercle autour d'un nid, ils délogent les babouins en faisant beaucoup de bruit et en leur lançant des flèches, pour finalement les assommer lorsqu'ils tentent de s'échapper.

Ravages de la chasse professionnelle

Si les primates capturés par les chasseurs des tribus sont en partie vendus sur les marchés, la plupart sont consommés par leurs familles. Ce type de chasse ne présente guère de danger pour les populations de primates, car les chasseurs n'en tuent qu'un nombre limité. Ce sont les chasseurs professionnels qui, en abattant un très grand nombre d'individus destinés à la vente sur les marchés, ont un effet dévastateur sur les populations, celles-ci, amoindries, ne disposant plus d'assez de temps pour se renouveler.

Du chasseur au consommateur

Le commerce de la viande de singe se fait sur les étals au bord de la route et sur les marchés locaux qui approvisionnent les villages et les villes. Si les animaux sont parfois vendus vivants ou fraîchement tués, leur chair est le plus souvent fumée afin qu'elle ne pourrisse pas avant d'arriver à destination. Du chasseur (simple agriculteur ou professionnel) au consommateur (habitant d'un village ou d'une grande ville), le chemin parcouru est long. En règle générale, toute une chaîne d'intermédiaires se trouve impliquée, des chauffeurs de taxi, qui transportent la viande, aux propriétaires des étals, qui la vendent à l'acheteur final. Bien que ce commerce soit en grande partie local, il franchit parfois les frontières, comme c'est le cas entre le Nigeria et le Cameroun.

Un commerce florissant

Le commerce de la viande de brousse pourrait bien être la principale cause d'extinction de nombreux primates d'Afrique de l'Ouest, où leur viande est très prisée.

2

3

2. Le commerce de la viande de brousse incite largement les tribus à la chasse à outrance, en particulier en Afrique occidentale et en Amérique du Sud.

3. Têtes fraîchement coupées sur un tableau de trophées. Même aujourd'hui, les rares gorilles (à gauche) n'y échappent pas.

À la fin des années 1960, ce commerce « pesait » annuellement 150 millions de francs au Nigeria, et il pourrait représenter dix fois plus aujourd'hui. La chasse commerciale des singes connaît une ampleur bien moindre dans d'autres régions du globe, comme dans certaines zones de l'ouest de Kalimantan à Bornéo, où la viande de primate n'a aucune valeur. Il n'en reste pas moins que cette chasse à grande échelle fait peser aujourd'hui une lourde menace sur les populations de primates dans de nombreuses régions où les hommes ne les chassaient autrefois que pour subvenir à leurs besoins domestiques.

VOIR AUSSI

1.3 Les primates aujourd'hui
p. 43 Une vie qui tient à un fil

2.4 Le dernier refuge des lémuriens
p. 90 Une vie menacée

3.4 Une intelligence unique
p. 152 Pilleurs et commis agricoles

4.1 La planète des grands singes
p. 180 La disparition des forêts

4.5 Portraits de familles : les grands singes – p. 228 Gorilles

2

LES PROSIMIENS

2.1 LES CRÉATURES DE LA NUIT

Le terme prosimien signifie « qui précède les grands singes ». En dépit de ce nom, ces primates n'ont ni l'apparence ni le comportement des singes ou des grands singes. Certains prosimiens actuels ressemblent plutôt à des souris, et ce malgré leurs mains humanoïdes préhensiles, héritées de la lignée des primates. D'autres, aujourd'hui disparus, étaient géants, semblables à ces paresseux dont l'activité consiste en grande partie à se suspendre aux arbres par les mains. D'autres encore, comme le aye-aye, ne ressemblent quasiment à aucune créature terrestre existante ou ayant existé et paraissent venir d'un autre monde. C'est le cas, d'une certaine façon, puisque les prosimiens ne vivent pas une existence diurne, dans un monde dominé par la vision, comme nous et la majorité des autres primates. La plupart d'entre eux sont des créatures de la nuit, qui utilisent leurs sens aigus de l'odorat et de l'ouïe pour explorer un univers nocturne secret empli de sons et d'odeurs.

Page précédente : les sifakas sont de grands lémuriens malgaches. Ils vivent en petits groupes familiaux et ont une activité diurne.

LES SURVIVANTS DU PASSÉ

Les prosimiens sont souvent considérés comme les « parents pauvres » des singes et des grands singes. Les biologistes les décrivent comme des créatures primitives parce que, dans leur anatomie, ils se rapprochent des Adapidae, fossiles d'anciens primates qui vivaient dans les forêts il y a quelque 40 millions d'années, bien avant l'apparition des singes et des grands singes plus « évolués ». Sous certains aspects, les prosimiens ressemblent davantage à leurs lointains parents, les insectivores et les rongeurs, qu'à leurs cousins primates. L'apparition des singes et des grands singes sur la scène de l'évolution causa un singulier préjudice aux prosimiens. Nombre d'entre eux se retirèrent dans les sombres forêts et devinrent actifs la nuit.

Leur mode de vie nocturne explique en partie leur dissemblance avec ce que nous pourrions penser être le primate typique. La nécessité de posséder un sens de l'odorat développé implique que, comme les chiens, ils ont un nez sensible, humide, et une lèvre supérieure fendue par le milieu et rattachée au nez, ce qui augmente leur faculté de détecter les odeurs à l'aide d'un organe spécial logé à l'intérieur de la cavité nasale (l'organe de

Le nom « indri » signifie en fait « le voilà » en malgache. Les premiers explorateurs européens de l'île ont pris les exclamations de leurs guides indigènes pour le nom de l'animal.

1

1. Comme la plupart des prosimiens, ce gracieux loris grêle du Sud-Est asiatique a de grands yeux lui permettant de voir la nuit, et un nez sensible et humide avec lequel il décèle les plus infimes traces d'odeur.

Jacobson). L'absence d'une lèvre supérieure mobile limite le registre de leurs expressions faciales et restreint leurs possibilités de communiquer visuellement. Leur vie nocturne requiert également des oreilles larges et mobiles pour entendre les proies, des poils sensibles et de grands yeux. Comme ceux des chats, les yeux des prosimiens possèdent une couche réflective qui améliore leur vue par faible lumière.

Parce qu'ils peuvent donner naissance à des portées de plusieurs petits, certains prosimiens ont plusieurs paires de mamelles.

Si quelques-unes de ces caractéristiques sont communes à d'autres mammifères nocturnes, les yeux situés sur le devant de la face, les mains et les pieds préhensiles ainsi que les ongles plats indiquent bien que les prosimiens sont des primates. Ces caractères se retrouvent chez les plus anciens fossiles des primates et, ainsi, les prosimiens nous donnent une meilleure idée de ce à quoi ressemblaient ces animaux préhistoriques. Mais comme il est peu probable que les prosimiens soient restés inchangés depuis 40 millions d'années, il est faux de penser que nous avons affaire à des fossiles vivants.

Notre intérêt pour les prosimiens dépasse de loin leur rôle de chaînon entre les premiers primates et les singes et grands singes d'aujourd'hui. Ils constituent un groupe fascinant, qui possède des caractéristiques qu'on ne trouve nulle part ailleurs dans le règne animal. Et, bien qu'ils soient primitifs en termes d'évolution, leur comportement a quelque chose d'exceptionnel. Leur façon de communiquer, de s'accoupler, de porter leur progéniture sur le dos et de se garder du danger révèle un monde captivant et souvent complexe.

Le globe oculaire d'un tarsier est plus grand et plus lourd que son cerveau. Ses yeux ne bougeant que peu dans leur orbite, le tarsier tourne la tête, comme le font les chouettes, pour voir de tous côtés.

1. (ci-contre) Insectivores, les tarsiers du Sud-Est asiatique se nourrissent également de lézards, de chauves-souris et parfois d'oiseaux.

Les yeux d'un loris grêle brillent dans la nuit.

COMMENT VOIR DANS L'OBSCURITÉ

Pour trouver des prosimiens, il faut s'aventurer la nuit avec une lampe torche. Avec un peu de chance, son rayon tombera sur deux cercles lumineux brillant intensément dans la nuit sylvestre : les yeux d'un prosimien. S'ils brillent ainsi, ce n'est pas pour le bon plaisir de ceux qui cherchent à les voir mais pour accroître leur vision nocturne.

Les yeux des prosimiens reflètent la lumière grâce à une surface brillante spéciale logée au fond de l'œil, le tapetum. Celui-ci est une espèce de tissu cristallin plat qui forme une couche supplémentaire de la rétine (les cellules sensibles à la lumière qui tapissent l'intérieur de l'œil). Ces « cristaux » accroissent la faculté de l'œil à capter la lumière en modifiant sa longueur d'onde lorsqu'elle vient frapper le tapetum. Les récepteurs de lumière de la rétine sont plus sensibles à la lumière jaune mais, en modifiant la longueur d'onde des rayons lumineux, le tapetum fait que la rétine est bien plus stimulée qu'elle n'aurait dû l'être. Le tapetum réfléchit aussi la lumière en arrière de la rétine, donnant une seconde chance aux récepteurs rétiniens de capter une faible lumière. C'est cette réflexion lumineuse qui donne aux yeux leur aspect brillant.

VIVRE DANS LA NUIT

D'une manière générale, les prosimiens sont de petits et discrets habitants des arbres qui ne sortent que la nuit, lorsqu'ils se mettent en quête, seuls, de nourriture.
On ne les trouve qu'en Asie et en Afrique : galagos et pottos en Afrique ; lémuriens à Madagascar ; loris en Asie. L'Asie est également l'habitat d'un étrange prosimien connu sous le nom de tarsier. Ce minuscule animal possède simultanément des caractères archaïques et modernes, et certains scientifiques voient en lui un chaînon manquant entre les prosimiens et les singes.

Les galagos et les loris partagent souvent leur habitat avec les singes mais, étant strictement nocturnes, ils ne se retrouvent pas pour autant en compétition avec leurs grands cousins qui, eux, sont diurnes. Cela signifie que plusieurs espèces peuvent coexister dans un même habitat et remplir les niches écologiques qui leur conviennent. Une niche écologique correspond à une manière de vivre dans un habitat donné : ainsi les prosimiens occupent généralement la niche écologique nocturne des insectivores tandis que les singes vivent dans la niche diurne des frugivores.

Comme nous le verrons plus loin, les lémuriens forment une exception à la règle. Le fait qu'il n'y ait pas d'autres primates sur l'île de Madagascar a permis à de nombreux lémuriens de vivre le jour, et la niche écologique traditionnelle des prosimiens est, ici, occupée par certains cheirogales ou microcèbes qui se mettent, après la tombée de la nuit, à la recherche d'insectes.

Se déplacer

Bien que partageant un même monde crépusculaire, les prosimiens ont des manières très différentes de se déplacer. Les lémurs et les cheirogales détalent le long des branches comme les petits rongeurs. Les pottos et les loris grimpent lentement à l'aide de leurs quatre pattes, et leurs mouvements sont parfois si lents qu'ils donnent l'impression de bouger au ralenti. Les galagos se déplacent rapidement en bondissant et en s'accrochant aux branches. Propulsés par de longs membres postérieurs, ils font des sauts spectaculaires entre les arbres, maintenant leur corps à la verticale durant le vol. Alors que les cheirogales et les lémurs n'ont pas d'adaptation physiologique particulière liée au mouvement, les galagos et les loris sont dotés de caractères distinctifs dus à leurs modes de déplacement.

Un cheirogale se nourrit de gomme.

DES PROSIMIENS SOLITAIRES

La plupart des prosimiens nocturnes sont des chasseurs solitaires. Ils restent seuls durant la plupart de leurs heures d'éveil, bien que les femelles puissent être accompagnées de leur jeune progéniture. On ne sait pas exactement pourquoi ces animaux nocturnes sont aussi solitaires, mais cela pourrait être lié à leur nourriture, essentiellement constituée d'insectes et de gomme, une substance produite sous l'écorce des arbres. Ces aliments sont difficiles à partager, contrairement aux feuilles et aux fruits que mangent les singes et les grands singes, et il est plus facile de chasser les insectes seul.

Une autre explication tient au fait qu'il est plus aisé d'échapper aux prédateurs. Si les primates diurnes se protègent en vivant groupés (plus il y a d'yeux et d'oreilles, mieux on localise les agresseurs), il n'en va pas de même pour les animaux nocturnes. D'autres paires d'yeux et d'oreilles ne seraient d'aucun secours car les prédateurs nocturnes, tels les léopards, attendent silencieusement en embuscade le passage d'une éventuelle victime. Le meilleur moyen pour les prosimiens d'éviter d'être mangé consiste donc à faire en sorte que les prédateurs ne décèlent pas leur présence. Se fondre dans le paysage en se camouflant est une technique possible. Se déplacer seul, un animal solitaire étant moins bruyant et moins repérable qu'un groupe, en est une autre.

1. Les jambes très développées du petit galago du Sénégal lui permettent d'effectuer des sauts spectaculaires dans les airs.

2. Un loris pygmée progresse lentement dans les arbres pour éviter d'être repéré par les prédateurs.

1

2

Les galagos réalisent leurs bonds impressionnants grâce à leurs longs membres postérieurs dotés d'un astragale très grand, ainsi qu'à leur longue queue qui fait office de balancier. Leurs types d'habitats vont de la forêt dense à la savane broussailleuse, et leur manière de se déplacer convient à l'une comme à l'autre. Ils possèdent de grands yeux pour une bonne vision nocturne, essentielle afin de repérer les insectes, et peuvent bouger indépendamment leurs grandes oreilles afin de localiser la provenance d'un son. Ils sont si habiles qu'ils peuvent attraper les insectes en plein vol. La majorité des galagos mangent aussi des fruits et certains, la gomme des arbres. Leur grande agilité et leurs réflexes rapides leur permettent d'échapper aux prédateurs : en une succession de bonds rapides, un galago peut couvrir 10 m en moins de 5 secondes.

À l'inverse, les pottos et les loris se sont si bien adaptés à vivre sur un rythme lent qu'ils ont perdu toute aptitude à sauter. Au contraire des galagos, les loris ont des queues très courtes et trapues, et leurs bras et jambes ont à peu près la même longueur. Leurs oreilles sont plus petites. L'aspect des loris est tel que le primatologue Pierre Charles-Dominique les compare à de « lents petits oursons se déplaçant avec précaution ». Les loris se déplacent avec une telle lenteur et une telle coordination des gestes qu'ils sont très difficiles à repérer et peuvent traverser la végétation la plus épaisse sans faire de bruit. Cela les rend quasi invisibles aux yeux des prédateurs, et leur permet de surprendre leurs proies. Ils chassent avec leur odorat, gardant le nez collé à la branche sur laquelle ils se meuvent et reniflant les créatures lentes (que les autres éviteraient souvent) – chenilles aux poils toxiques, chauves-souris à l'odeur nauséabonde ou mille-pattes venimeux. Toujours à l'inverse des galagos, les loris vivent uniquement en forêt, leur manière de se déplacer étant plus adaptée à la végétation épaisse.

Éviter les dangers

Se mouvoir lentement réduit les chances d'être vu, mais peut aussi se révéler dangereux lorsque les animaux rencontrent par inadvertance un prédateur. Dans ce cas, les loris ne tentent pas de fuir : ils se figent, restant complètement immobiles et silencieux. Ils peuvent demeurer ainsi des heures durant, aidés en cela par la spécificité des vaisseaux sanguins de leurs mains et de leurs poignets leur évitant picotements et fourmillements qui leur auraient fait lâcher prise sur la branche.

De nombreuses espèces ont aussi des moyens de défenses particulières pour décourager les prédateurs. Le potto, par exemple, possède un bouclier de peau épaisse formant une bosse sur le dos. En cas de danger, il rentre la tête et charge son agresseur pour le heurter avec son bouclier ou pour le mordre. Si tout marche bien, l'attaquant tombera de la branche et sera incapable de retrouver sa victime.

TARSIERS: LE CHAÎNON MANQUANT ?

Les tarsiers sont les primates les plus fascinants. Anatomiquement, ils présentent un mélange des caractères primitifs des prosimiens et des caractères les plus sophistiqués des singes et grands singes. Cette combinaison en fait d'excellents candidats au titre d'ancêtre commun reliant les prosimiens aux autres primates plus évolués. Leurs traits physiques pourraient nous donner une assez bonne idée de la manière dont les singes ont pu évoluer depuis leur ancêtre prosimien nocturne. Cette idée d'un « chaînon manquant » entre les prosimiens et les singes est séduisante dans la mesure où elle nous aide à relier ces deux familles très disparates et donne un sens à l'arbre généalogique des primates.

1

1. À la différence de nombreux autres prosimiens, les tarsiers ne mangent pas de végétaux. Leur régime comprend des invertébrés ou autres petits animaux comme les lézards.

2. Semblables en cela aux singes, les tarsiers ne donnent naissance qu'à un seul petit. La plupart des prosimiens donnent naissance à plusieurs petits.

2

Les trois tarsiers

Les tarsiers sont de petites créatures aux yeux à fleur de tête, qui vivent au cœur des forêts du Sud-Est asiatique. Il en existe trois espèces : le tarsier des Philippines, le tarsier de Horsfield et le tarsier-spectre. Ils se ressemblent tous par la taille, la couleur, leur fourrure douce et velouteuse et leurs très longs membres postérieurs. Comme les galagos d'Afrique, ils grimpent à la verticale et bondissent d'arbre en arbre. Les trois espèces ont un régime constitué d'insectes et de petits vertébrés, tels des lézards ou des chauves-souris, bien que le tarsier de Horsfield soit également capable de tuer des oiseaux plus grands que lui. Du fait de leur vie nocturne, les tarsiers ont des yeux énormes, mais leurs globes oculaires ont des mouvements restreints, ce qu'ils compensent en tournant la tête à presque 180°, comme les chouettes.

Semblables, et pourtant différents

Si les tarsiers sont apparemment semblables à la majorité des primates nocturnes, une étude plus approfondie dévoile leur morphologie atypique. Comme les autres prosimiens, ils sont dotés d'un maxillaire formé de deux parties, de griffes aux orteils, de multiples mamelles et d'un utérus constitué de deux cavités séparées. Par contre, ils n'ont pas de couche réflective (tapetum) au fond des yeux. De même, leur nez n'est pas humide mais chaud et sec comme celui des singes et des grands singes, et leur lèvre supérieure est mobile et velue. Leurs dents sont également semblables à celles des singes, avec de grandes incisives supérieures centrales, de petites incisives inférieures et de grandes canines. Ils ne montrent pas non plus trace du « peigne dentaire » (qui sert à se toiletter), un signe distinctif des prosimiens. Les tarsiers partagent aussi avec les singes une activité sexuelle mensuelle et un cycle menstruel.

Une évolution à rebours ?

Il est possible cependant que les tarsiers ne soient pas du tout une sorte de chaînon manquant. Ils seraient alors une espèce de petits singes qui serait revenue en arrière, à une vie semblable à celle des prosimiens, quelque temps après l'apparition des premiers singes évolués. Ce retour à un mode de vie nocturne aurait été rendu possible par le fait que les galagos n'ont jamais atteint l'Asie et qu'ainsi la niche écologique qu'ils auraient alors occupée est demeurée libre. En ce cas, les traits prosimiens que présentent les tarsiers ne seraient pas dus au fait qu'ils sont de plus proches parents des prosimiens que des singes, mais au fait que de tels traits sont ceux requis pour s'adapter à un mode de vie nocturne. Les tarsiers ne représenteraient donc pas un pas en avant dans la lignée des prosimiens, mais plutôt un pas en arrière dans celle des singes.

Ces deux théories sont controversées et vivement débattues. Il est peu probable que nous sachions jamais quelle voie les tarsiers ont suivi dans l'évolution. Toutefois, une meilleure compréhension du comportement de ces étranges et passionnants animaux nous apportera sans aucun doute de précieux enseignements.

3. L'anatomie des tarsiers présente à la fois des traits propres aux prosimiens et d'autres qui sont caractéristiques des singes et des grands singes.

VOIR AUSSI

1.1 Qu'est-ce qu'un primate ?
p. 16 Définir les espèces

1.3 Les primates aujourd'hui
p. 37 La classification
p. 40 L'horloge moléculaire

2.1 Les créatures de la nuit
p. 51 Des survivants du passé

2.5 Portraits de familles : prosimiens
p. 93 La classification

3.1 Les modes de vie des singes
p. 104 Les modes de vie

1

1. On trouve les galagos à queue touffue dans l'Est et le Sud-Est africains. Dans certaines populations de cette espèce, les femelles donnent naissance à plus de mâles que de femelles.

LA VIE SOCIALE

Obligés de rechercher seuls la nourriture et de se cacher de leurs prédateurs, les prosimiens ne peuvent vivre en groupe comme les autres primates. Mais ce ne sont pas pour autant des ermites. Bien que leur comportement social ne soit pas aussi développé que celui des singes et grands singes, les prosimiens communiquent très efficacement par le biais des odeurs ou des sons (▷ p. 62). Ils peuvent ainsi nouer des liens et entretenir des relations sociales relativement complexes, bien qu'ils soient rarement en groupe.

La société des galagos

Les galagos ont la structure sociale la plus élaborée des prosimiens du continent africain. Les femelles vivent sur un territoire bien défini qu'elles partagent avec leur progéniture, mais qu'elles défendent contre les femelles rivales en déposant des marques odorantes et en émettant des cris spéciaux. Lorsque les mâles atteignent la maturité sexuelle, ils quittent le territoire maternel et vont habiter ailleurs, mais les jeunes femelles restent. Se créent ainsi de petits groupes de femelles de la même famille avec leur progéniture, bien que chaque femelle ait tendance à se tenir sur une partie du territoire et à recherche seule sa nourriture. Occasionnellement, des femelles partagent un endroit pour dormir durant le jour, souvent avec un mâle adulte, et se rencontrent la nuit pour se toiletter mutuellement ou jouer.

La façon dont les mâles et les femelles établissent leur habitat pourrait expliquer l'étrange prédominance des mâles à la naissance. Chez les galagos à queue touffue, par exemple, on compte 57 mâles pour 43 femelles. Peut-être cette disproportion réduit-elle la compétition pour la nourriture entre les femelles qui restent sur le territoire familial et partagent les mêmes ressources, mais pourquoi les femelles donnent naissance à plus de mâles que de femelles reste un mystère.

La compétition des mâles

Les mâles galagos occupent de vastes territoires englobant les habitats de plusieurs groupes de femelles, et ils s'accouplent généralement avec les femelles de leur domaine. La compétition entre mâles pour dominer un territoire est d'autant plus intense que c'est la seule manière d'avoir des opportunités de s'accoupler. Il en résulte que les mâles dominants sont remplacés chaque année, tandis que les femelles peuvent rester sur le même territoire durant des années, voire à vie.

Chez les petits galagos existent deux catégories de mâles adultes : les mâles A, qui sont plus vieux et plus lourds, et que l'on peut souvent trouver endormis avec un groupe de femelles ; et les mâles B, plus jeunes et moins corpulents, sans territoire. Les mâles A détiennent des territoires et entretiennent des rapports spéciaux avec les femelles les occupant, rapports maintenus par des contacts directs, des appels ou des émissions d'odeurs. Les mâles B, eux, demeurent en marge, souvent en compagnie d'autres mâles B, attendant l'opportunité de prendre la place d'un mâle A. Ils deviennent alors eux-mêmes des mâles A. Mais les mâles A ne prennent pas la peine de les exclure de leur territoire : ils se contentent de les chasser lorsqu'ils sont près d'eux. Les mâles A semblent uniquement préoccupés par les autres mâles de haut-rang qui menacent leur mainmise sur le territoire et, en conséquence, leurs possibilités d'accouplement.

Des solitaires indolents

Les pottos et les loris sont plus solitaires que les galagos et n'emploient que des moyens de communication discrets, comme les marquages d'odeurs. Cela est sans doute dû à leur métabolisme très lent, qui nécessite 40 % d'énergie en moins que celui des autres animaux de même taille. Ce métabolisme lent diminue certes la quantité de nourriture dont ils ont besoin, mais limite aussi leur faculté à entreprendre des activités énergétiques, en particulier de nature sociale. Il semble en fait que c'est ce métabolisme lent plus que leur mode de vie nocturne qui restreint leurs contacts.

L'hibernation

Les microcèbes et les cheirogales ont un système social semblable à celui des galagos, avec de grands habitats pour les mâles comprenant ceux, plus restreints, des femelles. Leur structure sociale est cependant moins complexe. Les femelles, par exemple, ne vivent pas en groupes familiaux, bien qu'elles nichent parfois ensemble. De plus, fait unique chez les prosimiens, certains microcèbes et cheirogales hibernent.

Madagascar connaît de longues saisons sèches durant lesquelles la nourriture devient difficile à trouver. Les cheirogales moyens et les cheirogales, plus grands, ont contourné ce problème en hibernant. Durant les 6 à 8 mois durant lesquels ils dorment, ils survivent grâce aux réserves de graisse stockées dans leur queue. Quand reviennent les pluies, ils se réveillent à temps pour participer à une courte mais intense saison d'accouplement.

D'origine hollandaise, le mot loris signifie « clown », en référence à l'expression faciale de ces animaux.

2

2. Actif uniquement la nuit, ce potto dort toute la journée dans un trou d'arbre.

3

3. Les cheirogales moyens hibernent jusqu'à huit mois par an, ayant stocké des réserves de graisse dans leur queue.

Les microcèbes doublent de poids durant la saison humide. Une grande partie de cet excédent est stockée dans la queue.

Les cheirogales mignons hibernent également, mais les mâles et les femelles le font différemment. Comme chez le cheirogale moyen, les femelles prennent du poids entre février et avril, puis hibernent jusqu'en septembre. Elles économisent ainsi environ 40 % d'énergie. Si elles ne sont pas parvenues à constituer suffisamment de graisse, elles hibernent plus tard, voire pas du tout. En ce cas, elles ne s'activent que sporadiquement et se mettent en état de torpeur diurne ; leur métabolisme est alors ralenti, quoique de façon moindre que durant une véritable hibernation.

Les mâles, eux, n'hibernent pas du tout, ou durant un mois seulement. Ils sortent de leur hibernation plus tôt que les femelles, et leur corps (dont les testicules) se prépare à la saison des amours en grossissant. Le fait qu'ils le fassent à un moment de l'année où la nourriture est rare et le risque d'être tué par des prédateurs élevé suppose qu'ils tirent des bénéfices de cette préparation précoce à l'accouplement : les mâles, bien préparés, peuvent peut-être consacrer plus de temps à la recherche des femelles durant la saison des amours.

Les femelles ne pouvant s'accoupler que durant une très courte période chaque année, et toutes les femelles étant fécondables en même temps, un seul mâle ne peut espérer s'accoupler avec toutes les femelles de son territoire. S'il veut en conquérir beaucoup, il n'a d'autre solution que de les chercher sur toute sa zone d'habitat et de s'accoupler à chaque fois que cela est possible. La conséquence en est que, n'ayant pas à se battre pour approcher les femelles, il ne possède pas les armes d'autres primates mâles, comme de grandes canines, et se contente d'intimider ses rivaux par des marques odorantes.

Ensemble pour la vie

Il semble que le phaner à fourche ait un comportement rare parmi les primates : la monogamie. Cette espèce de lémurien, ainsi nommée en raison de la rayure en forme de fourche qui marque sa tête, est experte dans la recherche de la gomme des arbres. Le phaner à fourche possède des dents inférieures spéciales, ainsi qu'une langue étroite et longue pour extraire la gomme de dessous l'écorce, et des spatules au bout des ongles lui permettant d'adhérer au tronc des arbres. Les mâles et les femelles se déplacent ensemble, s'appelant l'un l'autre continûment afin de garder le contact. Nous ne savons que très peu de choses de cet animal furtif, et les raisons de son singulier comportement restent mystérieuses.

1. (ci-contre) Un microcèbe de Madagascar. Avec ses 60 g, c'est l'un des primates les plus petits.

2

2. Un phaner à fourche se nourrissant de gomme. Cette espèce possède des dents inférieures spéciales, capables de traverser l'écorce, ce qui permet à la gomme de s'écouler.

2.2 DES ODEURS ET DES SONS

Quand la nuit tombe sur les forêts tropicales d'Afrique ou d'Asie, les prosimiens quittent le trou où ils ont dormi et s'approprient la forêt. Bondissant sous les frondaisons, les galagos cherchent les insectes volants qu'ils attrapent au vol, tandis que les loris et les pottos déambulent avec précaution, s'immobilisant au moindre danger. La forêt s'emplit alors de sons étranges, de bruissements dans les feuillages et d'odeurs. Dans la pénombre épaisse, des marques odorantes délivrent des messages, guidant les animaux dans leur habitat et indiquant les endroits où leurs congénères sont passés. Les nez humides et sensibles captent les odeurs les plus infimes, révélant si des compagnes potentielles sont prêtes à s'accoupler. Les grandes oreilles détectent le battement d' ailes des insectes et les cris territoriaux des rivaux. C'est en connaissant bien le langage des odeurs et des sons que le monde nocturne des prosimiens révèle ses secrets et prend tout son sens.

MESSAGES NOCTURNES

Les créatures diurnes, les singes, les grands singes et les hommes, vivent dans un monde dominé par le sens de la vue et emploient un large éventail d'expressions visuelles pour communiquer. Il n'en va pas de même pour certains prosimiens, nos cousins nocturnes. Les sens de l'odorat et de l'ouïe sont en effet bien plus utiles pour communiquer la nuit, particulièrement lorsque la plupart de ces animaux vivent en solitaire et ne se retrouvent que rarement face à face.

Grâce à leurs grands yeux très sensibles, certains prosimiens voient mieux la nuit que les autres primates, mais la vision nocturne requiert des modifications de l'œil qui se font aux dépens des capacités à voir les couleurs ou les détails. Ces prosimiens doivent donc compter sur d'autres sens pour explorer le monde.

Des glandes odoriférantes

Les odeurs sont un moyen de communication très efficace pour les animaux nocturnes. Elles leur permettent de communiquer par-delà l'espace et le temps. Une fois dûment déposée, une odeur peut perdurer près d'une semaine, indiquant aux animaux qui est passé par là avant eux. C'est ainsi que la plupart des prosimiens possèdent des glandes odoriférantes dont ils usent pour marquer leur territoire.

Ces glandes odoriférantes, formées à partir de sudoripares modifiées, peuvent se situer sur la tête, la poitrine, l'abdomen, les avant-bras et, particulièrement, dans la région entourant l'anus ou les organes sexuels. Elles secrètent des odeurs fortes qui diffusent rapidement des substances chimiques susceptibles de délivrer toutes sortes d'informations, telles que l'âge de l'animal, son sexe et sa disponibilité sexuelle. En se

1

1. Les galagos marquent les limites de leur territoire avec leur urine.

1

1. Les glandes odoriférantes des hapalémurs dorés mâles sont visibles sur leurs bras.

2. (ci-contre) Une femelle maki catta tient sa queue dressée tandis qu'elle dépose des marques odorantes sur un arbre à l'aide des glandes proches de sa zone génitale.

déplaçant, les animaux déposent des traces odorantes sur les arbres et les arbustes, informant de leurs mouvements et des événements qui jalonnent leur vie.

Chez certaines espèces, d'autres parties du corps participent au marquage des odeurs. Les makis catta mâles (à la queue décorée de bandes alternativement noires et blanches) possèdent des glandes odoriférantes aux aisselles et aux poignets. Juste au-dessus de chaque poignet, ils ont un éperon calleux, une sorte de griffe, qu'ils utilisent pour incruster les odeurs dans l'écorce des arbres. Lorsque les mâles laissent des traces odorantes, ils frottent les glandes de leur poignet sur celles des aisselles, puis entourent le tronc de l'arbre avec le bras. Ils laissent deux sortes d'odeurs, ainsi qu'une marque en forme de virgule sur l'écorce. Marquer un arbre de cette manière peut leur prendre jusqu'à 20 minutes.

Les makis catta mâles utilisent aussi les glandes odoriférantes qu'ils possèdent près des organes sexuels, mais la manière dont ils le font dépend de leur rang social. En effet, ces lémuriens vivent en groupes sociaux bien hiérarchisés, et les mâles de haut rang doivent déposer plus de marques odorantes que leurs subordonnés, quand bien même le marquage par les poignets demeure le même. La raison de ce comportement n'est pas claire : il est possible que les mâles dominants aient des glandes odoriférantes génitales plus développées que les autres, ce qui leur autorise plus de marquages, ou bien que les mâles subordonnés ne parviennent pas à produire des odeurs aussi rapidement que les animaux dominants.

Le marquage par l'urine

Il est intéressant de constater que les pottos et les loris ne possèdent pas de glandes odoriférantes ; ils utilisent leur urine. Le potto, en particulier, est renommé pour la manière dont il urine soigneusement sur ses mains et ses pieds avant de s'engager dans une ronde nocturne au cours de laquelle il laissera une traînée d'empreintes odorantes. Les autres pottos « verront » ces empreintes avec leur nez, aussi sûrement que si elles étaient recouvertes de peinture fluorescente.

Marquage et accouplement

La plupart des prosimiens ont une frénésie de marquage durant la saison des amours, les femelles pour indiquer aux mâles si elles sont fécondes et prêtes à l'accouplement, les mâles pour avertir les autres mâles de se tenir au loin.

Les lémurs ont élevé cette intimidation des rivaux à un art raffiné. Leur urine contient certaines substances chimiques qui peuvent influer sur la capacité des autres mâles à se reproduire. Les lémurs mâles qui sont exposés à l'odeur d'urine d'un mâle dominant sont rendus stériles par une chute de leur taux de testostérone. Les mâles possédant un faible taux de testostérone sont non seulement stériles mais deviennent incapables d'émettre ces cris spéciaux dont ils pourraient autrement user pour inciter les femelles à l'accouplement.

Ces effets se font particulièrement sentir à l'acmé de la saison des amours des lémurs, quand la compétition entre les mâles culmine. Les mâles dominants ont intérêt à mettre les autres mâles hors-jeu de cette manière car les femelles parviennent toutes ensemble à la période de fécondité. Il est alors impossible à un mâle de monopoliser tout un groupe de femelles : lorsque toutes sont fécondables simultanément, il ne peut en défendre qu'une à la fois. Aussi, la meilleure solution consiste-t-elle à ne pas s'acharner à protéger les femelles mais à réduire le nombre de mâles rivaux. La production d'urine rendant les autres mâles stériles assure ainsi au dominant une progéniture nombreuse.

DUELS PARFUMÉS

Les makis catta comptent parmi les prosimiens les plus sociables. Ces animaux diurnes vivent en groupes de 5 à 30 membres et, du fait de leur mode de vie, ils ont développé un large éventail de signaux pour communiquer entre eux. Les plus personnels de ces signaux sont les substances chimiques qui font appel au sens de l'odorat. Comme les autres prosimiens, les makis catta ont des glandes odoriférantes qui leur permettent de laisser leur signature tout autour de leur habitat. Mais ce marquage leur permet aussi, combiné aux mouvements de leur queue, d'intimider leurs rivaux lors de « duels parfumés ».

1

« Voir » avec son nez

Comme la plupart des prosimiens, les makis catta intensifient considérablement leurs dépôts de marques odorantes durant la saison des amours. Les femelles déposent ces marques pour attirer les mâles et entrer en compétition avec les autres femelles. Les mâles, eux, le font plutôt pour intimider et dérouter leurs rivaux. Lorsqu'un mâle trouve une marque appartenant à une femelle, il dépose sa propre empreinte dessus, masquant celle de la femelle et empêchant les autres mâles d'apprendre qu'une femelle est prête à s'accoupler. Les femelles font d'ailleurs la même chose, en particulier sur les empreintes laissées par leurs rivales d'un rang inférieur, afin de détourner l'attention des mâles sur elles-mêmes.

2

1. Maki catta en état d'alerte. Si le danger se présente sous forme d'un mâle rival, un « combat d'odeurs » pourrait s'ensuivre.

2. Un mâle maki catta dépose des odeurs avec les glandes odoriférantes de ses aisselles et poignets.

3

Les signaux visuels

Les makis catta doublent leurs signaux odorants par des signaux visuels, gagnant ainsi en efficacité. Ils emploient souvent leur queue rayée noir et blanc comme un signe d'agressivité. Ainsi, lorsqu'un nouveau mâle tente de s'intégrer à un groupe, les mâles dressent leur queue et la font onduler au-dessus de leur tête pour signaler le danger.

Une manifestation odorante

Lors de cette manifestation hautement ritualisée qu'est le « duel parfumé » pour un territoire, les mâles combinent les signaux odorants et visuels : ils frottent les glandes odoriférantes de leurs poignets sur celles de leurs aisselles, puis passent leur queue sur l'ergot situé au-dessus de la glande des poignets, de manière à ce que celui-ci balaie toute la fourrure et l'imprègne des odeurs ainsi collectées. Ils dressent alors la queue bien droite et l'agitent en direction de leurs rivaux. Simultanément, ils frottent leurs glandes odoriférantes génitales sur des branches basses. L'issue de ces combats est généralement la retraite de l'un ou l'autre des protagonistes.

Bien que les mâles se lancent dans de tels combats avec beaucoup de véhémence et de vigueur, ceux-ci donnent rarement lieu à un engagement physique mais reposent plutôt sur l'intimidation. C'est mieux ainsi, car les makis catta mâles sont plutôt mal équipés pour le genre de combats armés que se livrent la plupart des primates mâles. Ils sont assez petits, souvent plus que les femelles, et ne possèdent pas ces grandes canines que les mâles des autres espèces utilisent pour infliger des blessures à leurs rivaux. De plus, dans les sévères conditions environnementales qui sont les leurs, un réel combat physique leur ferait gaspiller une énergie précieuse. Le « duel parfumé » semble offrir un compromis acceptable.

3. À l'apogée d'un « duel parfumé », les mâles déposent des odeurs sur un arbre et présentent à leurs rivaux leur queue imprégnée de ces effluves.

VOIR AUSSI

2.1 Les créatures de la nuit
p. 58 La compétition des mâles

2.2 Des odeurs et des sons
p. 63 Messages nocturnes
p. 68 Les phéromones

3.2 La vie en groupe
p. 125 Les mâles dominants

4.2 La vie en société éclatée
p. 189 Une société éclatée

Prévenir les autres

Les marques odorantes ne servent pas uniquement aux jeux de l'amour, mais aussi à éviter bien des dangers. Les galagos, par exemple, déposent leurs empreintes odorantes avec frénésie lorsqu'ils détectent un prédateur dans les environs. Ils préviennent ainsi les autres galagos qui se regroupent pour l'assaillir et le mettre en fuite. Les lémurs bruns font de même lorsqu'ils repèrent un éventuel attaquant, dressant et agitant leur queue pour paraître plus intimidants. Lorsqu'ils ont affaire à un prédateur très dangereux, ils peuvent unir leurs forces pour l'affronter.

Les angwantibos (l'une des espèces africaines de loris) comptent, eux, sur la dissimulation. Lorsqu'ils ont repéré un danger, ils marquent des odeurs le plus discrètement possible afin de prévenir leurs congénères sans attirer l'attention du prédateur. Lorsqu'une mère est en alerte, elle émet une odeur qui fige immédiatement sa progéniture, ce qui réduit les risques que celle-ci soit aperçue. Cette même odeur incite les petits à grimper sur leur mère afin qu'elle les transporte silencieusement loin du danger.

Défendre son territoire

De nombreux prosimiens défendent leur territoire en le délimitant par des empreintes odorantes. Les animaux entrant dans cet espace bien délimité savent qu'il est occupé et qu'ils devront se battre s'ils tombent sur le propriétaire. C'est ainsi que les femelles galagos, par exemple, procèdent entre elles, et les mâles font de même pour avertir les autres mâles que les femelles de ce territoire leur sont réservées.

Les femelles sifakas (prononcer « shifark ») défendent leur territoire en marquant les arbres avec leurs glandes odoriférantes génitales et anales. Les mâles font de même, particulièrement durant la saison des amours, mais avec une glande située sur la gorge. De la sorte, les combats sont rares, la détection des odeurs suffisant généralement à dissuader les intrus. Les makis catta sont d'ailleurs plus intéressés par les odeurs étrangères que par celles des membres de leur groupe, et les mâles, en particulier, passent de longs moments à renifler les odeurs d'animaux qu'ils ne reconnaissent pas.

LES PHÉROMONES

Le comportement de tous les primates, y compris les humains, est fortement influencé par les hormones. Ces substances chimiques, produites par certains organes et répandues dans le corps par le flux sanguin, ont tout un éventail d'effets différents. L'adrénaline, par exemple, issue des glandes surrénales, est produite en réponse à une sensation de danger et prépare le corps à une action soudaine : fuir ou combattre.

De nombreux animaux produisent aussi des substances appelées phéromones, semblables aux hormones par leur composition et leurs effets mais différentes de deux manières : elles ne sont pas répandues dans le système sanguin mais dans l'environnement de l'animal, et elles affectent plus le comportement des animaux qui les sentent que celui de ceux qui les produisent.

Les phéromones sont souvent utilisées pour attirer les partenaires sexuels. Lorsqu'un animal décèle une phéromone dans l'air, il sait qu'il y a dans le voisinage un partenaire potentiel et il se met à sa recherche. Les prosimiens nocturnes, qui comptent essentiellement sur leur odorat, trouvent souvent leurs partenaires de cette manière. Un certain nombre de singes sud-américains semble également produire des phéromones et l'on pense que les humains pourraient faire de même avec leur transpiration qui contiendrait de telles substances agissant à un niveau inconscient pour attirer un partenaire. De façon plus inhabituelle, l'urine des lémurs mâles contient des phéromones qui n'attirent pas leurs partenaires mais repoussent les autres mâles et les rendent stériles.

Le lépilémur est appelé « lémur sportif » en anglais du fait de l'intensité avec laquelle il défend son territoire : les mâles se battent tout en poussant des sortes de croassements.

1. (ci-contre) Aux émissions d'odeurs, les makis catta ajoutent des vocalisations pour communiquer entre eux. Ils appellent pour prévenir leurs congénères d'un danger ou pour tenir leurs rivaux à distance.

SIGNAUX VOCAUX

Quelques espèces de prosimiens, tels les makis catta, sont actives de jour comme de nuit. Ainsi vivent-elles en groupes sociaux, qui sont plus efficaces pour lutter contre les prédateurs.

Ces espèces usent alors de cris spécifiques plutôt que d'odeurs pour prévenir les membres de leur groupe d'un danger. Il est intéressant de constater que leurs cris diffèrent selon le type de prédateurs : les makis catta poussent des cris grinçants ou aigus lorsqu'ils voient un oiseau de proie, mais jappent pour un prédateur terrestre. De cette manière, leurs congénères sont aptes à prendre les mesures appropriées : se cacher sous les feuillages face aux premiers et grimper dans les arbres pour échapper aux seconds.

Mieux encore : les makis catta répondent aussi aux cris d'alarme des sifakas, autres lémuriens diurnes partageant leur habitat. Ceux-ci ont également des modulations différentes selon les prédateurs : un appel grinçant pour les oiseaux de proie et un appel qui ressemble à « shifark » (d'où leur nom qui se prononce ainsi) pour les prédateurs terrestres. Les cris ressemblants du maki catta et du sifaka expliquent peut-être pourquoi ces deux espèces se comprennent.

Le chant des indris et des tarsiers

Les appels sonores servent en outre à défendre les territoires mais ils ne sont usités que par les espèces diurnes comme les indris. Ceux-ci, les plus grands lémuriens, ressemblent un peu à des ours en peluche. Fait étonnant pour des animaux de cette taille, ils se déplacent par bonds d'arbre en arbre, comme les galagos, grâce à leurs longues et puissantes jambes. Pour défendre leur territoire, les indris hurlent d'une manière extraordinaire et inquiétante. Quant à leurs appels, ou chants usuels, ils les poussent jusqu'à sept fois par jour, et ceux-ci sont communicatifs : lorsqu'un groupe commence à chanter, tous les groupes de la région se joignent au chant l'un après l'autre. Les chants sont utilisés aussi bien pour défendre les limites du territoire que pour réunir les membres d'un groupe, leur permettant, le cas échéant, de faire front face aux prédateurs.

Un galago d'Allen agrippé à la main d'un chercheur.

DIS-MOI COMMENT TU CRIES…

Étudier les prosimiens à l'état sauvage est extrêmement difficile. Ils sont petits et vivent la nuit ; il faut donc beaucoup d'attention et de patience pour apprendre quelque chose de leur vie. Quand les premiers scientifiques ont tenté de dénombrer les différentes espèces de galagos, ils n'ont pu le faire par l'observation directe et ont dû travailler sur les dépouilles de galagos morts. Même si certains galagos sont très semblables par la taille et l'apparence, c'eût été une faute que de les rassembler pour autant en une seule espèce.

L'usage d'instruments sophistiqués, comme les radiofréquences, les caméras à infrarouge et les magnétophones, a permis d'étudier ces animaux dans leur milieu naturel, et l'on s'est bientôt rendu compte qu'il existait bien plus d'espèces de galagos qu'on ne l'avait pensé. Les différences étaient passées inaperçues jusqu'alors, car les galagos se distinguent entre eux surtout par leurs cris. Chaque espèce émet un appel à l'accouplement spécifique, auquel seul un membre de la même espèce, mâle ou femelle selon les cas, peut répondre. Les cris sont donc, bien plus que l'apparence, le meilleur moyen de distinguer les diverses espèces d'animaux nocturnes.

Pour les galagos, l'amour est peut-être aveugle, mais il n'est pas sourd, et ceux qui les étudient pourraient dire : « dis-moi comment tu cries, je te dirai qui tu es ».

1

Le tarsiers de Sulawesi, l'un des plus petits primates nocturnes du Sud-Est asiatique, défend aussi son territoire par une variété de cris et d'appels. Les couples ou les groupes familiaux se placent près de l'endroit où ils dorment, au centre du territoire, et crient pour prévenir les autres tarsiers du groupe de se tenir à distance pendant que mâles et femelles vont s'accoupler. En réunissant leurs différentes voix, ils produisent un chant délicieux à entendre pour une oreille humaine, mais qui n'est sans doute pas aussi agréable pour les tarsiers du voisinage priés de rester éloignés.

Comme l'illustrent ces divers exemples, les sons et les odeurs sont aussi efficaces que les signaux visuels pour délivrer des messages. Certes, les prosimiens emploient des méthodes de communication fort différentes de celles des primates diurnes, mais les raisons de communiquer sont les mêmes : protéger les ressources de nourriture, trouver des partenaires et avertir des dangers.

1. Les makis catta défendent leur territoire en poussant des cris puissants afin de tenir les groupes rivaux à distance. Les cris plus doux aident les membres d'un groupe à rester en contact les uns avec les autres.

2.3 DES FEMELLES RESPONSABLES

Les mammifères consacrent beaucoup de temps et d'efforts à procréer et à élever leurs petits, et les primates plus encore que les autres. Les gros cerveaux des nourrissons primates indiquent qu'ils ont plus à apprendre encore que les autres mammifères : ils dépendent donc plus longtemps de leurs parents. Mais les soins parentaux diffèrent beaucoup d'un primate à l'autre. Comparés à ceux des singes et des grands singes, les bébés prosimiens requièrent moins d'attention et se développent plus vite. Leur survie repose essentiellement sur les mères, et cela est particulièrement vrai pour les lémuriens de Madagascar. En effet, la nourriture est souvent peu abondante sur l'île, et en trouver assez pour nourrir sa progéniture est un travail à temps plein. En conséquence, les mères s'attribuent en premier les vivres, avant les mâles. Dans le monde des lémuriens, ceux-ci sont vraiment des citoyens de seconde classe.

UNE REPRODUCTION RAPIDE ET INTENSE

La reproduction occupe une place primordiale dans la vie des animaux, et la manière dont ceux-ci s'accouplent et prennent soin de leur progéniture témoigne de la diversité des modes de vie dans le règne animal. Les singes et les grands singes consacrent l'essentiel de leur temps au processus reproductif, à élever leur progéniture. Du fait de leur gros cerveau, les petits ont une croissance lente et grandissent sous la houlette des adultes, dépendant de leurs mères pour la nourriture et la sécurité plus longtemps que les autres jeunes mammifères. Pour les prosimiens, dont le cerveau est relativement petit, les choses se passent différemment, et leurs processus de reproduction se rapprochent davantage de ceux des autres mammifères nocturnes que de ceux de leurs parents primates.

Les jeunes prosimiens se développent plus vite que les primates plus évolués (une femelle galago est fécondable dès l'âge de neuf mois), et de nombreuses espèces donnent naissance à plusieurs petits en même temps. Ces deux facteurs font que le nombre de jeunes est bien plus élevé chez eux que chez les singes et les humains.

Cette rapidité reflète une différence importante dans les stratégies de reproduction. Si la stratégie adoptée par les prosimiens a pour résultat une progéniture abondante, ils lui prodiguent moins de soins que ne le font les singes et grands singes. Mais moins de soins induit moins de bébés susceptibles d'atteindre l'âge adulte. En fin de compte, cette mortalité est compensée par le nombre qui garantit que suffisamment de jeunes parviendront à l'âge adulte et seront capables de se reproduire à leur tour. Les singes et les grands singes, eux, ont une stratégie inverse mais sûre. Leur progéniture est moins abondante mais ils lui apportent plus d'attention, donnant à chaque petit de plus grandes chances de survie. Il est à noter que les espèces, plus grandes, de prosimiens diurnes (sifaka et indri) se rapprochent plutôt des singes, ne donnant naissance que tous les 2 ou 3 ans et consacrant plus de temps et d'efforts à l'éducation que les petits prosimiens.

1

2

1. Comparativement, les sifakas ont moins de petits que les autres lémuriens. Ici, un jeune sifaka fait un tour sur le dos de sa mère.

2. Un jeune potto. Comme de nombreux prosimiens, les pottos se développent vite, et celui-ci atteindra la maturité à un an.

Biologie et anatomie de la reproduction

Le système reproductif des prosimiens est à mi-chemin entre celui des singes et celui de la plupart des mammifères. Comme beaucoup d'entre eux, leur utérus est fendu en deux parties, dans lesquelles plusieurs œufs peuvent être déposés par l'ovaire correspondant. Chez les singes et grands singes, l'utérus est en une seule partie, et les deux ovaires y déposent alternativement chaque mois un seul œuf. Les singes et grands singes ont également un placenta qui tapisse l'intérieur de l'utérus et se raccorde à la circulation sanguine de la mère, alors que chez les prosimiens, le placenta se loge simplement à la surface de l'utérus et absorbe la nourriture à travers sa paroi.

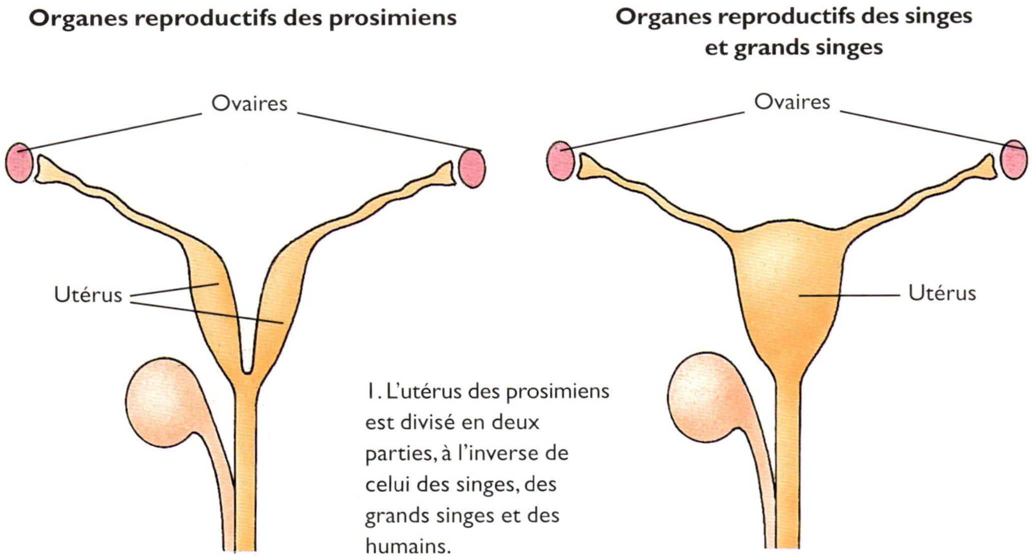

1. L'utérus des prosimiens est divisé en deux parties, à l'inverse de celui des singes, des grands singes et des humains.

Un jeune loris grêle attend le retour de sa mère.

« HALTE-GARDERIE »

Les prosimiens nocturnes sont moins développés à la naissance que les bébés singes. Un nouveau-né galago, par exemple, naît avec très peu de fourrure et parvient à peine à ouvrir les yeux. Il est également incapable de se déplacer seul ou même de grimper sur le dos de sa mère. Pour ces raisons, les mères galagos bâtissent des nids où elles peuvent les laisser en sécurité lorsqu'elles partent chercher de la nourriture. Si elles doivent déplacer leurs petits vers un autre nid, elles les transportent dans leur gueule comme le font les chattes avec leurs chatons. C'est seulement à l'âge d'un mois que les bébés galagos seront capables de s'accrocher au dos de leur mère.

Les bébés de la majorité des autres prosimiens sont plus évolués à la naissance, leurs mères ayant des grossesses plus longues que celles des galagos. Ainsi, les mères loris ne bâtissent pas de nids, leurs petits pouvant s'accrocher à leur fourrure dès la naissance. Toutefois, elles ne les emmènent que sur de courts trajets, préférant les laisser sur une branche durant la nuit lorsqu'elles doivent s'éloigner et revenant les chercher avant de dormir. Une fois abandonnés, les bébés loris restent tout à fait immobiles afin de ne pas attirer l'attention des prédateurs.

Les mères qui, comme les loris, laissent leurs nourrissons dans un nid ou dans les branchages ne peuvent les nourrir aussi souvent que celles qui les transportent sur leur dos, mais la plus grande richesse de leur lait compense la quantité.

De même, les femelles des prosimiens ne ressemblent pas à celles des primates quant à leur comportement sexuel. En effet, comme la plupart des mammifères, elles ont ce que l'on appelle un cycle œstrus : une seule hormone contrôle à la fois le fonctionnement interne de leur système reproductif (comme la production des ovules par les ovaires) et leur désir de s'accoupler. Ainsi les femelles ne sont en chaleur que durant leur période de fertilité, quand les ovules sont émis. Au contraire, les singes et grands singes connaissent des cycles menstruels et peuvent s'accoupler à tout moment.

Une courte saison des amours

Chez plusieurs espèces de prosimiens, toutes les femelles sont en chaleur simultanément, durant une courte saison qui ne survient qu'une fois l'an. Certaines femelles ne sont fertiles qu'un seul jour par année et ne peuvent jamais s'accoupler le reste du temps.

Ces périodes de procréation limitées provoquent d'intenses compétitions entre les mâles. Ils tournent autour des femelles, tentant de s'accoupler avec le plus grand nombre de manière à s'assurer une abondante progéniture pour l'année. Bien que la saison des amours puisse ne durer qu'une journée, elle est physiquement épuisante et, pour la traverser avec succès, les mâles doivent se constituer de grosses réserves de graisse et se trouver au mieux de leur condition physique.

Même pour les espèces chez lesquelles cette période dure quelques jours ou quelques semaines, la compétition fait rage entre les mâles car les femelles sont toutes en chaleur en même temps. Un unique mâle ne peut donc pas accaparer toutes les femelles fertiles. Tandis qu'il s'accouple avec l'une d'entre elles, il ne peut pas garder un œil sur les autres. C'est vraiment « qui va à la chasse perd sa place », et un mâle qui n'est pas suffisamment rapide risque fort de retrouver sa partenaire « occupée » avec un autre. Si un mâle ne parvient pas à s'accoupler, il devra attendre l'année suivante pour avoir une nouvelle chance de procréer.

★ Chez certains lémuriens, la saison des amours ne dure que un ou deux jours par an.

1. Durant la brève saison des amours, la hiérarchie des mâles makis catta est bousculée, et c'est « chacun pour soi ». Tous tentent de s'accoupler avec le plus grand nombre de femelles.

RELATIONS PRÉFÉRENTIELLES

Bien que les femelles soient dominantes chez la plupart des lémuriens, certaines espèces sont parvenues à un mode de vie plus équitable. Les makis à front roux, par exemple, vivent en groupes comprenant un nombre égal de mâles et de femelles, et dans lesquels les relations ne présentent pas de caractère de dominance. Le comportement général entre tous les membres est amical, et mâles et femelles forment des couples qui se reposent souvent blottis l'un contre l'autre. Ces couples montrent une réelle préférence l'un pour l'autre, et vivent véritablement ensemble une relation particulière.

2

1

1. Les makis à front roux vivent en petits groupes comprenant autant de mâles que de femelles.

2. Un couple de makis à front roux se repose dans un arbre.

Des liens étroits

Les partenaires d'un couple de makis à front roux ont tendance à demeurer plus souvent l'un avec l'autre qu'avec les autres membres du groupe : ils s'épouillent mutuellement et s'entraident lorsque l'un des deux est agressé. Les mâles qui entretiennent de tels liens avec une femelle s'accouplent toujours avec elle, et semblent ignorer les autres femelles fécondables. De même, les femelles préfèrent leur partenaire à tous les autres mâles. Toutefois, tous les makis à front roux ne vivent pas ainsi, et dans certains groupes, un mâle dominant peut monopoliser toutes les femelles.

Des impératifs stricts

Du fait du climat qui règne à Madagascar, la saison des amours est strictement limitée pour les lémuriens femelles, de sorte que leur progéniture naisse à une période où la nourriture sera suffisamment abondante pour leur permettre de produire du lait. Ce n'est pas sans poser quelques difficultés aux mâles : toutes les femelles étant fertiles simultanément pendant un court laps de temps, ils peuvent difficilement en accaparer quelques-unes et empêcher leurs rivaux d'approcher les autres. C'est sans doute ce qui explique que les mâles établissent des liens forts avec une seule femelle au lieu de tenter leur chance – au risque d'échouer – avec plusieurs. Ces liens assurent d'ailleurs la fidélité de la femelle envers son partenaire.

Ovulation cachée

Ces relations de couple présentent un autre avantage. Les makis à front roux femelles ont en effet une ovulation « cachée », aucun signe physique apparent ne signalant leur période de fertilité. Si, chez un certain nombre d'espèces

de singes et grands singes, les femelles développent des excroissances sur leur postérieur indiquant qu'elles sont prêtes à procréer, les lémuriens ne disposent d'aucun signe semblable et les mâles, ainsi tenus dans l'ignorance, sont incapables de déterminer le meilleur moment pour la fécondation. Certes, l'agitation soudaine des femelles et leur envie de s'accoupler montrent que la saison des amours est arrivée, mais les mâles ne peuvent pas savoir quand une femelle en est au stade de l'ovulation, le plus propice à la conception. Un mâle a donc plus de chance de se reproduire en restant avec une seule compagne durant toute la période où elle a envie de s'accoupler : ils s'uniront inévitablement lors de l'ovulation, quel qu'en soit le moment.

Amis et protecteurs

La monogamie qui caractérise certains makis à front roux réduit considérablement le besoin d'une dominance quelconque. Les mâles aident leur femelle lorsqu'elle se bat avec d'autres femelles, se montrant même agressifs envers celles qui ne sont pas leurs « amies ». Les femelles économisent ainsi l'énergie considérable qu'elles auraient gaspillée en combats, et consacrent plus de temps à s'occuper de leur progéniture, assurées qu'elles sont d'être protégées par leur compagnon.

3. Chez les makis à front roux, les agressions sont rares et les relations, amicales. Ici, deux femelles et un jeune se reposent ensemble.

VOIR AUSSI

2.1 Les créatures de la nuit
p. 61 Ensemble pour la vie

2.3 Des femelles responsables
p. 78 Les femelles dominantes
p. 81 Infanticides lémuriens

2.4 Le dernier refuge des lémuriens
p. 85 La vie en groupe

3.3 Les jeux de l'amour
p. 138 Turgescences sexuelles
p. 140 Une amitié particulière

4.2 La vie en société éclatée
p. 194 Des raisons d'être fidèle

LES FEMELLES DOMINANTES

Une brève saison des amours est un trait commun aux lémuriens de Madagascar ; celle des sifakas, par exemple, ne dure, au mieux, que 42 heures. Ce n'est pas sans raison : la saison durant laquelle la nourriture abonde étant courte à Madagascar, l'éducation des nourrissons doit impérativement coincider avec cette période faste. La saison des amours est donc calculée pour que les petits naissent au moment de l'abondance, quand les mères, bien nourries, peuvent produire assez de lait.

Comme les lémuriens femelles ont des difficultés à trouver assez de nourriture pour leurs petits, celles-ci sont à l'origine d'un caractère très inhabituel parmi les primates : chez la plupart des lémuriens, les femelles dominent en effet les mâles. Chez les singes et les grands singes, ce sont plutôt les mâles qui font la loi.

Servies avant les autres

Lorsqu'elles se nourrissent, les femelles lémuriens se réservent les morceaux choisis et les mâles attendent leur tour. Fréquemment, les femelles makis catta prennent la place des mâles sur les bons sites, leur donnant des tapes sur le nez et leur retirant parfois la nourriture des mains. Cette tendance des femelles à exercer leur domination semble liée à leurs plus grands besoins énergétiques.

Procréer et élever ses petits affaiblit énormément tous les animaux, et plus encore les femelles mammifères. Ce sont elles qui portent et alimentent le fœtus, puis qui nourrissent et soignent les bébés jusqu'au sevrage. Ce n'est pas le cas, par exemple, chez les oiseaux qui coopèrent pour couver les œufs et nourrir les oisillons.

Pour les femelles lémuriens, d'autres fardeaux s'ajoutent encore à ceux-ci. Tout d'abord, les lémuriens ont un métabolisme

★ Le sifaka à diadème connaît un taux de mortalité très élevé : 67 % des jeunes n'atteignent pas l'âge adulte.

1. Résultat de leur mode de locomotion, les bras des sifakas sont très courts, ce qui les empêche de marcher à quatre pattes. À la place, ils sautillent rapidement sur leurs jambes puissantes.

2

3

2. Une mère maki couronné et son petit. Nourrir leur progéniture demande beaucoup d'énergie aux mères, ce qui pourrait expliquer leur domination sur les mâles.

3. Les femelles makis catta se réservent les meilleurs morceaux et peuvent même arracher la nourriture des mains d'un mâle. Si celui-ci montre des velléités de résistance, il risque fort de recevoir un coup sur le nez.

très lent par rapport à leur taille. Durant la grossesse, le rythme de ce métabolisme doit encore s'accroître pour satisfaire aux besoins du fœtus, ce qui augmente d'autant leurs propres besoins en apports énergétiques. Ensuite, les fœtus des lémuriens se développent plus vite que ceux des autres prosimiens : si les nouveau-nés sont à peu près de la même taille que ceux des loris, leur durée de gestation a été deux fois plus court. Enfin, toutes les femelles d'un groupe de lémuriens accouchent simultanément, d'où une compétition accrue pour trouver de la nourriture. Or, la production de lait maternel, indispensable à la survie des petits, exige une augmentation de 50 % des apports énergétiques des mères. Il en résulte qu'elles deviennent souvent très agressives durant l'allaitement, se battant, se pourchassant ou se mordant les unes les autres. Elles dépensent pour ces querelles une énergie précieuse, ce qui rend leur quête de nourriture encore plus difficile.

Si les femelles devaient entrer en compétition avec les mâles pour se nourrir comme elles le font entre elles, elles n'y parviendraient assurément pas. Ce n'est que parce qu'elles dominent les mâles qu'elles arrivent à se nourrir et à nourrir leurs petits. D'un strict point de vue reproductif, les mâles bénéficient de ce mode de vie : quand il s'agit de leur propre progéniture, ils y trouvent leur compte autant que leur femelle.

Question de taille

Si les mâles sont plus grands que les femelles chez la majorité des primates, les mâles et les femelles lémuriens sont à peu près de la même taille, et cette égalité permet aux femelles de régenter leurs compagnons. Il arrive même que certaines femelles préfèrent s'accoupler avec des mâles plus petits, plus faciles à dominer.

Il peut d'ailleurs être dans l'intérêt des mâles eux-mêmes de ne pas être trop corpulents, la saison des amours étant, pour eux aussi, très difficile. Être plus petit nécessite moins de besoins énergétiques et leur vigueur leur permet sans doute de s'accoupler plus fréquemment. La compétition entre mâles makis catta est en effet très rude. Elle ne se traduit presque jamais par des combats, mais entraîne de longues courses et des bonds spectaculaires dans les frondaisons. Une petite taille est alors un atout, car elle permet d'être plus rapide et plus agile, alors qu'une grande taille n'aide que dans les – rares – affrontements.

Les lémurs noirs mâles et femelles sont différents.

DE L'IMPORTANCE DU « LOOK »

Les makis macaco de Madagascar (ou lémurs noirs) mâles et femelles ne se ressemblent pas. Si les mâles sont vraiment noirs, les femelles sont brun-rouge, avec une aigrette colorée sur la tête. Cette différence de couleur entre les sexes est connue sous le nom de dichromatisme. Il existe chez de nombreux lémuriens, mais les lémurs noirs sont ceux pour lesquels il est le plus marqué. De telles dissemblances paraissent liées à la reproduction et à la recherche d'une femelle en bonne santé.

La qualité de la fourrure des femelles dépend de la manière dont celle-ci est attaquée par les parasites : les femelles infestées par les parasites ont une fourrure moins colorée que celles qui le sont peu. Pour le mâle, la couleur est donc un indicateur de santé de la femelle. En s'associant avec la femelle la plus colorée, il choisit la partenaire la plus saine.

Chez les lémuriens, ce sont les femelles qui ont les couleurs les plus éclatantes, alors que, chez la plupart des animaux, ce sont les mâles qui montrent par ces signes leur qualité de reproducteur. Nous connaissons mal les raisons de cette inversion, mais elle est peut-être liée aux difficiles conditions climatiques régnant à Madagascar, qui rendent très lourdes les tâches que doivent accomplir les femelles lors de la reproduction. Avant de s'accoupler, les mâles cherchent donc à s'assurer que la femelle est en bonne santé et pourra assumer la lourde charge d'élever les petits.

INFANTICIDES LÉMURIENS

Les mâles de nombreuses espèces de lémuriens diurnes ont une fâcheuse tendance à l'infanticide. De façon surprenante, cette attitude semble permettre à ces derniers d'augmenter leur propre progéniture.

Ainsi, les lémuriens mâles tuent parfois des petits qui ne sont pas les leurs afin que leurs mères puissent s'accoupler de nouveau. En effet, les femelles qui ont un petit ne redeviennent fécondables que lorsque leur progéniture a atteint la maturité, ce qui, chez de nombreux lémuriens, tels les sifakas, peut prendre de 2 à 3 ans. Mais, lorsqu'un enfant meurt, sa mère redevient fertile un an avant l'heure. L'infanticide est donc un bon moyen pour un mâle nouveau venu dans un groupe d'accéder plus rapidement à la paternité. D'un autre côté, l'infanticide incite les mâles qui sont déjà pères à se montrer protecteurs et à rester près de la mère et de l'enfant lorsqu'un mâle étranger rôde alentour. Ainsi, les sociétés de lémuriens sont constituées de couples dans lesquels le mâle cherche à prévenir tout danger. Les makis catta, par exemple, sont hostiles à tout mâle inconnu qui tente de s'intégrer à leur groupe, et il est fréquent de voir un couple combattre et pourchasser ensemble un intrus.

Une telle surveillance n'est pas nécessaire chez les prosimiens nocturnes, car les femelles de ces espèces cachent leurs petits dans des nids. Dans de telles conditions, les mâles ne parviennent ni à identifier leurs propres petits ni à déterminer de quelle femelle est issu un petit, ce qui limite les risques d'infanticide. De toute manière, les femelles des prosimiens nocturnes redeviennent fertiles rapidement après avoir mis bas, ce qui rend l'infanticide quasi inutile. Ainsi, le partage des tâches entre mâle et femelle existe chez les espèces plus grandes de lémuriens, qui transportent leurs petits sur leur dos, et pas chez celles qui les laissent dans un nid ou les cachent dans un arbre lorsqu'elles partent à la recherche de nourriture. La seule exception à la règle concerne les makis vari, qui vivent en couples unis mais n'en cachent pas moins leurs enfants dans les branches des arbres quand ils s'éloignent. Chez eux, les mâles restent auprès des petits déposés dans les branches pour les garder, tandis que les femelles vont chercher à manger. En fait, ce comportement n'est pas aussi étrange qu'il y paraît, tant il est clair que l'association entre mâle et femelle a davantage pour but d'assurer la survie de leur progéniture que de « vivre ensemble ».

Si l'intérêt premier des mâles semble être de protéger leurs petits, cela ne les empêche pas de se montrer amicaux avec leur femelle et de passer du temps à la toiletter. Ils restent constamment proches de leur compagne, même si cela risque de les mettre en compétition avec elle pour se nourrir. Lorsqu'un groupe en quête de nourriture se scinde, il se forme des sous-groupes de couples mâle-femelle qui s'approvisionnent ensemble, la femelle prenant, bien sûr, la tête. Ces sacrifices consentis par les mâles sont toutefois récompensés, le bénéfice secondaire qu'ils en retirent – une progéniture saine et adulte – dépassant de loin la perte de quelques cosses de tamaris concédées à une femelle dominante.

1

2

1. Frugivores, les makis vari roux vivent dans les arbres et ne descendent jamais au sol. On pense qu'ils dispersent ainsi de nombreuses graines de fruit.

2. Les makis à front blanc vivent en petits groupes formés de quelques couples. Ici, un mâle, reconnaissable à sa couronne blanche, toilette sa femelle à l'aide de son « peigne dentaire ».

2.4 LE DERNIER REFUGE DES LÉMURIENS

Les lémuriens de Madagascar montrent de quoi les prosimiens sont capables. Isolés des autres primates, ils ont évolué en une déconcertante variété d'espèces, qui ont exploité toutes les niches écologiques que Madagascar peut proposer aux primates. Avant que les humains n'arrivent et fassent disparaître de nombreuses espèces, la diversité de leur taille allait du microcèbe, le plus petit primate, jusqu'au *Megaladapis*, plus grand qu'un gorille. Elles s'étaient spécialisées dans tous les genres de nourriture, des fruits aux feuilles et de la gomme des arbres aux graines des graminées. Aujourd'hui encore, les lémuriens montrent une grande diversité de modes de vie, du maki catta, au comportement proche de celui des singes, jusqu'au aye-aye, l'un des animaux les plus étranges de la création, qui se comporte comme un oiseau. Les singes et les grands singes sont certes plus évolués, mais les prosimiens ne doivent pas être sous-estimés.

UN MYSTÈRE INSOLUBLE

Nul ne sait au juste comment les premiers lémuriens sont arrivés à Madagascar. La seule chose que l'on sache avec certitude est qu'ils ont investi l'île après qu'elle s'est détachée du continent africain, cet événement s'étant produit durant l'ère des dinosaures, plusieurs millions d'années avant l'arrivée des prosimiens.

Alors, comment ont-ils fait ? On pense qu'ils auraient pu effectuer la traversée sur des radeaux. Il arrive, en effet, que des pans de terre, souvent guère plus qu'un amas de végétaux, dérivent sur les océans. Les premiers lémuriens qui ont colonisé Madagascar étaient sans doute très petits, comme les lémurs d'aujourd'hui. De tels animaux pouvaient donc facilement être emportés par ces radeaux et y survivre pendant un voyage de plusieurs milliers de kilomètres, d'autant que la végétation constituant leurs radeaux contenait tout ce dont ils avaient besoin pour se nourrir.

Quelle que soit la manière dont ils y sont parvenus, ils ont eu la chance que leur nouvelle terre les ait protégés de toute compétition avec les singes et les grands singes, compétition qui, en revanche, a provoqué la disparition de nombreux prosimiens sur le continent. Ainsi, les prosimiens africains n'ont pu lutter avec les singes et grands singes plus évolués devenus les maîtres de leurs forêts. Il leur aurait fallu investir les étroites niches écologiques qu'occupent aujourd'hui les galagos et les loris sur le continent, vivant la nuit et se nourrissant essentiellement d'insectes.

Une expérience écologique

À Madagascar, en l'absence de toute compétition avec d'autres primates, les lémuriens ont pu évoluer en une quarantaine d'espèces. Cette île représente donc un terrain d'expérience écologique unique, et nous donne l'occasion d'apprécier la manière dont ces animaux ont su s'adapter à de nombreux modes de vie différents. Ils n'en ont pas pour autant adopté un chemin inédit pour s'intégrer aux niches écologiques de l'île, car ils ont en fait évolué parallèlement aux singes et grands singes continentaux, répondant aux défis de la vie en forêt tropicale d'une manière assez similaire à ces derniers.

1

1. Les forêts humides de Madagascar, comme celle-ci, sont l'habitat de nombreuses espèces de lémuriens, mais elles sont menacées.

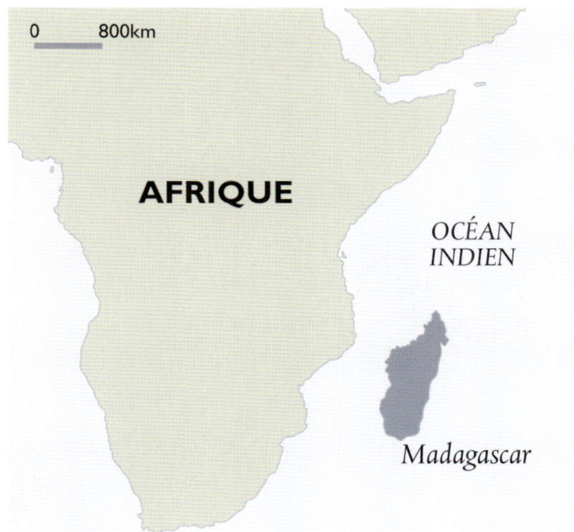

2

2. L'île de Madagascar est séparée du continent africain par au moins 400 km d'océan. On suppose que les prosimiens l'ont atteint en dérivant sur des radeaux de végétaux.

1

2

1. Les hapalémurs ont des dents spécialement adaptées pour déchiqueter les pousses de bambou qui constituent l'essentiel de leur régime.

2. Parfaitement équipé avec ses pieds et ses mains préhensiles, et sa queue servant de balancier, un sifaka effectue un saut spectaculaire entre deux arbres.

Diversité des lémuriens

On classe les lémuriens de Madagascar en quatre grandes familles. La première est celle des cheirogales et des microcèbes qui, solitaires, occupent la niche nocturne typique des prosimiens vivant hors de Madagascar.

La deuxième comprend les indris et les sifakas, de grands lémuriens diurnes vivant en petits groupes. Ce sont les lémuriens les plus grands, et ils se nourrissent de préférence de feuilles. Les indris sont aussi les prosimiens les plus grands, pesant environ 10 kg. Les deux espèces se déplacent en bondissant d'arbre en arbre, le corps à la verticale, un indri pouvant franchir 10 m d'un seul bond.

Les lépilémurs et les lémurs forment la troisième famille. Les lépilémurs sont nocturnes et peu sociables. Bien que les mâles et les femelles partagent un petit nombre d'habitats, ils passent l'essentiel de leur vie seuls, ne se rencontrant qu'une à trois fois par nuit pour se nourrir, se reposer ou se toiletter. Les makis catta, les hapalémurs et les lémurs mongoz sont de « vrais » lémurs. De la taille d'un écureuil, ils sont plus sociables et vivent en groupes pouvant compter trente individus. Ces différents lémurs ont des régimes très divers. Les makis catta sont friands de fruits et de feuilles, tandis que les lémurs mongoz passent jusqu'à 84 % de la saison sèche à se nourrir de nectar. Les hapalémurs se nourrissent de jeunes pousses et de feuilles de bambou.

Enfin, nous trouvons les aye-aye, uniques survivants de leur famille. Cette espèce, sans doute la plus étrange parmi les lémuriens, semble avoir évolué de manière à occuper la niche écologique des piverts, oiseaux qui n'existent pas à Madagascar.

Ce large éventail d'espèces et de modes de vie démontre avec quel succès les lémuriens ont su investir les niches écologiques de Madagascar dévolues aux primates. Et pourtant, les lémuriens ont, par le passé, été encore plus diversifiés. Avant l'arrivée des hommes sur l'île, il y a 2 000 ans, existaient encore des lémuriens géants plus évolués que les koalas et les paresseux d'aujourd'hui. Hélas, ces géants très lents n'étaient pas en mesure de résister aux changements causés par la venue des hommes, et plus de 14 espèces, aujourd'hui connues par des restes fossiles, disparurent.

LA VIE EN GROUPE

La diversité des lémuriens de Madagascar est impressionnante. De ce point de vue, les espèces les plus intéressantes – et celles que nous connaissons le mieux – sont celles qui ont occupé la même niche écologique que les singes. Comme eux, ces lémuriens vivent en groupes et sont diurnes. Mais il n'en existe pas moins d'importantes différences entre ces groupes de lémuriens et ceux de leurs cousins, les singes, et celles-ci sont révélatrices de la manière dont l'évolution s'est effectuée à Madagascar.

Les lémuriens, dont les modes de vie ressemblent le plus à ceux des singes, sont les makis catta et les sifakas. Mais même chez ces espèces, le passage d'une vie nocturne à une vie diurne n'est pas complet, et elles sont encore actives la nuit. On dit de ces espèces qu'elles sont « cathémérales ». Ce mode de vie présente certains avantages. Ainsi, ces lémuriens se nourrissent mieux que les espèces nocturnes puisqu'il est plus facile de trouver – et de voir – de la nourriture en plein jour. Ils n'ont pas non plus à se dépêcher de se nourrir avant la tombée de la nuit, comme les espèces strictement diurnes. Mais l'activité diurne a aussi des désavantages, le plus grand étant le risque d'être vu par les prédateurs. La plupart des espèces cathémérales vivent donc en groupes permanents afin de mieux détecter leurs ennemis, et se déplacent avec leurs petits pour ne pas les laisser seuls en plein jour.

Le aye-aye, qui se nourrit de larves, localise ses proies en tapant sur les souches avec ses longs médius puis en écoutant la réponse.

Le aye-aye : un primate vraiment curieux.

LE AYE-AYE

Avec sa fourrure noire ébouriffée, ses oreilles de chauve-souris et ses longues dents de devant qui dépassent, le aye-aye n'est pas de toute beauté. C'est pourtant le plus grand des prosimiens nocturnes, et celui qui montre le plus de facultés d'adaptation. Il ne possède que 18 dents contre 32 ou 36 pour les autres prosimiens. En plus de ses grandes dents de devant semblables à celles des rats, le aye-aye n'a que quatre molaires de chaque côté de la mâchoire supérieure et trois de chaque côté de la mâchoire inférieure. Mais le aye-aye a d'autres caractéristiques étranges : son médius est très allongé et très fin, ressemblant à une brindille desséchée, et tous ses doigts sont munis de griffes, exceptés ses gros orteils qui sont dotés d'ongles.

C'est avec ces attributs particuliers qu'il se procure les fruits et les larves d'insectes qui sont ses mets favoris. Les grandes incisives coupent la peau des fruits et peuvent aussi percer l'écorce des noix de coco. Une fois le fruit ouvert, le aye-aye emploie son long doigt pour en extraire la délicieuse pulpe. Ce même doigt l'aide également à attraper les larves d'insectes. Avec ses grandes oreilles et son ouïe fine, le aye-aye parvient à entendre le mouvement des larves creusant sous l'écorce des branches mortes. Lorsqu'il entend une larve, il ouvre l'écorce avec ses longues dents de devant et ramasse sa prise avec son médius. En ce sens, le aye-aye en est arrivé à occuper la niche écologique prise par les piverts sur le continent africain.

1. (ci-contre)
Une famille de sifakas se repose dans un arbre à Madagascar. Le sifaka, l'un des plus grands lémuriens, est diurne.

2. Les makis catta sont les lémuriens les plus sociables ; ils vivent en groupes d'une trentaine d'individus. Actifs le jour, ils passent beaucoup de temps au sol, contrairement aux autres espèces.

3. Pages suivantes : des lémurs à front blanc, une sous-espèce des lémurs bruns. Cet animal est cathéméral, ce qui signifie qu'il est actif de nuit comme de jour.

2

À première vue, les groupes sociaux des lémuriens ressemblent à ceux des singes, mais un examen plus approfondi révèle d'étranges différences. Par exemple, les groupes de lémuriens comprennent autant de mâles que de femelles et, dans la plupart des cas, les femelles dominent les mâles. C'est presque la situation inverse pour les singes chez lesquels les femelles sont deux fois plus nombreuses que les mâles mais ne sont jamais dominantes. Les lémuriens mâles et femelles sont quasiment de la même taille, tandis que les singes mâles sont souvent deux fois plus grands que les femelles. Enfin, les groupes de lémuriens tendent à être restreints, avec une moyenne de vingt membres, tandis que les troupes de singes peuvent compter une centaine d'individus. Pourquoi de telles différences entre les lémuriens et les singes d'Afrique occupant des niches écologiques semblables, alors que les mêmes règles auraient dû s'appliquer à tous ?

Extinctions et opportunités

Pour répondre à cette question, il faut retourner environ 2000 ans en arrière. Il y avait alors à Madagascar beaucoup plus d'espèces de lémuriens et plus de grands oiseaux de proie diurnes. La compétition avec les lémuriens géants d'alors réduisit l'espace disponible pour les ancêtres des makis catta et des sifakas, et le risque d'être attrapés par les gros oiseaux de proie diurnes les contraignit à être actifs la nuit.

Avec l'arrivée des humains à Madagascar et la vague d'extinctions qui s'ensuivit, le monde diurne redevint habitable. Les plus petits lémuriens s'y engouffrèrent et adoptèrent les régimes et les comportements qu'ils ont aujourd'hui. La disparition des grands oiseaux de proie leur permit de s'aventurer à la lumière du jour et d'exploiter les ressources nourricières auxquelles ils avaient enfin libre accès du fait de l'extinction des lémuriens géants. Mais tout n'était pas parfait, car il restait encore à éviter les prédateurs terrestres, et c'est pour s'en défendre qu'ils commencèrent à se regrouper. Les ancêtres des makis catta et des sifakas vécurent d'abord en couples, puis ces derniers unirent leurs forces pour former des groupes comportant autant de mâles et que de femelles.

Vestiges du passé

La vie diurne et la vie en groupe étant des événements récents dans l'évolution des lémuriens, ceux-ci n'ont pas encore eu le temps de s'adapter pleinement à leur nouvelle niche écologique, et leur comportement social recèle toujours des vestiges du passé. Ainsi, la tendance des mâles et des femelles à former des couples est très proche du comportement des phaners à fourche nocturnes ; de même, le fait que les femelles soient dominantes pour la recherche de la nourriture est un trait commun aux espèces nocturnes.

Dans quelques milliers d'années, les descendants de ces lémuriens auront peut-être un comportement mieux adapté à leur niche écologique diurne. Toutefois, certains traits pourraient demeurer : les difficultés que les femelles doivent affronter pour assurer la reproduction dans l'environnement très dur de Madagascar risque de faire perdurer la domination des femelles et la petite taille des mâles, ce qui pourrait signifier que les groupes sociaux formés par les lémuriens resteraient uniques au monde. Pour l'instant, nous ne pouvons présager de leur évolution, et c'est là un autre des mystères écologiques de Madagascar. Mais la vraie question aujourd'hui ne concerne pas tant l'avenir social de ces lémuriens que leur survie, qui est véritablement en cause.

UNE VIE MENACÉE

La surface couverte par les forêts vierges de Madagascar a considérablement diminué durant les 50 dernières années. Elles représentaient 12,5 % de la surface de l'île en 1950, et seulement 2,8 % en 1990. Aujourd'hui 23 % des forêts sont des réserves naturelles mais, malheureusement, il n'est pas dit qu'elles le resteront toujours. La réserve d'Andranomena située à l'ouest de Madagascar, par exemple, a vu sa surface réduite de 44 % depuis 1950. La rapide expansion de la population humaine malgache fait que des portions de terre de plus en plus grandes doivent être dévolues à l'agriculture vivrière. Toutefois, la plus grande menace réside dans l'utilisation du bois comme combustible, qui représente environ 80 % de l'abattage des arbres et est la principale cause de la déforestation de Madagascar.

Le plateau central de l'île a été presque entièrement déboisé, et nul primate n'y vit plus aujourd'hui, alors qu'il y a encore 1 000 ans on pouvait y trouver toutes les espèces de lémuriens. Seules les forêts côtières de l'ouest et de l'est abritent encore des lémurs, mais leur vie est également menacée. Leurs habitats forestiers étant de plus en plus morcelés, il leur devient de plus en plus difficile de passer d'une parcelle à l'autre pour se nourrir ou se reproduire. La situation est si grave que la préservation des forêts de Madagascar est, sans aucun doute, la première mesure d'urgence internationale pour la sauvegarde des primates. La plupart des primates de l'île sont en effet en danger, y compris les aye-aye, les indris, les makis couronnés et les cheirogales à oreilles velues. Un grand nombre d'espèces et de sous-espèces, dont les sifakas à diadème, sont proches de l'extinction, et si aucune action n'est entreprise, il ne restera plus aucun lémurien dans un siècle.

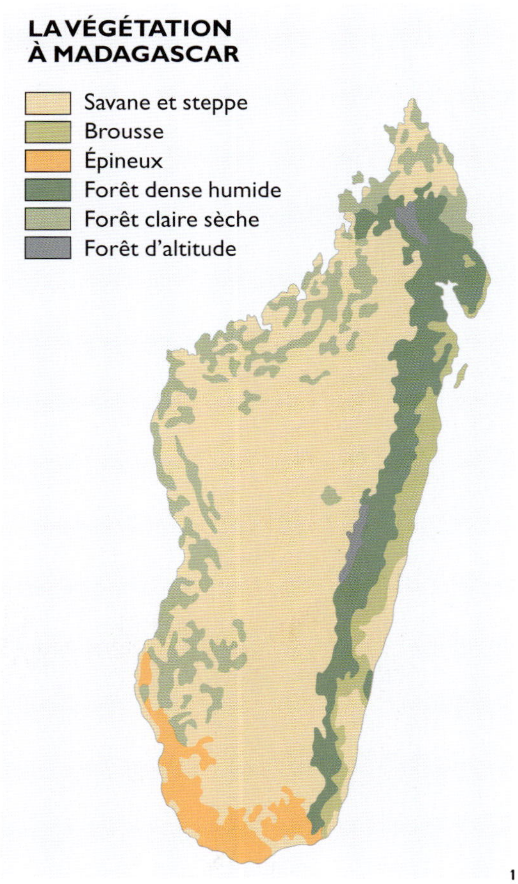

1

Espoirs de survie

Le poids de la menace qui pèse sur chaque espèce de lémuriens dépend de son mode de vie. Les lémurs ont des nourritures variées, ils sont à la fois diurnes et nocturnes et peuvent occuper des habitats très différents. Cette flexibilité signifie qu'ils pourront continuer de prospérer tant que la taille de leurs forêts ne descendra pas en dessous d'un seuil critique.

Bien que s'adaptant plus difficilement, les lépilémurs ont des chances raisonnables de survie, leur nourriture – les feuilles – étant

★ Le lémur mongoz modifie son activité en fonction du climat : il est nocturne par temps sec, et diurne par temps humide et froid.

1. Comme le montre cette carte, la forêt est plus sèche et plus riche en épineux à l'est de Madagascar qu'à l'ouest. Quant au plateau central, il a été presque entièrement déboisé.

2. (ci-contre) Les sifakas à diadème, comme les autres sifakas, sont menacés par la destruction de leur habitat forestier. Leur avenir est d'autant plus sombre qu'il est presque impossible de les garder en captivité.

la plus abondante. Ce sont en fait les espèces les plus spécialisées qui sont les plus menacées. Les hapalémurs, par exemple, ne prospèrent que dans les parties les plus humides des forêts malgaches. Perdre cet habitat déjà restreint mènerait rapidement cette espèce à l'extinction.

Les lémuriens les plus en danger sont ceux qui vivent sur les côtes, là où les forêts ont été découpées en petites parcelles très espacées. Les sifakas et les indris souffrent plus encore, non seulement à cause de la réduction de leur habitat mais aussi parce qu'ils sont chassés pour leur viande. Il est difficile de maintenir ces espèces en captivité, aussi la protection de leur habitat naturel est le seul moyen de ne pas les perdre à jamais.

Malheureusement, il n'est guère facile de résoudre les problèmes posés par Madagascar. Les populations humaines ont besoin d'espace et de ressources vivrières, ce qui érode inévitablement les habitats naturels. Le conflit entre populations humaines et vie sauvage se retrouve sur tout le globe, mais le fait que Madagascar soit une île limite drastiquement toute expansion humaine ou animale. On peut seulement espérer qu'il n'est pas trop tard et que l'on pourra, par des efforts concertés, sauver quelques lémuriens pour les générations futures. Cela est d'autant plus important que ces lémuriens sont à la fois des animaux uniques et des chaînons vivants nous reliant à nos lointains cousins et ancêtres primates.

1. Les hauts plateaux malgaches. Cette région a été gravement touchée par la dégradation des habitats naturels, et l'on n'y trouve presque plus de lémuriens.

2. Un couple de makis couronnés dans une région calcaire érodée. Cette espèce vit dans les forêts sèches, à l'extrême nord de Madagascar, et, depuis peu, dans les forêts humides d'altitude.

2.5 PORTRAITS DE FAMILLES : LES PROSIMIENS

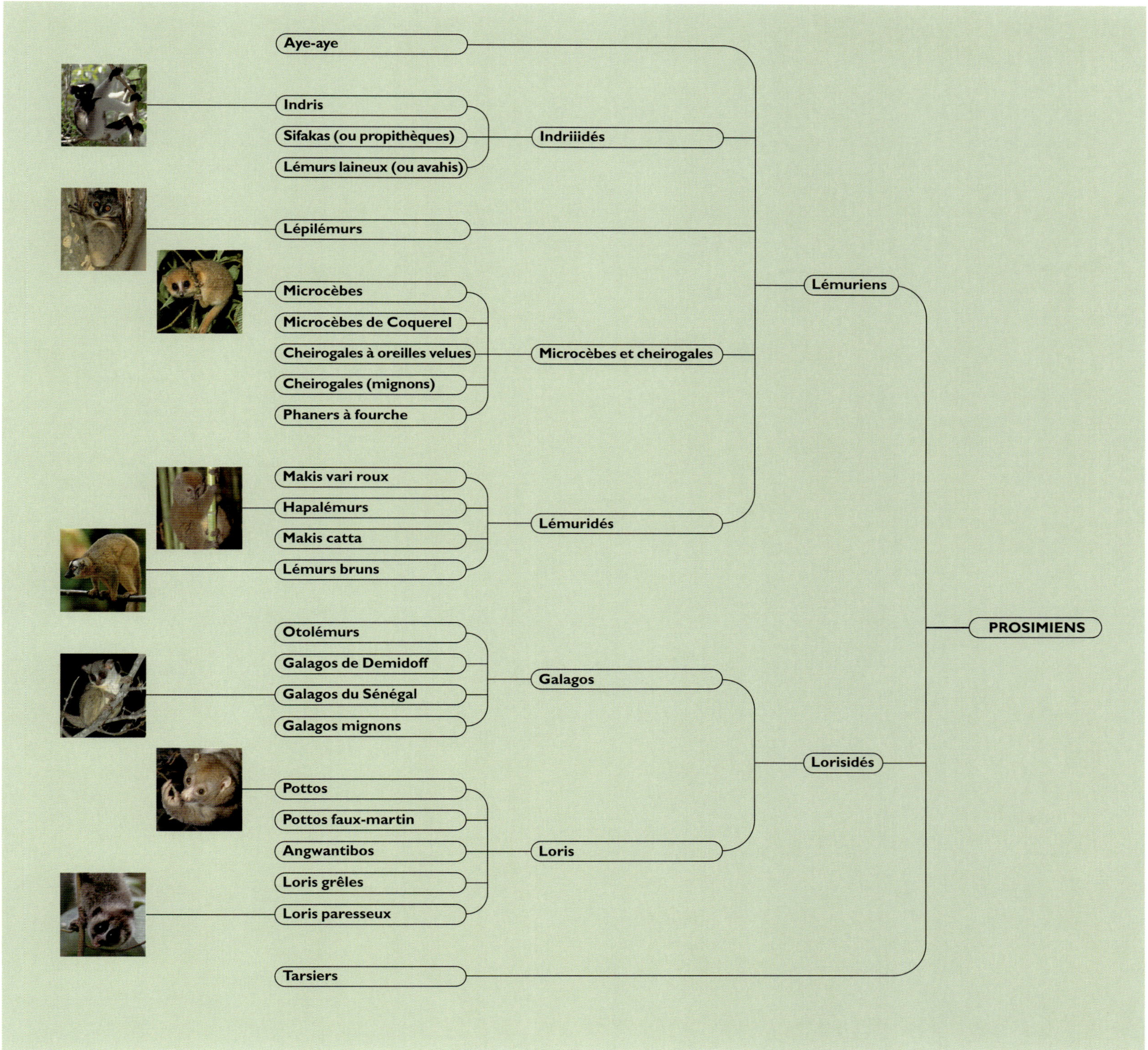

INDRIS

Les indris sont de grands lémuriens diurnes, particulièrement bien adaptés à l'escalade des arbres et au saut de branche en branche. Ils vivent dans les forêts humides de la côte est de Madagascar, et se nourrissent de fruits et de feuilles, la proportion de chacun de ces aliments variant selon la saison. Ils ont de grands pieds et de longues jambes mais, contrairement aux galagos et autres espèces qui se meuvent par bonds, ils n'ont pas une longue queue.

Les indris vivent en petits groupes familiaux constitués d'un mâle, d'une femelle et de leur progéniture. Ils occupent de vastes territoires qu'ils défendent contre les autres groupes en poussant de grands cris lugubres au lever du jour. Ces cris avertissent les autres groupes d'indris de leur présence, et tous répondent à cet appel. Les femelles dominent les mâles, particulièrement lorsqu'il s'agit de se nourrir. Elles sont capables de taper ou de mordre les mâles pour les forcer à quitter un site riche en nourriture. On n'a jamais vu un mâle se rebiffer lorsqu'il était attaqué de la sorte par une femelle.

L'indri ressemble un peu à un ours en peluche effarouché. Il vit en petit groupe familial et défend son territoire en poussant des cris lugubres et sonores.

VOIR AUSSI

Des odeurs et des sons 2.2
p. 70 Le chant des indris

Dernier refuge des lémuriens 2.4
p. 84 Diversité des lémuriens
p. 90 Une vie menacée

OÙ DANS LE MONDE ?

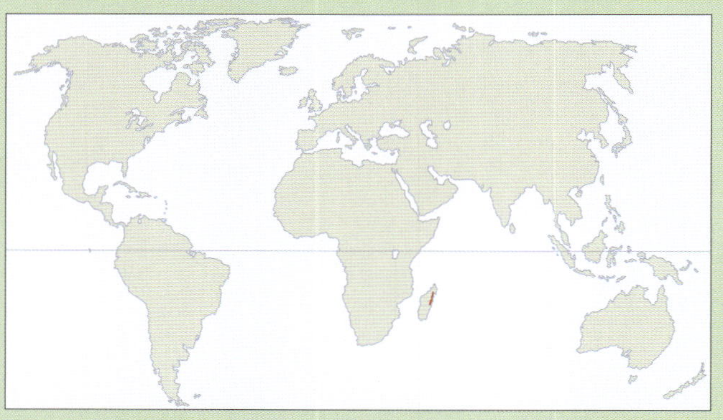

Comptant parmi les plus grands lémuriens, les indris sont présents uniquement sur l'île de Madagascar.

FICHE SIGNALÉTIQUE

Répartition	Madagascar (forêts humides de la côte est)
Espèces	Indri *(Indri indri)*
Poids moyen	Femelles : 6,8 kg Mâles : 5,8 kg
Mode de vie	Arboricole ; diurne
Type d'habitat	Forêts humides
Reproduction	Première portée entre 4 et 7 ans, puis tous les 2 ou 3 ans ; un seul petit par portée
Taille d'un groupe	2 (plus la progéniture)
Type de groupe	Familial et monogame
Durée de vie max.	Inconnue
Statut	Menacés par la destruction de leur habitat, morcelé en petites parcelles étroites ; population inconnue

2.5

LÉPILÉMURS

Le lépilémur à pieds blancs a une fourrure terne. Se nourrissant de feuilles, il mange parfois ses propres fèces pour en absorber tous les nutriments.

Les lépilémurs sont des animaux de couleur terne. Ils sont présents dans divers types de forêts sur tout le territoire malgache. Il en existe plusieurs espèces, mais les experts ne parviennent pas à s'entendre sur leur nombre. Il est estimé toutefois à plus de sept, si l'on se fonde sur le nombre de chromosomes (qui varie d'une espèce à l'autre).

La spécificité des lépilémurs est que leurs dents de devant supérieures ne sont pas permanentes. Ils possèdent également un grand cæcum (cul-de-sac à la base du gros intestin) formant une espèce de « poche à bactéries » qui les aide à digérer les feuilles constituant leur régime. Pour tirer le maximum d'éléments nutritifs de leurs aliments, les lépilémurs mangent parfois leurs fèces (comme le font les lapins), digérant ainsi deux fois leur nourriture.

FICHE SIGNALÉTIQUE

Répartition	Madagascar
Espèces	Lépilémur *(Lepilemur mustelinus)* Lépilémur à queue rousse *(Lepilemur ruficaudatus)* Lépilémur à dos gris *(Lepilemur dorsalis)* Lépilémur à pieds blancs *(Lepilemur leucopus)* Lépilémur belette à petites dents *(Lepilemur microdon)* Lépilémur de Milne-Edwards *(Lepilemur edwardsi)* Lépilémur septentrional *(Lepilemur septentrionalis)*
Poids moyen	Femelles : de 550 à 935 g Mâles : de 550 à 910 g
Mode de vie	Arboricole ; nocturne
Type d'habitat	Tous les types de forêts à Madagascar
Reproduction	Première portée à partir de 21 mois ; un petit par portée
Taille d'un groupe	1 (plus la progéniture)
Type de groupe	Animaux solitaires ; les territoires des mâles et des femelles se chevauchent
Durée de vie max.	Inconnue
Statut	Menacés par la déforestation

OÙ DANS LE MONDE ?

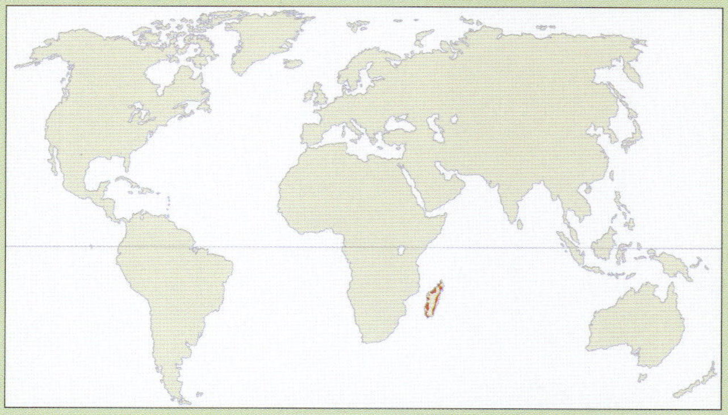

Les espèces de lépilémurs sont différenciées par le nombre de leurs chromosomes.

VOIR AUSSI

1.3 Les primates aujourd'hui
p. 37 Classification des primates

2.4 Le dernier refuge des lémuriens
p. 84 Diversité des lémuriens
p. 90 Espoirs de survie

2.5

MICROCÈBES

Les microcèbes font partie des plus petits primates. L'espèce la plus petite, le microcèbe roux de l'Ouest (qui pèse environ 30 g), a été découverte en 1944. Les microcèbes ressemblent à des souris, avec de grandes oreilles, un museau pointu et une longue queue. Mais leurs mains, héritées de la lignée des primates, ont des proportions très humaines.

Les microcèbes ne sont présents qu'à Madagascar. Ils se nourrissent principalement d'insectes, mais peuvent aussi manger des fruits, des bourgeons et des feuilles. Ils hibernent durant la saison sèche en stockant de la graisse dans leur queue, de manière à pouvoir traverser cette période difficile. Leur queue grossit considérablement et leur poids total augmente de 50 à 80 g.

Les microcèbes s'accouplent d'une manière strictement saisonnière : les femelles ne sont fécondables qu'un seul jour à la fin de la saison sèche. Elles mettent bas au début de la saison humide, quand la nourriture est abondante. Comme les galagos, les femelles cachent leurs petits dans un nid lorsqu'elles doivent s'éloigner.

Ressemblant assez à un rongeur, le microcèbe roux (ainsi que les autres microcèbes et cheirogales) se distingue des autres primates en hibernant jusqu'à 5 mois par an.

VOIR AUSSI

Qu'est-ce qu'un primate ? 1.1
p. 14 Un mammifère plutôt ordinaire
p. 22 Régime alimentaire

Les créatures de la nuit 2.1
p. 54 Vivre dans la nuit
p. 54 Se déplacer
p. 59 L'hibernation

Dernier refuge des lémuriens 2.4
p. 83 Un mystère insoluble

OÙ DANS LE MONDE ?

Les microcèbes sont les plus petits lémuriens de Madagascar et comptent aussi parmi les plus petits primates.

FICHE SIGNALÉTIQUE

Répartition	Madagascar
Espèces	Microcèbe mignon *(Microcebus murinus)* Microcèbe roux *(Microcebus rufus)* Microcèbe roux de l'Ouest *(Microcebus myoxinus)*
Poids moyen	Femelles : de 30 à 65 g Mâles : de 30 à 60 g
Mode de vie	Nocturne ; vivent dans les arbres, sautant occasionnellement au sol pour y trouver des insectes
Type d'habitat	Essentiellement les forêts secondaires, mais aussi broussailles et sous-bois de tous les types de forêts, y compris les parcelles cultivées
Reproduction	Première portée entre 8 et 12 mois, puis chaque année ; 2 ou 3 petits par portée
Taille d'un groupe	Se déplacent seuls, parfois avec leur progéniture
Type de groupe	Animaux solitaires ; les territoires des mâles et des femelles se chevauchent
Durée de vie max.	15,5 ans
Statut	Vraisemblablement en danger (populations inconnues, mais statut néanmoins préoccupant)

2.5

HAPALÉMURS

Les hapalémurs se nourrissent exclusivement de bambou. Mais les trois espèces, dont les petits hapalémurs gris, comme celui-ci, s'attaquent à des parties différentes de la plante.

Les hapalémurs vivent dans les bambous et s'en nourrissent. Ils forment un genre distinct des lémuriens comprenant trois espèces différentes : une espèce de petite taille, le petit hapalémur gris, et deux espèces plus grandes, l'hapalémur à nez camus (ou à grand nez) et l'hapalémur doré.

Ces trois espèces se nourrissent exclusivement de feuilles et de pousses de bambou mais chacune semble se spécialiser sur une partie de la plante. Le petit hapalémur gris mange les jeunes pousses, l'hapalémur à nez camus, la moelle des bambous matures, et l'hapalémur doré, les jeunes chaumes d'une espèce particulière de bambou qui, fait intéressant, contient un taux très élevé de cyanure.

Leur mode de vie est semblable : les trois espèces sont diurnes et se déplacent en grimpant aux branches ou en sautant. Elles vivent en petits groupes familiaux formés d'un mâle, d'une femelle et de leur progéniture (bien que l'hapalémur à nez camus ait parfois plus d'une femelle reproductrice à ses côtés).

FICHE SIGNALÉTIQUE

Répartition	Madagascar ; dans les forêts humides du Sud-Est exclusivement
Espèces	Petit hapalémur gris *(Hapalemur griseus)* Hapalémur à nez camus (ou à grand nez) *(Hapalemur simus)* Hapalémur doré *(Hapalemur aureus)*
Poids moyen	Femelles : de 670 g à 1,4 kg Mâles : de 750 g à 2,2 kg
Mode de vie	Arboricole ; actifs au lever du jour et au crépuscule
Type d'habitat	Dans les bambous poussant dans les forêts
Reproduction	Un petit par portée
Taille d'un groupe	De 3 à 6
Type de groupe	Petits groupes familiaux
Durée de vie max.	12,1 ans (petit hapalémur gris)
Statut	Extrêmement rares et sur le point de s'éteindre ; population totale ne dépassant pas quelques centaines d'individus

OÙ DANS LE MONDE ?

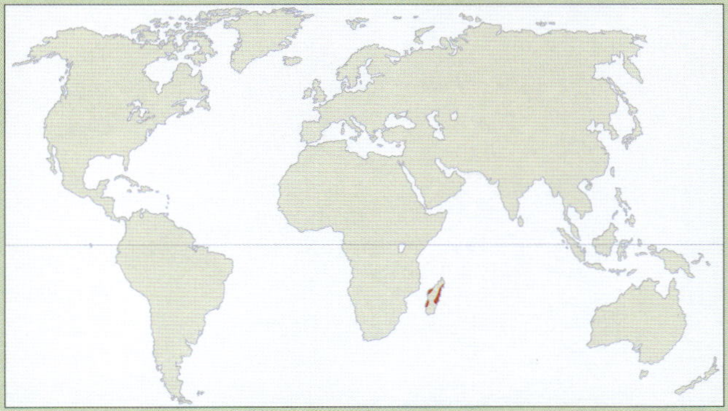

Les hapalémurs ne vivent qu'à Madagascar, dans les forêts, là où poussent des bambous.

VOIR AUSSI

2.2 Des odeurs et des sons
p. 63 Des glandes odoriférantes
2.4 Dernier refuge des lémuriens
p. 84 Diversité des lémuriens
p. 90 Espoirs de survie

2.5

LÉMURS BRUNS

À peu près de la taille d'un chat, les lémurs bruns vivent exclusivement à Madagascar. Arboricoles, ils se nourrissent de feuilles, de fruits et de fleurs. Ils ont une activité dite « cathémérale », se déplaçant de jour comme de nuit. Ils forment des groupes de 7 à 12 individus, comprenant approximativement autant de femelles que de mâles. Contrairement aux autres lémuriens, les femelles n'y sont pas dominantes, pas plus que les mâles ne semblent les dominer.

Bien que classés dans une seule espèce, les lémurs bruns sont divisés en plusieurs sous-espèces réparties sur toutes les côtes de l'île de Madagascar. Si le nombre de chromosomes n'est pas identique chez toutes les sous-espèces, celles-ci peuvent néanmoins procréer l'une avec l'autre, ce qui indique qu'elles appartiennent bien à la même espèce. Chez beaucoup de lémurs bruns, les mâles et les femelles diffèrent considérablement par les couleurs, celles des femelles tendant à être plus vives.

Les lémurs bruns sont divisés en plusieurs sous-espèces. Nombre d'entre elles présentent un dichromatisme sexuel, les mâles et les femelles montrant de grandes différences de couleur.

VOIR AUSSI

Des odeurs et des sons 2.2
p. 68 Prévenir les autres

Dernier refuge des lémuriens 2.4
p. 83 Un mystère insoluble

OÙ DANS LE MONDE ?

Il existe plusieurs sous-espèces de lémurs bruns qui vivent sur toutes les côtes de l'île de Madagascar.

FICHE SIGNALÉTIQUE

Répartition	Madagascar
Espèces	Lémur brun *(Eulemur fulvus)*
Poids moyen	Femelles : 2,25 kg Mâles : 2,18 kg
Mode de vie	Arboricole ; cathéméral (actifs de jour et de nuit)
Type d'habitat	Forêts humides
Reproduction	Première portée vers 20 à 24 mois, puis annuellement ; un petit par portée
Taille d'un groupe	9
Type de groupe	Plusieurs mâles et femelles, en proportion sensiblement égale
Durée de vie max.	30,8 ans
Statut	Vraisemblablement en danger (populations inconnues, mais statut néanmoins préoccupant)

GALAGOS

Un galago du Sénégal. Les petits galagos peuvent effectuer de grands sauts d'arbre en arbre grâce à leurs jambes puissantes et aux os très longs de leurs chevilles.

Les galagos forment un groupe de primates prosimiens très diversifié, et l'on débat encore sur le nombre d'espèces que pourrait compter le genre *Galago*. Les galagos sont confinés sur le continent africain. Ils se déplacent rapidement soit en grimpant, soit en sautant d'arbre en arbre grâce à leurs longues jambes et aux os de leurs chevilles. Ils se nourrissent d'insectes, de fruits et de gomme.

Le nombre de petits par portée peut varier beaucoup au sein d'une même espèce. Ainsi, le galago d'Afrique du Sud *(Galago moholi)* peut engendrer deux portées de jumeaux la même année, puis ne donner naissance qu'à un seul petit d'autres années. Ces variations d'une année sur l'autre sont liées à la qualité de leur environnement : le caractère dur et imprévisible de leur savane conduit en effet les *Galago moholi* ont intérêt à procéder de cette manière apparemment chaotique, donnant naissance à une progéniture nombreuse lorsque les conditions environnementales sont bonnes, un seul petit, voire pas du tout, lorsqu'elles sont mauvaises.

FICHE SIGNALÉTIQUE

Répartition	Afrique subsaharienne
Espèces	Galago du Sénégal *(Galago senegalensis)* Galago de Somalie *(Galago gallarum)* Galago d'Afrique du Sud *(Galago moholi)*
Poids moyen	Femelles : de 175 à 200 g Mâles : de 185 à 225 g
Mode de vie	Arboricole ; nocturne
Type d'habitat	Forêts, savanes, bois et halliers isolés
Reproduction	Première portée vers 9 à 12 mois, puis généralement tous les 8 mois ; portée de 1 ou 2 petits selon les espèces
Taille d'un groupe	1 (plus la progéniture)
Type de groupe	Animaux solitaires se déplaçant seuls, parfois avec leur progéniture
Durée de vie max.	16 ans
Statut	Actuellement pas en danger mais menacés par la destruction de leur habitat

OÙ DANS LE MONDE ?

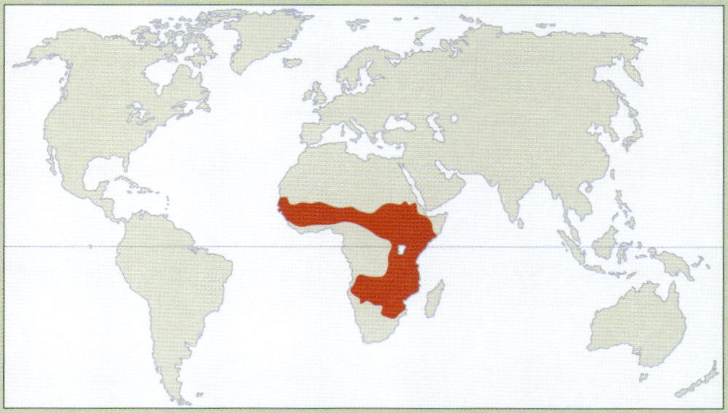

Les galagos vivent en Afrique, dans les régions subsahariennes.

VOIR AUSSI

2.1 Les créatures de la nuit
p. 54 Vivre dans la nuit
p. 58 La société des galagos
p. 58 La compétition des mâles

2.2 Des odeurs et des sons
p. 70 Dis-mois comment tu cries…

2.3 Des femelles responsables
p. 74 « Halte-garderie »

2.5

POTTOS

Les pottos appartiennent aux lorisidés. Ce sont les plus grands des deux espèces de lorisidés africaines, et ils ont la plus large aire de répartition, qui s'étend de la Guinée à l'ouest de l'Afrique jusqu'au Kenya à l'est. On trouve les pottos dans les frondaisons des forêts primaires et secondaires et, compte tenu de leur taille relativement grande, plutôt sur les branches robustes. Leurs mains sont très particulières : contrairement aux autres primates, leurs pouces sont articulés de telle manière qu'ils peuvent tourner sur un angle de 180° par rapport aux autres doigts. Ils sont ainsi dotés d'un mécanisme parfait pour s'agripper aux branches.

Avant de s'accoupler, les pottos s'engagent dans une cour effrénée. Les mâles et les femelles s'épouillent mutuellement et chahutent. Ces jeux leur permettent d'échanger les odeurs secrétées par les glandes odoriférantes situées près de l'anus. Cette cour est presque toujours suivie d'un accouplement, qui a souvent lieu quand les deux partenaires sont suspendus par les pieds à une branche.

Les pottos se déplacent lentement. Ces prosimiens peuvent pourtant se révéler énergiques, et ils s'accouplent souvent en se suspendant ensemble à une branche.

VOIR AUSSI

Les primates aujourd'hui 1.3
p. 37 Les prosimiens

Les créatures de la nuit 2.1
p. 54 Se déplacer
p. 55 Éviter les dangers
p. 58 Des solitaires indolents
p. 59 L'hibernation

Des odeurs et des sons 2.2
p. 64 Le marquage par l'urine

Des femelles responsables 2.3
p. 73 Une reproduction rapide et intense

OÙ DANS LE MONDE ?

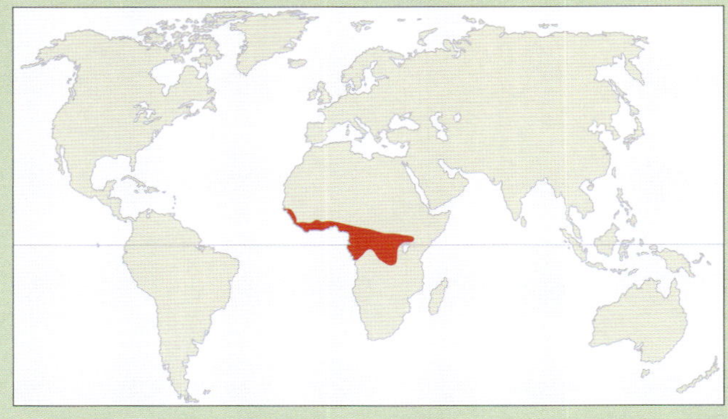

Les pottos sont les plus grandes des deux espèces africaines de lorisidés. Leur aire de répartition traverse l'Afrique d'Ouest en Est.

FICHE SIGNALÉTIQUE

Répartition	Afrique occidentale et centrale, de la Guinée au Kenya
Espèces	Potto *(Perodictus potto)*
Poids moyen	Femelles : 835 g Mâles : 830 g
Mode de vie	Arboricole ; nocturne
Type d'habitat	Forêts tropicales humides primaires et secondaires
Reproduction	Première portée à 18 mois, puis tous les 12 mois ; un petit par portée
Taille d'un groupe	1 (plus la progéniture)
Type de groupe	Animaux solitaires ; les territoires des mâles et des femelles se chevauchent
Durée de vie max.	10 ans
Statut	Menacés par la destruction de leur habitat

2.5

LORIS

Les loris paresseux sont des prosimiens nocturnes. Ils sont lents dans tous les sens du terme, y compris leur métabolisme, qui est 40 % plus lent que ne le laisse supposer leur taille.

Les loris sont des primates qui se déplacent très lentement, ce qui est pour eux une manière d'échapper aux prédateurs. Leur aire de répartition est la plus vaste de tous les prosimiens, avec trois genres en Afrique et deux en Asie. Les loris recherchent seuls leur nourriture, et communiquent essentiellement par le biais de marques odorantes. Les territoires des mâles sont plus grands que ceux des femelles et tendent à se chevaucher. Lorsqu'elles vont chercher de la nourriture, les mères abandonnent leur bébé sur une branche, où celui-ci attend leur retour. Les loris ne bâtissent pas de nids mais dorment lovés sur les branches durant la journée. Ils donnent naissance à un seul petit par portée.

Les loris paresseux sont les plus grands et les plus robustes des deux genres vivant en Asie. Exclusivement nocturnes, ils se nourrissent de fruits et de gomme. Leur métabolisme est 40 % plus lent que celui des autres animaux de même taille.

FICHE SIGNALÉTIQUE

Répartition	Asie du Sud-Est
Espèces	Loris paresseux *(Nycticebus coucang)* Loris pygmée *(Nycticebus pygmaeus)*
Poids moyen	Femelles : de 630 g à 1,1 kg Mâles : de 680 g à 1,3 kg
Mode de vie	Arboricole ; nocturne
Type d'habitat	Frondaisons et sous-bois des forêts tropicales humides primaires et secondaires et des forêts caduques
Reproduction	Première portée à 12 mois ; un petit par portée
Taille d'un groupe	1 (parfois avec la progéniture)
Type de groupe	Animaux solitaires ; les territoires des mâles et des femelles se chevauchent
Durée de vie max.	14,5 ans
Statut	Pas encore en danger mais menacés par la destruction de leur habitat ; affectés par l'exploitation du bois, même modérée

OÙ DANS LE MONDE ?

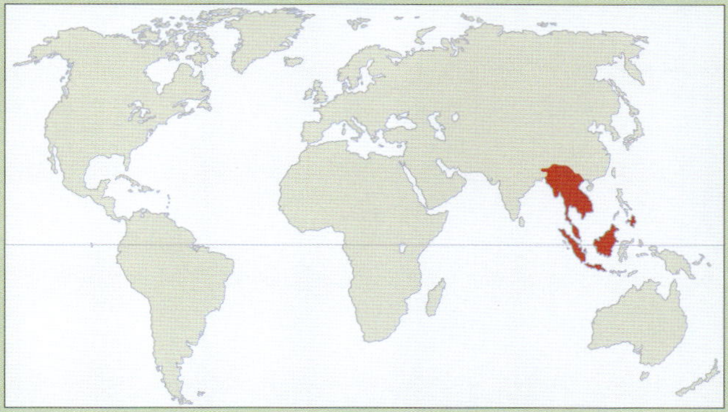

Les loris ont l'aire de répartition la plus vaste de tous les prosimiens.

VOIR AUSSI

1.3 Les primates aujourd'hui
p. 37 Les prosimiens

2.1 Les créatures de la nuit
p. 54 Se déplacer
p. 58 Des solitaires indolents

2.2 Des odeurs et des sons
p. 64 Le marquage par l'urine

2.3 Des femelles responsables
p. 74 « Halte-garderie »

3

LES SINGES

3.1 LES MODES DE VIE DES SINGES

En émergeant à la lumière du jour, les singes se virent offrir un vaste éventail de possibilités. Libérés des contraintes du monde nocturne des prosimiens, ils purent s'approprier de nouvelles niches par delà les forêts tropicales, dans les savanes, les déserts et les plateaux montagneux. Les régimes alimentaires et les modes de vie se diversifièrent, des gommivores aux frugivores et même aux herbivores déclarés. Il est plus facile de mener une existence diversifiée le jour que la nuit, quand la visibilité réduite et la dépendance vis-à-vis des odeurs limitent le choix de nourriture. Le changement de mode de vie s'accompagna de modifications sensorielles. À la différence des prosimiens, la vision devint le sens prédominant chez les singes, gagnant en netteté et en sensibilité aux couleurs, ce qui les aida à choisir les fruits les plus mûrs ou les feuilles les plus tendres, et leur permit d'être continûment aux aguets.

Page précédente : l'entelle occupe toute l'Inde, où il est considéré comme un animal sacré.

LES SINGES DU NOUVEAU MONDE

Grâce à leurs facultés d'adaptation, les singes ont pu élire domicile à la fois dans l'Ancien Monde, en Afrique et en Asie, et dans le Nouveau Monde, en Amérique centrale et en Amérique du Sud. Les singes de l'Ancien Monde et du Nouveau Monde présentent des différences caractéristiques et manifestent des modes de vie extraordinairement variés.

Les singes du Nouveau Monde sont dits platyrrhiniens (▷ p. 39), ce qui signifie « à narines écartées » : leurs narines sont en effet larges et dirigées sur les côtés, au contraire de celles, étroites et orientées vers le bas, des catarrhiniens (les singes et les grands singes de l'Ancien Monde). Les singes du Nouveau Monde se distinguent aussi de leurs cousins de l'Ancien Monde par leur queue préhensile dont ils se servent comme d'une cinquième main. Vivant exclusivement dans les forêts, ils n'ont pas la diversité d'habitats de ceux de l'Ancien Monde, mais ils n'en ont pas moins développé des modes de vie très divers.

En termes de mode de vie, on peut séparer les singes du Nouveau Monde en deux grands groupes. Le premier comprend les ouistitis et les tamarins, des petits animaux qui voltigent d'une branche à l'autre en poussant des pépiements aigus, presque comme des oiseaux. Le second inclut les singes plus grands, aux apparences, comportements et régimes alimentaires plus variés. Certains d'entre eux sont frugivores, d'autres sont folivores ou granivores.

Ouistitis et tamarins

Ces très petits singes, guère plus grands qu'un écureuil, sont dotés d'un poil fin et soyeux, et

1. Les atèles utilisent leur queue préhensile comme une cinquième main pour atteindre des endroits autrement inaccessibles.

Les colobes n'ont pas de pouce. Leur nom vient du grec *kolobos*, qui signifie « tronqué ».

1. (ci-contre) Les ouistitis sont des petits singes d'Amérique du Sud. Les griffes de ce ouistiti à camail lui permettent de gambader le long des branches.

d'une extraordinaire panoplie de moustaches, crinières, crêtes et touffes. Ce sont les seuls singes qui possèdent des griffes à la place d'ongles (hormis sur le gros orteil), celles-ci leur permettant de maintenir leur prise quand ils escaladent de gros troncs d'arbre. Ce sont des mangeurs de gomme. Leurs dents inférieures spécialement adaptées leur permettent de creuser des trous dans l'écorce pour favoriser l'écoulement de la gomme. Ils terminent souvent leurs repas en apposant leurs marques odorantes ou en urinant pour signaler que ces trous sont leur propriété, et dissuader d'autres ouistitis de venir s'y nourrir. Le ouistiti mignon est le plus grand mangeur de gomme : celle-ci compose près de 70 % de ses repas. Les autres ouistitis se nourrissent essentiellement de fruits, ne se tournant vers la gomme que lorsque ces derniers viennent à manquer. Nectar, fleurs et petits animaux tels qu'escargots, lézards et grenouilles, agrémentent parfois leur quotidien. Dotés d'un régime semblable, les tamarins sont, eux aussi frugivores, mais montrent un goût moins marqué pour la gomme.

Les habitats forestiers des ouistitis et des tamarins sont très variés. On les rencontre dans les hautes forêts tropicales humides et vierges, dans les forêts sèches, où les arbres sont nus la moitié de l'année, et dans les parcelles forestières de la savane amazonienne. C'est dans les forêts préservées qu'ils semblent le plus à l'aise et sont les plus nombreux. Ils apprécient également les zones de végétation touffue et les plantes grimpantes, où ils trouvent un abri sûr pour la nuit, ces petits primates étant souvent victimes des oiseaux de proie.

La concurrence est rude entre les différentes espèces de ouistitis et, en raison de leur régime gommivore particulier, un habitat donné n'en abrite jamais plus d'une. En revanche, on voit souvent plusieurs espèces de tamarins partager le même habitat et s'unir pour le défendre. On peut ainsi voir des

Les douroucoulis sont des singes nocturnes aux caractéristiques étonnantes.

UNE VIE NOCTURNE

Les douroucoulis, qui vivent en Amérique du Sud, sont des singes vraiment nocturnes. Ils se nourrissent de fruits, d'insectes et de feuilles, et vivent en petits groupes familiaux constitués d'un mâle, d'une femelle et de leur progéniture. Comme tous les animaux nocturnes, ils sont dotés de grands yeux pour voir dans le noir. Contrairement aux prosimiens, leurs yeux ne possèdent pas la couche réflective spéciale (le tapetum) qui affine la vision de ces derniers, et ils distinguent les couleurs. Ces étonnantes caractéristiques suggèrent que les douroucoulis ont pour ancêtres des singes diurnes qui seraient retournés à une existence régie par le clair de lune, probablement afin d'échapper aux oiseaux de proie, comme les faucons et les aigles. Bien que leur vision nocturne soit beaucoup plus fine que celle des autres singes, les douroucoulis ne sont pourtant pas complètement adaptés à une existence dans l'obscurité. Ainsi, ils tendent à être plus actifs à la pleine lune, dont la lueur les aide à se déplacer sur leur territoire. Les mâles profitent également de ces nuits claires pour assoir leur revendication territoriale. Ils patrouillent le long de leurs frontières, manifestant leur présence par des sifflements.

1

2

1. Frugivores, les atèles occupent des habitats variés et forment une société informelle, semblable à celle des chimpanzés.

2. Les singes hurleurs, lents et lourds, sont des folivores spécialisés. Ils passent la majeure partie de la journée à digérer.

groupes de tamarins empereur (ainsi nommés à cause de leur longue moustache de type oriental) et de tamarins à tête brune (qui doivent leur nom à leur fourrure plus foncée sur la tête) partager leur territoire, se déplacer ensemble et rester en contact par leurs cris. Cette façon d'évoluer réduit l'éventualité d'attaques de prédateurs, améliore la défense du territoire et facilite la recherche de la nourriture. Les deux espèces se nourrissent sur les arbres et les plantes grimpantes dont les fruits mûrissent les uns après les autres au fil des semaines. Elles visitent donc les plantes tous les trois ou quatre jours pour manger les fruits mûrs et laisser aux fruits encore verts le temps de mûrir. En prenant leurs repas en même temps, les deux espèces savent où et quand trouver des fruits « à point », évitant ainsi des allées et venues inutiles vers des sites déjà épuisés.

Petits et grands frugivores

L'Amérique centrale et l'Amérique du Sud sont les hôtes de divers singes frugivores. Les capucins, ou sapajous, sont des singes robustes et trapus qui évoluent avec vélocité au sommet des branches. Ils sont dotés d'un cerveau beaucoup plus développé que ne le laisse supposer leur taille. Les fruits renfermant peu de protéines, ils complètent leur régime par des insectes, des escargots et d'autres petits animaux. Curieux et dévastateurs, ils provoquent moult dégâts dans la forêt lorsqu'ils recherchent des insectes. Certains capucins sont très friands des fruits du palmier, qu'ils ouvrent en les projetant contre les arbres. Les capucins sont les moins spécialisés des singes du Nouveau Monde et les plus disséminés, des forêts du Honduras en Amérique centrale à celles de l'extrême sud-est du Brésil.

Si leur régime alimentaire est semblable à celui des capucins, les singes-écureuils (ou saïmiris) sont plus petits, plus graciles et moins forts. Ils ne ne peuvent pas déchirer les feuilles de palmier ou l'écorce des arbres pour y chercher des insectes. Ils se contentent d'attraper les chenilles et les larves sur les feuilles et les branches. Dotés de dents étroites et aiguisées, ils croquent cependant davantage d'insectes que les capucins. Les singes-écureuils vivent en groupe comprenant jusqu'à 40 individus. Ils peuvent ainsi se défendre contre les prédateurs et repousser les assauts des plus grands singes.

Les autres petits frugivores du Nouveau Monde sont les callicèbes (ou titis) et les douroucoulis. Au contraire des singes-écureuils, ils vivent en petits groupes familiaux et piochent leurs protéines dans les feuilles plutôt que dans les insectes. Grâce à leur mode de vie strictement nocturne, ils évitent la concurrence avec les singes plus grands.

Les atèles (ou singes-araignées), les plus grands singes du Nouveau Monde, se nourrissent de fruits et, à l'instar des callicèbes, trouvent leurs protéines dans les feuilles. Ils occupent les mêmes niches écologiques que les chimpanzés d'Afrique. Comme eux, leurs bras allongés et leurs épaules particulièrement souples leur permettent de se balancer allègrement dans les arbres. Mais, contrairement aux chimpanzés, leur queue est préhensile, et si puissante qu'elle peut supporter tout leur poids. On les voit d'ailleurs souvent se suspendre à une branche par la queue pour cueillir les fruits avec leurs mains. Les singes laineux, leurs proches parents, sont eux aussi essentiellement frugivores. Apparenté à la fois au singe laineux et à l'atèle, l'atèle laineux se montre, pour sa part, beaucoup plus friand de feuilles.

Folivores et granivores

Les singes hurleurs sont les spécialistes folivores du Nouveau Monde. Grâce à leurs mâchoires puissantes et à leurs larges molaires, ils peuvent broyer finement les feuilles. Elles sont transformées en nutriments dans leur énorme estomac et leur intestin grêle dilaté dans lequel les aliments fermentent partiellement. La digestion étant très longue, les singes hurleurs sont moins actifs que leurs congénères frugivores. En une journée entière, ils peuvent parcourir moins de 400 m, passant les trois quarts du temps à se reposer ; force est de constater que ce ne sont pas les animaux les plus captivants à observer ! Les singes hurleurs consomment néanmoins quelques fruits, souvent moins mûrs que ceux convoités par les autres singes ; Ils semblent particulièrement aimer les fruits très fibreux, comme les figues. Dotés, comme tous les singes du Nouveau Monde, d'une queue préhensile, ils ne s'en servent pas pour se balancer ou se suspendre aux branches, préférant se déplacer lentement au sommet des branches.

Les singes granivores que sont les sakis et les ouakaris ont l'apparence la plus singulière. La face des sakis, très touffue, leur fait comme un masque, tandis que celle des ouakaris est totalement dénudée, découvrant une peau rouge vif. Les ouakaris vivent dans les forêts périodiquement inondées des bassins fluviaux d'Amazonie et de l'Orénoque. Bien que l'on ne sache d'eux que peu de choses, il semble qu'ils se nourrissent de fruits et de feuilles aussi bien que de graines. Les sakis nous sont moins étrangers. Ils se nourrissent à 60 % de graines de fruits verts. Cette proportion s'élève à 80 % durant la saison sèche, pour tomber à 10 % à la saison humide, quand les fruits abondent. Certains sakis sont capables d'ouvrir des noix très dures : dotés de muscles maxillaires très puissants, de canines robustes et d'un « casse-noisette intégré » (formé par un creux entre les canines et les dents du fond), il leur suffit de les y coincer et de mordre.

3

4

5

3. Les ouakaris chauves vivent dans les forêts proches de l'Amazone et de l'Orénoque. Ils sont friands de graines, de fruits et de feuilles.

4. Les sakis sont granivores. Les graines représentent 80 % de leur régime.

5. On distingue deux sous-espèces d'ouakaris chauves ; la fourrure est rousse chez l'une (comme ici), blanche chez l'autre.

Les colobes guereza mangent parfois de la terre, qui leur apporte les minéraux autrement absents de leur régime.

LES SINGES DE L'ANCIEN MONDE

Les singes d'Afrique et d'Asie (dits de l'Ancien Monde) ont des régimes alimentaires et une organisation en groupes semblables à ceux du Nouveau Monde, mais leurs habitats sont beaucoup plus diversifiés. C'est en grande partie la conséquence de leur passage d'un mode de vie arboricole à un mode de vie terrestre.

Les Colobinés

Comme pour les singes du Nouveau Monde, on peut séparer les singes de l'Ancien Monde selon qu'ils sont essentiellement frugivores ou folivores. Les folivores africains et asiatiques sont regroupés sous le nom de Colobinés. Si leur estomac rappelle celui des singes hurleurs de par sa grande taille, il est néanmoins plus complexe et plus efficace. Singulièrement aiguisées, les molaires des Colobinés déchirent les feuilles en tout petits morceaux, ce qui facilite la digestion. Ils choisissent de préférence les jeunes feuilles tendres, et la plupart d'entre eux complètent leurs repas avec des fleurs, des fruits ou des graines.

On dénombre vingt-huit espèces de Colobinés en Asie, et seulement neuf en Afrique. Les espèces asiatiques, souvent appelées langurs ou semnopithèques, se distinguent par la couleur de leur fourrure. Elles occupent une large zone qui traverse l'Inde, la Chine, le Vietnam, la Malaisie et les îles de Bornéo et de Java. La plupart vivent dans les forêts, mais certaines, comme l'entelle d'Inde, occupent des habitats plus ouverts, y compris des zones urbaines.

Les Colobinés d'Asie, les plus exotiques, et malheureusement les plus menacés, sont le nasique de Bornéo et le rhinopithèque de

RÉACTIONS INTESTINALES

Sans être aussi impressionnant que celui des vaches (qui en ont cinq), l'estomac des Colobinés folivores d'Afrique et d'Asie remplit bien sa tâche de digestion des feuilles. Il est constitué de deux parties et abouche sur de longs intestins, conférant une bedaine caractéristique à ces singes. La partie haute de l'estomac est totalement indépendante de la partie basse, remplie d'acide gastrique. La partie haute doit en effet être isolée de l'acide gastrique, car elle est l'hôte de millions de bactéries qui font fermenter les feuilles, permettant la libération des nutriments énergétiques vitaux, qui autrement traverseraient l'organisme sans être digérés. Ces bactéries inhibent aussi les substances toxiques présentes dans certaines graines. Parce qu'il leur faut rester longtemps simplement assis à digérer, les Colobinés tendent à être moins sociables que les singes frugivores. Ils ne se livrent pas aussi souvent aux séances de toilettage et ont une hiérarchie plus informelle. Ceci est en partie dû à ce qu'ils n'ont guère de concurrence à se livrer (les feuilles sont si abondantes que chacun trouve sa part), mais surtout à ce qu'ils ne peuvent pas gaspiller leur énergie dans des bagarres, car, ironie du sort, il leur en faut beaucoup pour digérer.

1. (ci-contre) Se contentant de peu d'espèces d'arbres, les colobes guereza peuvent vivre dans des zones forestières restreintes. Ils complètent leur alimentation en descendant souvent au sol pour manger de la terre et de l'argile.

1. Un groupe de colobes bais de Zanzibar en train de ronger du charbon de bois. Celui-ci neutralise les toxines des feuilles qu'ils mangent.

2. Les rhinopithèques dorés de Chine sont de splendides animaux. Ils peuplent les forêts de conifères en altitude et peuvent former des troupes de 600 individus.

3. Les colobes bais sont de grands singes folivores présents dans toute l'Afrique. Leur système social est très informel, et les mâles et les femelles changent parfois de groupes.

1

2

3

Chine. Le curieux nasique doit son nom à la présence, chez le mâle, d'un nez énorme, charnu et pendant, semblable à une langue ; le nez des femelles est beaucoup plus petit, et en trompette. Deux fois plus gros que les femelles, les mâles exhibent une énorme bedaine où logent leur estomac et leurs longs intestins. Ils vivent aux abords des cours d'eau dans les mangroves, et on les voit souvent nager, un exercice très inhabituel chez les singes. Les rhinopithèques sont de proches parents des nasiques. Ils habitent les forêts de conifères des montagnes chinoises. Le rhinopithèque doré de Chine vit en groupes de 20 à 30 individus qui, à certaines périodes de l'année, se rassemblent pour former de grandes troupes pouvant compter jusqu'à 600 membres.

Les Colobinés d'Afrique vivent exclusivement dans les forêts, pour la plupart à l'ouest et au centre du continent. On les différencie par la couleur de leur fourrure et la longueur de leur poil. Les feuilles de deux ou trois sortes d'arbres suffisent à nourrir le colobe blanc et noir, ou guereza, qui, n'ayant pas à s'éloigner pour les trouver, occupe des territoires assez restreints. Il est, par conséquent, moins vulnérable à la destruction de son habitat que la plupart des primates et se contente souvent de petites parcelles forestières. Le colobe blanc et noir à longs poils a un faible pour les graines, une caractéristique commune aux Colobinés d'Afrique occidentale, qui semble liée à l'abondance de graines comestibles dans les forêts. Le colobe noir, ou colobe satan, est un autre grand amateur de feuilles.

D'autres espèces africaines sont plus difficiles sur la nourriture. Le colobe bai, par exemple, a une nette préférence pour les jeunes pousses. Celles-ci étant une denrée assez rare, il lui faut se déplacer davantage que le colobe blanc et noir, d'où son territoire beaucoup plus étendu. Les colobes bais de l'île de Zanzibar, au large de la Tanzanie, ont un penchant encore plus étrange. On les voit fréquemment ronger des morceaux de charbon de bois, dont on a découvert qu'il neutralisait les toxines présentes dans les feuilles dont ils se nourrissent.

Cercopithèques, vervets et patas

Les Colobinés d'Afrique partagent leur habitat avec les singes frugivores de la famille des cercopithèques, plus petits. Cette vaste famille compte de nombreuses espèces, chacune présentant des couleurs distinctives sur sa fourrure et sa face (▷ p. 114). Bien qu'essentiellement frugivores, les cercopithèques les plus petits, comme le cercopithèque ascagne d'Afrique de l'Est, mangent des insectes qui leur fournissent des protéines ; les plus corpulents, tels le singe bleu ou le singe diane, se tournent aussi vers les feuilles, les insectes ne pouvant suffire à leur fournir les protéines dont ils ont besoin. Les types d'insectes et les techniques de capture diffèrent d'une espèce à l'autre, ce qui semble autoriser la cohabitation de plusieurs d'entre elles dans un même habitat sans trop de compétition.

Tous les cercopithèques ne vivent pas dans les forêts. Les vervets et les patas ont élu domicile dans la savane. Les vervets sont circonscrits aux zones forestières étroites qui longent les berges des cours d'eau (appelées forêts-galeries) et sont aussi à l'aise dans les arbres que sur la terre ferme. S'ils se nourrissent parfois de la sève des acacias, ils marquent une préférence pour les fruits. Les patas, en revanche, sont de réels habitants de la savane. Ils vivent en petits groupes dans des habitats très ouverts, et, au cours de l'évolution, se sont vus dotés de longues jambes, essentielles pour fuir rapidement les prédateurs des plaines africaines.

4

4. Un cercopithèque à diadème exhibe ses impressionnantes canines. Les groupes se composent généralement d'un seul mâle qui règne sur les guenons.

Les langurs Hanuman, ainsi nommés en l'honneur du dieu-singe Hanuman, sont sacrés en Inde. Le jour dédié à Hanuman, on leur apporte des offrandes dans les temples.

▷ LES SINGES SACRÉS

La vie est parfois rude pour les singes. Trouver sa nourriture et éviter les dangers sont des occupations à plein temps, surtout quand les conditions environnementales sont difficiles et que la nourriture se fait rare. Certaines espèces sont cependant plus chanceuses que d'autres, et les mieux lotis sont peut-être les entelles, ou langurs Hanuman, qui tiennent leur nom du dieu-singe Hanuman. Selon la mythologie hindoue, Hanuman accompagna le dieu Rama au Sri Lanka pour y rechercher Sita, la femme de ce dernier, enlevée par le démon Ravana, le roi du Sri Lanka. Hanuman déroba un plant de manguier et le rapporta en Inde, où cet arbre ne poussait pas. Puni pour son forfait, il fut condamné au bûcher. En tentant d'échapper au brasier, sa face et ses pattes noircirent. La face et les pattes noires des entelles témoignent toujours de ce châtiment. Leur statut d'animal sacré les préserve des persécutions des hommes, bien qu'ils pillent souvent les cultures. Le jour de la fête d'Hanuman, ils reçoivent des offrandes dans les temples hindous. Et si l'un d'entre eux meurt accidentellement (ils s'électrocutent souvent sur les câbles ou sont écrasés par les automobiles), les fidèles lui font des funérailles hindoues en bonne et due forme.

CERCOPITHÈQUES : NATURELLEMENT DIFFÉRENTS

Les cercopithèques forment l'un des groupes de primates les plus remarquables. Les fossiles de ces singes de petite ou de moyenne taille remontent à tout juste 2 millions d'années, à peu près l'époque où notre propre genre, *Homo*, est apparu. Au contraire des hommes dont une seule espèce vit aujourd'hui, les cercopithèques comptent parmi les groupes de primates les plus riches. On en connaît actuellement 24 espèces, dont la plupart appartiennent à une seule lignée, le genre *Cercopithecus*. Ce groupe, très diversifié, inclut aussi bien le petit talapoin de 1,5 kg que le patas de 10 kg, le plus gros d'entre eux.

2

1

1. Les patas, du groupe des cercopithèques, habitent la savane. Leurs longues jambes leur permettent de fuir très vite les prédateurs.

2. La face surprenante du cercopithèque de Brazza. La plupart des espèces se différencient grâce à leurs marques faciales.

Figés dans la diversité

Pourquoi le groupe des cercopithèques est-il aussi riche ? La réponse semble liée aux glaciations successives que connurent l'Europe et l'Asie au cours des deux derniers millions d'années. Alors que le front glaciaire s'éloignait de l'Arctique, le climat africain connaissait des épisodes plus froids et plus secs, qui causèrent la disparition des luxuriantes forêts d'Afrique centrale et occidentale. Après chaque glaciation, seules subsistaient de petites parcelles forestières isolées, où de faibles populations de cercopithèques ancestraux survivaient. Avec peu, voire aucun, échange de gènes entre les primates des différentes parcelles, les populations ont peu à peu divergé, jusqu'à devenir suffisamment différentes pour ne plus se reproduire entre elles et constituer des espèces à part entière. Le processus se répéta à chaque ère glaciaire, pour conduire à l'extraordinaire diversité des espèces actuelles. Parmi celles-ci, seuls les vervets et les patas ont véritablement réussi à coloniser la savane ouverte.

Des cousins hauts en couleur

La coloration de la fourrure, en particulier sur la face, reflète de façon frappante les différences entre les espèces de cercopithèques. Certaines d'entre elles, comme le cercopithèque moustac *(Cercopithecus cephus)* et le cercopithèque à diadème, ou singe bleu (*C. mitis*), ont une robe assez terne, tandis que d'autres, tels le cercopithèque diane *(C. diana)* et le cercopithèque de Brazza *(C. neglectus)*, ont des « tenues » assez spectaculaires. Le patas est également appelé singe hussard en raison de sa fourrure rousse, noir et blanc, et de ses longues moustaches blanches, qui évoquèrent, aux yeux des premiers explorateurs européens, un hussard du XIXe siècle en grand uniforme. Nouveau venu dans la famille, le cercopithèque solatus (*C. solatus*) n'a été découvert qu'en 1986, dans les forêts profondes d'Afrique occidentale. On n'explique toujours pas comment il a pu demeurer caché aussi longtemps dans ces habitats relativement bien connus.

3

Adaptation et prolifération

Alors que toutes les autres espèces de la famille sont assez localisées, avec des distributions géographiques restreintes, le patas et le vervet se rencontrent dans pratiquement toute l'Afrique subsaharienne. Ils se différencient des autres cercopithèques (tous arboricoles et forestiers) par leur vie au sol et leur préférence pour les bois et les prairies. Cette adaptation aux habitats plus ouverts résulte peut-être des tentatives de leurs ancêtres respectifs pour survivre hors des forêts en déclin durant une ère glaciaire. Leur aire de répartition devait être plus étendue, facilitant les échanges entre groupes et les préservant de l'isolation génétique que connurent les cercopithèques des forêts.

Formation de nouvelles espèces

Les vervets (qui viennent de se voir attribuer leur propre genre, *Chlorocebus*) fournissent un bon exemple de la façon dont des populations peuvent diverger et former de nouvelles espèces au fur et à mesure de leur isolement géographique. Probablement originaires des environs du lac Victoria en Ouganda, ils ont graduellement progressé vers l'ouest et le sud à travers la savane. Aujourd'hui, si deux populations de vervets voisines sont très semblables, celles qui vivent à chaque extrémité de la répartition géographique sont assez différentes. Plusieurs sous-espèces se sont ainsi formées, puis ont, au fil du temps, évolué en espèces distinctes.

3. Les cercopithèques diane vivent en Afrique occidentale.
Ces superbes singes sont les plus vigilants et les premiers à repérer un danger potentiel.

4

4. Les singes bleus ont une vaste aire de répartition pour des cercopithèques. Elle s'étend à travers l'Afrique équatoriale, jusqu'aux forêts côtières d'Afrique du Sud, où ils sont connus sous le nom de cercopithèques à diadème.

VOIR AUSSI

1.1 Qu'est-ce qu'un primate ?
p. 16 Définir les espèces

1.2 Les origines des primates
p. 34 L'ascension des singes

2.4 Le dernier refuge des lémuriens
p. 84 Diversité des lémuriens

3.1 Les modes de vie des singes
p. 113 Cercopithèques, vervets et patas

3.5 Portraits de familles : les singes
p. 159 La classification des singes
p. 167 Vervets

Les babouins

Les babouins sont d'autres singes bien connus des prairies africaines. Doué d'une grande faculté d'adaptation, ce groupe a particulièrement bien proliféré et occupe toute l'Afrique, des prairies humides de l'Ouest aux pics montagneux du Sud. Leur prospérité tient en partie à leur régime alimentaire varié. Ils mangent presque tout, et s'ils semblent avoir une préférence pour les fruits, tout autre nourriture fait l'affaire. À l'aide de leurs mains assez semblables aux nôtres, ils excellent à déterrer les aliments que les autres animaux ne peuvent atteindre, comme les racines et les bulbes. La viande entre aussi dans leur régime alimentaire (une population d'Afrique de l'Est s'est rendue célèbre par la façon dont les mâles chassent les petites antilopes).

Les babouins sont très bien adaptés à la vie terrestre. Les singes arboricoles sont dotés de jambes plus longues que les bras, ce qui assure leur équilibre (lorsqu'ils passent lentement d'une branche à l'autre, ils maintiennent leurs jambes en avant pour emmener le poids de leur corps). La vie terrestre exigeant une marche plus efficace, les bras doivent être sensiblement de la même longueur que les jambes. Les babouins ont donc des bras beaucoup plus longs que leurs cousins arboricoles, ce qui surélève leurs épaules par rapport à leurs hanches. Cet effet est encore accru, car ils marchent avec les doigts à plat et les paumes à la verticale. Outre une progression à quatre pattes plus aisée sur le sol, cette posture permet aux babouins de surveiller les alentours sans tendre le cou, alors que les patas, dont les épaules ne sont pas surélevées, doivent se tenir debout sur leurs jambes pour guetter les dangers. Bien qu'efficace, cette façon de marcher a toutefois un prix : les pieds des babouins sont beaucoup plus plats que ceux des singes arboricoles, et moins adaptés à l'escalade des arbres.

L'hamadryas, une sous-espèce de babouins, s'est adapté aux régions semi-désertiques du nord de l'Éthiopie et d'Arabie, et se nourrit principalement de graines de graminées, de racines et de bulbes. Plus petit que les autres babouins, il a une fourrure grise et une face rose. Le gélada, une autre espèce de babouins, est un parent plus éloigné des autres espèces d'Afrique. C'est l'unique survivant de toute une famille d'espèces de babouins, les Theropithécinés, qui prospérèrent il y a 2 à 5 millions d'années. Le *Theropithecus oswaldi* (▷ p. 34), aujourd'hui disparu, pesait plus de 100 kg (l'équivalent d'un gorille de montagne femelle). Herbivores, les géladas ne se rencontrent que dans les montagnes d'Éthiopie. À l'instar des hamadryas, ils vivent au sein de grandes communautés complexes, à la hiérarchie très

1 

2 

1. Les babouins communs, ou babouins des savanes, sont omnivores. Ils mangent toutes sortes de plantes et d'animaux.

2. Babouin chacma mangeant un nénuphar. Cette espèce, qui vit au sud de l'Afrique, a un régime plus insolite que ses homologues de l'Afrique de l'Est.

3

marquée. Cette vie sociale semble résulter de leur mode de vie particulier.

Les cousins des babouins

Bien que les mandrills et les drills des forêts d'Afrique occidentale ressemblent beaucoup aux babouins, ils sont plus apparentés aux mangabeys. Connus pour les « glouglous » puissants et rauques des mâles, les mangabeys sont les plus grands singes arboricoles. Leurs mâchoires, pourvues de larges incisives, peuvent casser les fruits les plus durs. Si l'on connaît bien les mangabeys, on en sait en revanche très peu sur les drills et les mandrills. Les mandrills mâles sont surtout connus pour leurs splendides marques faciales bleues et rouges, et leur postérieur d'un bleu soutenu. Comme les babouins, les mandrills vivent sur la terre ferme et semblent aimer les fruits. Ils forment des groupes comprenant jusqu'à 400 individus. Le spectacle d'une telle troupe traversant la forêt doit être impressionnant, mais, malheureusement, fort peu de personnes sont parvenues à les suivre.

4

3. Comme tous les singes, les babouins sont très sociables et vivent en groupes comptant jusqu'à 150 individus. La compétition pour la nourriture est parfois très rude.

4. Herbivores, les babouins gélada vivent exclusivement dans les montagnes éthiopiennes. Les mâles, comme celui-ci, sont pourvus d'une impressionnante « cape » de fourrure.

Les babouins mâles aiguisent leurs longues canines contre une dent de la mâchoire inférieure spécialement adaptée.

Les macaques

Bien que les habitats des babouins soient étonnants dans leur diversité, la palme revient aux macaques. Après avoir remarquablement prospéré, ce groupe a conquis presque tous les habitats imaginables, des montagnes de l'Atlas marocain aux forêts tempérées du Japon. Certaines des 19 espèces de macaques occupent les habitats les plus extrêmes. Avec sa petite population de l'île de Gibraltar, le macaque de Barbarie (ou magot) est ainsi le seul primate non-humain d'Europe, tandis que le macaque du Japon est, à part l'homme, le primate vivant le plus au nord et le plus à l'est. À l'extrême nord du Japon, il doit endurer des hivers très rudes. Protégé par sa fourrure épaisse et fournie, il a adopté un comportement pour le moins inhabituel pour combattre la dureté hivernale : il se réchauffe en s'enfonçant jusqu'au cou dans des sources chaudes naturelles. Bien loin de ce climat glacial, le macaque à longue queue, ou macaque crabier, habite le sud-est de l'Asie.

Les macaques vivent dans les arbres et au sol ; comme les babouins, ils sont omnivores. Les espèces d'Asie ont des habitats et des modes de vie semblables à ceux des cercopithèques et des babouins d'Afrique. Certains, comme le macaque silène du sud de l'Inde, ressemblent, par leur allure et leur comportement, aux cercopithèques ; d'autres, tels le macaque rhésus, le macaque à bonnet et le macaque du Japon, se rapprochent plus des babouins.

Si de grandes capacités d'adaptation caractérisent les macaques dans leur ensemble, elles sont encore plus marquées chez des espèces comme le macaque à longue queue, le macaque rhésus, le macaque couronné et le macaque à bonnet. Au contraire des autres singes, qui s'accommodent plutôt mal des modifications infligées à leurs habitats par l'homme, ces espèces y parviennent sans difficulté, et l'on peine même à contrôler leur nombre, ce qui leur a valu le surnom d'« espèces mauvaises herbes ».

Les macaques du Japon vivent volontiers près de l'homme. Dans certaines régions, ils sont nourris et constituent une attraction touristique, ajoutant un peu de « couleur primatologue » au paysage enneigé.
Le supplément de nourriture apporté par les touristes a provoqué une hausse du taux de natalité et une augmentation en flèche des populations. Les groupes de 1 000 individus ne sont pas rares. Ces groupes gigantesques sont organisés autour d'un ensemble de familles matrilinéaires dirigées par une seule femelle. Les familles les plus dominantes sont généralement les plus grandes, et elles se réservent le meilleur des friandises des touristes. Lorsque ces groupes deviennent trop grands, l'ordre social se dégrade inévitablement, et les repas se transforment en mêlée ouverte.

1

1. Macaques du Japon jouant dans la neige. Leur fourrure extrêmement épaisse et fournie les maintient à l'abri du froid.

2. (ci-contre) Macaque du Japon sous une tempête de neige. Aucune autre espèce de singe ne peut vivre aussi loin au Nord, ni endurer de telles températures.

3.2 LA VIE EN GROUPE

Les singes se distinguent essentiellement par leur vie sociale intense. Tous vivent en groupes, ou en « troupes », au sein desquels chacun établit des liens très forts avec ses semblables. Nombreux sont les singes qui passent leur journée entourés de leurs proches parents, investis dans un réseau complexe de relations, certaines amicales, d'autres plus conflictuelles.

Quand ils ne cherchent pas de quoi manger, les singes entretiennent leurs relations par des séances d'épouillage mutuel, débarrassant réciproquement leurs fourrures des poussières, peaux mortes et parasites. Le toilettage est un acte de valeur qui semble également constituer une pratique agréable et relaxante. La vie en groupe est parfois rude, et de nombreux singes usent de leurs services d'épouillage comme d'une monnaie pour s'octroyer certaines faveurs ou avoir accès aux choses qui peuvent améliorer un tant soit peu leur existence.

1

CONCURRENCE ET COOPÉRATION

C'est essentiellement pour échapper aux prédateurs que les singes vivent en groupe. Le danger est plus grand pour les animaux diurnes, car les prédateurs les repèrent facilement. À l'inverse, les primates nocturnes, qui sont protégés par l'obscurité, restent solitaires et très silencieux afin de ne pas trahir leur présence. La vie en groupe apporte une double sécurité. Tout d'abord, un animal court moins de risque d'être pris pour cible lorsqu'il est au sein d'une troupe ; un animal isolé est beaucoup plus susceptible de se transformer en butin. Ensuite, plus il y a d'animaux rassemblés, plus il y a de chance que l'un d'entre eux repère le prédateur avant que celui-ci n'attaque. La plupart des prédateurs, comptant sur l'effet de surprise, abandonnent souvent s'ils réalisent que leurs proies les ont découverts.

2

1. La vie en groupe protège contre les attaques de prédateurs. Plus il y a d'yeux et d'oreilles à l'affût, moins le groupe risque d'être attaqué par surprise.

2. Groupe de babouins anubis en société. Le toilettage agit comme une « glu » qui assure la cohésion du groupe et protège les individus des dangers.

1

Dans certaines régions du Japon, les gens viennent nourrir les macaques. Il en résulte une augmentation rapide de la natalité et la formation de groupes comprenant jusqu'à 1 000 singes.

1. Les groupes dans lesquels évoluent les atèles ne sont pas des structures stables. Les animaux vont et viennent en fonction des ressources alimentaires disponibles.

Obtenir sa part de nourriture

Mais la sécurité qu'apporte la vie de groupe a un prix : la concurrence pour la nourriture. Les singes se déplaçant ensemble, ils doivent se nourrir aux mêmes sources, et il n'y en a souvent pas assez pour tout le monde. Cette concurrence aide à comprendre les comportements et les organisations sociales, si différents d'une espèce de singes à une autre. Elle explique également pourquoi des groupes séparés d'une même espèce développent des systèmes sociaux distincts.

Les rapports sociaux qu'entretiennent les singes ne sont pas les marques d'une amitié désintéressée. Ils traduisent au contraire la façon dont les animaux, chacun pour soi, tentent de garder une longueur d'avance sur la concurrence au sein du groupe. Les femelles attachent plus de valeurs aux liens sociaux que les mâles, car l'accès à une nourriture de bonne qualité détermine leur capacité à nourrir leur progéniture, au cours de la grossesse comme de l'allaitement. Des conditions écologiques différentes – et donc des degrés de concurrence divers – requérant des solutions différentes, la nature des relations entre les femelles est beaucoup plus variée qu'entre les mâles.

La coalition entre femelles

De nombreux singes de l'Ancien Monde vivent au sein de ce que l'on appelle des groupes matriarcaux. Les femelles passent leur vie entière dans le groupe où elles sont nées et entretiennent des relations avec leurs proches par l'intermédiaire du toilettage. Chez certaines espèces, comme les vervets et les cercopithèques ascagne, elles ont un fort instinct territorial et unissent leurs forces pour chasser les groupes rivaux. Chez d'autres espèces, dont les singes diane, c'est l'unique mâle du groupe qui défend le territoire. Nombre d'espèces, dont la plupart des babouins et quelques macaques, ne présentent pas d'instinct territorial marqué, mais peuvent malgré tout faire preuve d'hostilité envers des femelles de groupes étrangers.

Les groupes matriarcaux tendent à exister chez les espèces aux ressources alimentaires inégales – les fruits par exemple – plutôt que chez celles dont la nourriture est largement disponible – les feuilles par exemple.

Quand la nourriture est limitée, les individus les plus forts ou les plus agressifs la monopolisent et empêchent les singes plus faibles d'avoir leur part. Ils dominent ainsi au sommet de la hiérarchie sociale, faisant leurs subalternes, ceux qui cèdent leur place.

2

L'héritage du rang

Les femelles proches parentes les unes des autres tendent à occuper le même rang dans la hiérarchie. Cela est dû à la façon dont les jeunes femelles parviennent à s'imposer dans la hiérarchie des adultes. Lorsqu'elles approchent de la maturité, les jeunes femelles commencent à défier les femelles adultes et à montrer de l'agressivité à leur égard. Elles attaquent les femelles d'un rang inférieur à celui des femelles adultes de leurs propres familles. Leurs parents les soutiennent dans leur ascension sociale, faisant en sorte que les femelles attaquées se soumettent à ces jeunes arrivistes. Les jeunes femelles ne s'en prennent pas à celles d'un rang plus élevé, car elles savent que, même avec le soutien de leurs proches, elles ne pourraient les contraindre à se soumettre. Lorsqu'enfin ces jeunes femelles se montrent capables de dominer les femelles d'un rang inférieur sans aucune aide de leurs parents, elles intègrent la hiérarchie des adultes. Dominant les femelles de rang inférieur à celui de leurs parents, mais se soumettant elles-mêmes aux femelles de rang supérieur, elles occupent la même place hiérarchique que leur famille. En restant proches de leurs parents une fois qu'elles sont admises en tant qu'adultes, elles peuvent former des coalitions face à la concurrence pour la nourriture.

Des dominations de degré varié

L'intensité de la hiérarchie entre femelles dépend des enjeux en cause. Ces derniers sont parfois minimes, soit parce que la nourriture est répandue et ne peut guère être monopolisée, soit parce qu'il y en a assez pour tout le monde. La hiérarchie est alors peu marquée et la vie sociale est relativement calme. Mais quand la nourriture est moins abondante, la hiérarchie est plus féroce et les bagarres sont beaucoup plus fréquentes, car les animaux dominants ont intérêt à ce que chacun reste à sa place.

Cette différence entre groupes pacifiques et agressifs s'observe chez tous les primates. Les singes-écureuils femelles d'Amérique centrale et du Sud, par exemple, ont des comportements très différents selon le lieu où elles vivent. Au Costa Rica, où de grands arbres fruitiers assurent leur survie, elles font montre de peu d'instinct agressif ou dominateur. Les singes dominants ne peuvent monopoliser un arbre entier, de sorte que les femelles n'ont pas à se coaliser avec leurs proches pour défendre leur part. Leur hiérarchie est donc peu prononcée. Au Pérou, au contraire, où les habitats sont plus petits et faciles à

3

2. Contrairement aux autres cercopithèques, les vervets vivent le long des rivières dans la savane. Les femelles y sont fortement coalisées et défendent leur territoire contre celles des autres groupes.

3. Les femelles singes des groupes matriarcaux consacrent une grande partie de leur temps au toilettage mutuel, essentiellement entre individus apparentés et de même rang.

monopoliser, la domination est plus importante et les femelles sont très coalisées. Ces différences se retrouvent d'une espèce à une autre. Les macaques à bonnet et les macaques bruns, par exemple, vivent en groupes relativement calmes, où la hiérarchie entre femelles est peu marquée, tandis que les macaques rhésus sont très agressifs et évoluent au sein d'une hiérarchie très stricte, tout en entretenant de fortes relations avec leurs proches.

Des liens plus lâches

La coalition entre femelles est en général plus faible chez les espèces folivores, comme les hurleurs et les colobes, car leur nourriture est disponible en quantité suffisante et n'est pas source de conflit.

Les relations étroites avec les proches n'étant dès lors plus indispensables, les femelles ne forment pas de clans resserrés. On voit même certaines femelles changer de groupe. Il en résulte que les femelles d'un groupe donné ne sont pas nécessairement apparentées et que le rang social ne dépend pas directement des liens familiaux. Les colobes bais sont un exemple de telles sociétés. L'aire de répartition de ces grands singes folivores traverse toute l'Afrique, d'est en ouest. Ils vivent au sein de vastes groupes au système social très fluide, où mâles et femelles vont et viennent d'un groupe à un autre.

Les mâles dominants

Les singes mâles établissent aussi des relations de domination et de hiérarchie entre eux, mais celles-ci reflètent plus leur rivalité pour l'accouplement que pour la nourriture. Le mâle dominant s'accouple généralement avec le plus de femelles possible (bien que le dernier mot revienne à ces dernières).

Chez certaines espèces, comme les babouins anubis, les mâles forment des

2

3

1. (ci-contre) Les macaques à bonnet se distinguent par leur mode de vie calme et non agressif ; les femelles dominantes consacrent beaucoup de temps au toilettage des femelles subalternes.

2. Macaques du Japon femelles se disputant le pouvoir. C'est leur taille qui détermine leur rang social.

3. Babouin anubis mâle exhibant ses dents pour intimider ses concurrents. L'accouplement est la principale cause de rivalité.

1

1. Babouin chacma se soumettant à un singe dominant. La hiérarchie est très ritualisée chez la majorité des singes, et les véritables combats sont assez rares.

coalitions pour accéder aux faveurs des femelles (▷ p. 208). Lorsque deux mâles se battent pour l'une d'entre elles, l'un des deux peut solliciter l'aide d'un troisième en émettant un signal de « SOS » bien particulier. Celui-ci vient l'aider à vaincre son rival et monte la garde tandis que son acolyte convole avec la femelle. Certains mâles sont de meilleurs partenaires que d'autres dans ces coalitions. Ainsi, on a baptisé ceux dont la force et le rang sont un gage de succès les « poseurs de véto », car ils disposent du pouvoir ultime de décider de la réussite d'une coalition. Le succès reposant entièrement sur leur participation, ils bénéficient souvent des faveurs de la femelle convoitée, car si leur partenaire plus faible ne leur abandonne pas de temps à autre le fruit de leur victoire, ils lui refusent tout simplement leurs services par la suite. Les mâles dominés n'ont dès lors d'autre choix que de laisser faire leur puissant partenaire, car il leur en coûterait plus, à long terme, de perdre son soutien que de lui abandonner la femelle de temps à autre.

Chez les babouins des savanes, cette manœuvre politique ne se retrouve que dans les populations d'Afrique de l'Est. Celles d'Afrique du Sud ne se livrent pas à de telles manipulations, et l'accouplement est déterminé par la taille et le rang hiérarchique du mâle plutôt que par le choix de ses acolytes. La raison de cette différence est toujours sujet à débat. Il est possible que les babouins chacma du Sud mâles soient incapables de former des coalitions car ils sont restés prisonniers du cours de leur évolution : ils n'ont tout simplement pas appris à se coaliser, quand bien même ils auraient pu en tirer profit.

2. (ci-contre) Un babouin anubis mâle exhibe ses longues canines acérées. Au cours de l'évolution, la concurrence pour l'accouplement entre les mâles a conduit à ces armes redoutables. La plupart des babouins mâles portent des cicatrices laissées par les morsures de leurs rivaux.

FRÈRES ET ENNEMIS

En dépit de la concurrence que cela peut occasionner, il arrive que différentes espèces de singes partent conjointement à la recherche de nourriture. Cela n'est parfois que pur accident : les singes atterrissent par hasard dans le même arbre. Ils peuvent rester ensemble pendant un temps, avant de repartir chacun de leur côté. En d'autres occasions, cependant, ces associations sont délibérées. Elles unissent deux espèces données qui passent jusqu'à 90 % de leur temps ensemble, partageant le même territoire. Le cas est fréquent chez deux espèces de tamarins au Pérou et au Brésil, ainsi que chez les colobes et les singes diane en Afrique. La sécurité accrue inhérente aux grands groupes semble être la principale raison de ce comportement.

2

1. Petits et discrets, les colobes vert olive s'associent aux singes diane, et les mâles défendent leur troupe contre les autres colobes vert olive mâles.

2. Les colobes bais s'allient souvent aux singes diane pour s'assurer une meilleure protection contre les prédateurs.

1

Associations de tamarins

Les espèces de tamarins qui se regroupent se nourrissent sensiblement des mêmes aliments, comme les fruits – en particulier les figues –, le nectar et la gomme. Il arrive que l'espèce la plus corpulente chasse l'autre lorsque la nourriture vient à manquer. Ces associations semblent être l'initiative des colobes les plus petits, plus vulnérables aux attaques des aigles harpies. Plus il y a d'yeux et d'oreilles pour prévenir du danger, moins ils encourent de risque. Rester groupés a par ailleurs un autre bénéfice : les tamarins s'évitent ainsi des visites inutiles sur des arbres que l'autre espèce aurait déjà dépouillés de leurs fruits.

Suivre le mouvement

Dans la forêt de Taï, en Côte-d'Ivoire, les colobes bais s'associent aux singes plus imposants et plus agressifs que sont les singes diane, et ils ont de bonnes raisons pour cela. Les colobes bais sont la proie favorite des chimpanzés en de nombreux endroits, et les singes diane, très bons vigiles, les repèrent beaucoup plus vite. Il n'est donc pas surprenant que ce soient les colobes qui entretiennent l'association : quand les singes diane se déplacent, ils les suivent.

Ces groupes mélangés sont si importants pour les colobes bais qu'ils influencent fortement les déplacements des femelles d'un groupe à l'autre. Au contraire de la plupart

3

des singes vivant en forêt, les colobes bais femelles quittent leurs proches pour rejoindre une nouvelle troupe lorsqu'elles atteignent la maturité sexuelle, tandis que les mâles restent dans le groupe où ils sont nés. Elles vont alors vers les troupes qui défendent les meilleurs territoires, c'est-à-dire, pour elles, ceux qui hébergent des singes diane et où la nourriture est abondante. Les deux espèces ne se livrent que peu de concurrence, les colobes étant folivores et les singes diane frugivores.

Garder un profil bas

La défense des très petits et très discrets colobes vert olive de la forêt Taï repose elle aussi sur les singes diane. Mais à la différence des colobes bais, les colobes vert olive, extrêmement timides et calmes, n'évoluent que par groupes d'une dizaine d'individus. On ne comprend pas très bien la raison de groupes si restreints, si ce n'est peut-être que cela les aide à se cacher des prédateurs.

Le besoin de demeurer auprès des singes diane a aussi des répercutions sur leur système social. Ainsi les principales rivalités n'ont-elles pas la nourriture ou les femelles pour enjeux, mais les singes diane. Pour une femelle, un mâle entouré de singes diane est plus attirant, car ces derniers sont un gage de protection pour sa progéniture.

Des singes opportunistes

En « collant » à une autre espèce, les singes peuvent en outre grappiller des bribes de nourriture. C'est le cas avec les singes-écureuils et les capucins du Pérou. Les mâchoires puissantes des capucins en font les seuls singes capables de briser la coque très dure des fruits des palmiers. Les singes-écureuils peuvent parfois récupérer quelques morceaux tombés des mains des capucins. Toutefois, ces derniers n'hésitent pas à les chasser de leur arbre lorsqu'ils se montrent par trop opportunistes.

3. Une jeune colobe vert olive femelle en train d'épouiller un singe diane. Les colobes vert olive s'associent aux singes diane pour se protéger des prédateurs.

VOIR AUSSI

1.1 Qu'est-ce qu'un primate ?
p. 22 Régime alimentaire

3.1 Les modes de vie des singes
p. 108 Petits et grands frugivores
p. 110 Les Colobinés

3.2 La vie en groupe
p. 132 Contacts vocaux

3.5 Portraits de familles : les singes
p. 161 Tamarins

4.2 La vie en société éclatée
p. 189 Des singes meurtriers

1 

1. Toilettage entre entelles. Cette activité peut occuper une grande partie de la journée, et certaines espèces y consacrent volontiers plus de deux heures.

LE CIMENT SOCIAL

Après s'être vu refusé l'accès à la nourriture ou avoir fait face à l'agressivité d'un mâle dominant, se faire épouiller par un partenaire est fort appréciable. Le toilettage permet avant tout d'évacuer les tensions que crée la concurrence, ce qui est d'autant plus fondamental qu'un stress trop important réduit la fertilité des femelles. En effet, les hormones du stress bloquent l'action des hormones de reproduction comme les œstrogènes et la progestérone : les ovaires ne libèrent plus d'ovules ou la grossesse peut se trouver compromise. L'épouillage rétablit l'équilibre en stimulant la production de substances aux effets semblables à ceux de l'opium, qui annihilent les effets des hormones du stress.

Il est intéressant de constater que les tensions sociales ne sont pas seulement difficiles à gérer pour les animaux de bas rang, les victimes les plus fréquentes. La domination peut aussi être une cause de stress. On a ainsi observé que les femelles dominantes des babouins du parc national de Gombe, au nord de la Tanzanie (pays des fameux chimpanzés de Jane Goodall), font plus de fausses couches que celles de rang inférieur et ont une progéniture moins nombreuse, en dépit des avantages que leur confère leur haut rang en matière de nourriture. Le rôle dominant n'est pas forcément aisé pour les femelles, qui doivent se battre pour maintenir leur rang ; la position d'agresseur est pratiquement aussi stressante que celle de victime. Le toilettage satisfait donc tout le monde, en libérant les tensions du « pouvoir exécutif » des supérieurs et en apaisant les victimes.

Les stratégies de toilettage

Les femelles de bas rang peuvent améliorer leur existence en proposant leurs services d'épouillage aux femelles dominantes. En apaisant l'agressivité de ces dernières, elles diminuent le risque de se voir agressées par elles plus tard. Les femelles dominantes tolèrent en outre davantage la présence, près d'une source de nourriture, de celles qui les épouillent, les laissant se sustenter plus volontiers. Ce commerce du toilettage en échange des faveurs des dominantes fait que ces dernières sont l'objet de beaucoup d'attention. Mais il est aussi source de concurrence, les « toiletteuses » rivalisant pour attirer l'attention des dominantes. En conséquence, les femelles de plus haut rang tendent à se faire épouiller uniquement par celles de rang voisin, empêchant les subalternes d'accéder à leurs faveurs.

Si toutes les femelles aspirent à commercer avec celles de plus haut rang, la plupart s'en tiennent en réalité au toilettage des individus de même rang hiérarchique. Mais cela ne signifie pas qu'elles renoncent. Les femelles peuvent devenir expertes dans l'art de saisir l'opportunité de côtoyer les individus susceptibles de leur accorder des bénéfices ou possèdant des atouts convoités. Afin d'étudier ces relations complexes, on a enseigné à des femelles macaques à longue queue subalternes à se servir d'un distributeur automatique de pop-corn, tandis que celles de plus haut rang étaient tenues dans l'ignorance de cette manipulation. On a constaté alors que les femelles « élèves » se voyaient offrir davantage de séances d'épouillage qu'auparavant. Les autres femelles reconnaissaient que ces subalternes avaient des dons spéciaux, et elles se servaient du toilettage afin de pouvoir être à leurs côtés lorsqu'elles ouvraient le distributeur de pop-corn. Chez certaines espèces, les femelles épouillent également davantage les jeunes mères, dans l'espoir de pouponner un peu leurs petits.

Étant donné la haute valeur sociale attribuée au toilettage, le choix judicieux des partenaires représente la manière la plus efficace de réaliser ses désirs. Pourtant, chez certaines espèces, comme les capucins et les macaques à bonnet, ce sont les femelles de bas rang hiérarchique qui bénéficient le plus du toilettage des autres. Les raisons de ce comportement social ne sont pas connues. Il se pourrait qu'en agissant de la sorte, les femelles dominantes assurent les autres de leurs intentions non agressives. Les animaux subalternes étant ceux qui éprouvent le plus ce besoin de réconfort, les femelles dominantes consacrent plus de temps à les épouiller.

Les liens créés par le toilettage aident les femelles à supporter les tensions et les

Le toilettage permet d'atteindre la relaxation suprême...

TOILETTAGE ET ENDORPHINES

Le toilettage libère dans le cerveau des endorphines, des substances de structure très semblable à celle de l'opium et qui semblent avoir des effets similaires : les singes sont littéralement enivrés. Chez l'homme, les endorphines sont produites lors de certaines situations de stress afin de réduire la douleur ; on pense d'ailleurs qu'elles sont responsables de ce que l'on appelle l'« ivresse du joggeur », qui rend certains sportifs dépendants de l'effort physique. En tirant les poils de la fourrure, l'épouillage semble produire une douleur modérée qui déclenche la libération d'endorphines. Les animaux sont manifestement détendus, parfois au point qu'ils tombent de sommeil, oubliant tout de leur entourage. Le toilettage se pratique généralement entre animaux d'ordinaire amicaux entre eux, car une telle relaxation demande une totale confiance envers le partenaire. Tous les singes sont des compulsifs du toilettage (on pourrait même aller jusqu'à avancer que c'est pour eux une drogue), ce qui explique bien pourquoi cet acte est parfois utilisé comme monnaie d'échange. Il intervient dans la majeure partie des stratagèmes dont usent les singes, et certaines espèces y consacrent jusqu'à 20 % de leur temps.

> Les singes usent de l'épouillage comme d'une monnaie pour s'octroyer des faveurs ou accéder à la nourriture.

contraintes de la vie en groupe, elles déploient de gros efforts pour faire passer cette activité avant les autres impératifs de leur vie quotidienne. Ainsi, quand la nourriture devient rare et qu'elles doivent consacrer davantage de temps à la rechercher, les femelles babouins sacrifient leurs périodes de repos à ces obligations d'épouillage. Ce n'est que lorsqu'elles ne disposent plus que du strict minimum de repos qu'elles réduisent le temps consacré aux séances de toilettage. La « réconciliation » reflète aussi la valeur de l'acte de l'épouillage (qui dérive peut-être du besoin de garantir la paix au sein d'un grand groupe). Peu après une rixe, il n'est pas rare de voir les deux antagonistes adopter une attitude amicale. On explique généralement ce comportement par la valeur sociale du toilettage et par le fait que les femelles n'ont aucun intérêt à perdre un partenaire apprécié pour une simple bagarre. On a cependant suggéré récemment qu'en agissant de la sorte, chaque adversaire signale à l'autre qu'il a cessé son agression. Chez certaines espèces, ce sont des comportements habituels, comme le toilettage, qui signalent la fin de la lutte, tandis que d'autre espèces usent de signaux plus spécifiques. Chez les macaques bruns, par exemple, l'un des combattants touche le postérieur de l'autre d'une façon bien particulière en signe de réconciliation.

La taille des groupes

La concurrence pour la nourriture agit non seulement sur les relations sociales au sein d'un groupe, mais aussi sur le nombre d'individus qui le constituent. Lorsqu'un groupe s'agrandit, les animaux doivent occuper une zone de plus en plus étendue pour que chacun continue à manger à sa faim, et les prises de bec se font plus fréquentes.

Une femelle singe-écureuil appelant ses congénères.

CONTACTS VOCAUX

Chez les singes-écureuils des forêts d'Amérique du Sud, les femelles savent combien il est important de garder le contact, ce qui en fait l'une des espèces les plus bruyantes. Lorsque ces singes se déplacent, leur fréquence d'appel dépend de la distance entre les femelles : plus elles sont éloignées les unes des autres (et plus il leur est donc difficile de se voir), plus elles s'appellent en émettant des « pépiements » aigus. Lorsqu'une femelle n'aperçoit plus le reste de la troupe, elle se met à pousser ces petits cris, jusqu'à ce que les membres de son groupe lui répondent sur le même ton, guidant l'esseulée vers eux. Les femelles émettent aussi une sorte de « gazouillement » spécifique, qui signale le départ de la troupe. Enfin, elles utilisent un « gloussement », qui n'est pas associé aux déplacements dans la forêt, mais aide à entretenir les relations sociales au sein du groupe. Les femelles échangent ces gloussements avec leurs proches, et ce d'autant plus souvent qu'elles perdent le contact visuel. Ces signaux constituent alors un véritable appel de détresse, que les singes, angoissés dès qu'ils se trouvent isolés, lancent jusqu'au moment où ils retrouvent leurs acolytes.

1
1. Toilettage entre macaques rhésus. Si le temps consacré à l'épouillage vient à manquer, le groupe se scinde en plusieurs clans.

Quand les rivalités deviennent intolérables, le groupe se scinde en deux. Mais chacun de ces nouveaux groupes doit être suffisamment important pour assurer la protection des animaux contre les prédateurs, et ce fractionnement ne s'opère parfois que des années plus tard.

L'épouillage a sa part de responsabilité dans la séparation car ce sont les liens qu'il permet d'établir qui assurent l'unité du groupe. C'est pour cela qu'on le désigne souvent sous les termes de « ciment social ». Dans le cas d'un groupe restreint, la nourriture est plus facile d'accès et les animaux peuvent exercer leurs talents de toiletteur sur qui ils le désirent. Mais quand le groupe s'élargit, maintenir ces relations devient plus difficile, d'autant que les animaux consacrent davantage de temps à rechercher leur pitance. Les grands groupes tendent donc à se diviser en clans. Les individus d'un même clan s'épouillent alors mutuellement, mais n'ont que peu de relations avec les membres des autres clans. Au fil du temps, les clans ont des rapports plus distants. Ils se déplacent séparément, mais se regroupent encore la nuit tombée, pour, finalement, devenir indépendants les uns des autres.

La taille du cerveau

Le nombre d'individus au sein d'un groupe est en outre déterminé par la taille de leur cerveau. Tout au long de l'évolution, le cerveau s'est développé, et en particulier une structure baptisée « néocortex », sa zone « pensante ». Le néocortex forme une partie du cortex cérébral et compose la « matière grise ». Il consiste en une fine couche cellulaire qui recouvre les deux hémisphères cérébraux. Le néocortex, et par conséquent le cerveau, des singes qui vivent dans des groupes étendus a tendance à être plus développé. Il semble qu'un grand néocortex aide les animaux à ne pas perdre de vue leurs nombreuses relations avec les membres du groupe. La vie en communauté requiert nombre de connaissances : chaque individu doit savoir qui fait quoi et à qui, tout en connaissant leur place au sein de toutes ces actions. Savoir exactement à qui proposer ses services de toilettage, et à quel moment, peut leur faciliter grandement l'existence et leur éviter les pires conséquences de la rivalité. Plus un groupe est vaste, plus les relations entre individus sont nombreuses. La sélection naturelle favorise donc les animaux les plus intelligents qui sont capables de garder toutes ces informations en tête et d'agir en conséquence. Au cours de l'évolution, les singes qui vivaient dans de vastes groupes ont ainsi progressivement acquis un plus gros cerveau

3.3 LES JEUX DE L'AMOUR

Ce qui importe le plus dans une vie de singe est d'avoir une progéniture aussi nombreuse que possible et en bonne santé. Les mâles y parviennent en s'accouplant avec de nombreuses femelles, mais la concurrence est souvent très rude. Ils doivent alors faire preuve de diplomatie pour tirer leur épingle du jeu. Les femelles, en revanche, sont plus concernées par l'éducation des petits.

Comparés à leurs cousins prosimiens, les bébés singes se développent très lentement. Ils dépendent donc beaucoup plus longtemps de leur mère, qui leur apporte protection et nourriture. Alors qu'un jeune galago atteint la maturité sexuelle à l'âge de neuf mois, un bébé babouin ou atèle tète encore et commence tout juste à goûter aux aliments solides. Élever sa progéniture jusqu'à l'âge adulte demande beaucoup de temps et d'énergie aux femelles, qui ont parfois recours à l'aide d'autres animaux.

Les vervets mâles sont dotés d'organes génitaux haut en couleur, qu'ils n'hésitent pas à exhiber lors d'affrontements.

Un vervet mâle exhibe ses organes génitaux vivement colorés.

LES MÂLES ET L'ACCOUPLEMENT

La compétition entre mâles peut être intense chez les singes. Comme les femelles vivent entre elles, les mâles tentent alors de monopoliser un groupe entier. Ce n'est en revanche pas le cas chez les prosimiens (▷ p. 75) ; leurs périodes de reproduction étant très courtes et toutes les femelles fécondes en même temps, les mâles ne peuvent pas accaparer plusieurs femelles. Le cycle de reproduction est beaucoup plus flexible chez les singes, et toutes les femelles n'étant pas fécondes au même moment, les mâles n'ont qu'à garder un œil sur celles de leur troupe qui le sont. Même chez les espèces où il existe des périodes de reproduction spécifiques, comme les vervets et les macaques, celles-ci durent plusieurs mois, au lieu de quelques jours, voire quelques heures, chez les prosimiens.

Des reproducteurs saisonniers

Il n'est pas difficile à un mâle de garder un œil sur les femelles quand elles sont peu nombreuses. Cela devient en revanche plus compliqué quand le groupe s'agrandit. Chez les espèces à reproduction saisonnière, on assiste alors à l'insertion de mâles étrangers au groupe. Ce comportement est caractéristique des singes bleus, une espèce de la famille des cercopithèques, où l'on voit des mâles solitaires s'inviter au sein d'un groupe de femelles présidé par un seul mâle. N'ayant pas à rivaliser pour la nourriture, ces mâles semblent la plupart du temps s'accommoder de leur vie solitaire, évitant les prédateurs en se déplaçant aussi silencieusement que possible et en se cachant dans les arbres. Mais ils s'intègrent temporairement aux groupes lors de la saison des amours, à la recherche de conquêtes. Le mâle à la tête de la troupe de

REPÉRER LES DIFFÉRENCES

Chez nombre d'espèces de singes, mâles et femelles sont très différents. Les mâles sont souvent beaucoup plus corpulents (parfois deux fois plus) et dotés de canines plus impressionnantes. Le sexe peut aussi différer par la couleur ou la taille de la toison. Les épaules des babouins géladas mâles sont recouvertes d'une superbe « cape » de fourrure, tandis que le pelage des hurleurs noirs, très luisant, contraste avec celui plus terne des femelles. Certains singes exhibent des ornements peu communs : le nasique est pourvu d'un énorme nez tombant, tandis que le mandrill affiche un museau bleu et rouge assorti d'une barbe jaune, et pour compléter la tenue, un arrière-train dénudé à la peau bleue. Curieusement, les vervets mâles possèdent un pénis rouge et des testicules bleu clair, qu'ils exhibent devant les autres mâles en une posture justement qualifiée de « bleu-blanc-rouge ».

Ces différences entre mâles et femelles, liées à la rivalité entre mâles pour l'accouplement, sont appelées « dimorphisme ». Outre leur taille et leurs dents plus imposantes, l'évolution a doté les mâles de capes ou de crinières destinées à intimider leurs rivaux. En montrant une préférence pour les mâles arborant les couleurs les plus vives (comme chez les mandrills), ou dotés du plus gros nez (comme chez les nasiques), les femelles ne sont pas étrangères à l'évolution du dimorphisme.

femelles ne peut pas y faire grand chose, mais cela n'a guère d'importance, car les femelles refusent parfois les intrus. Dans d'autres cas, elles s'accouplent tour à tour avec « leur » mâle et ceux du dehors. Le principal bénéfice que semble tirer le mâle de la troupe à rester auprès de ses femelles, est qu'il peut assurer à sa progéniture une meilleure protection que les mâles solitaires. Il accroît ainsi les chances de survie de ses rejetons jusqu'à l'âge adulte, où ils procréeront à leur tour.

La rivalité entre mâles

Ce type d'intrusion ne se produit pas chez les singes qui n'ont pas de saison de reproduction particulière, comme les babouins, les mangabeys et certaines espèces de capucins. Le mâle à la tête d'un groupe restreint peut défendre toutes ses femelles contre les autres mâles, car il n'a, la plupart du temps, qu'une seule femelle féconde à surveiller. Les groupes étendus posent davantage de problèmes. Plusieurs femelles peuvent être fécondes en même temps, et garder l'œil sur toutes est plus ardu. D'autres mâles viennent alors tenter leur chance. Ils ont tendance à rester en permanence avec le groupe, car les périodes de reproduction des femelles sont assez imprévisibles. Ils laisseraient passer de nombreuses occasions de s'accoupler s'ils adoptaient la stratégie des singes bleus, qui restent solitaires la plupart du temps. Le résultat de tout cela est que les groupes à reproduction non saisonnière de plus d'une dizaine de femelles comptent toujours plus d'un mâle, mais les femelles y sont toujours environ deux fois plus nombreuses.

1. Entelles blottis sur le flanc d'une falaise. Ils vivent en petits groupes composés de quelques femelles et d'un seul mâle.

2

3

2. Accouplement de macaques du Japon. Le mâle tentera d'accaparer la femelle tant qu'elle sera féconde. Mais cela dépendra du nombre de rivaux et de la présence d'autres femelles fécondes dans le groupe.

3. Les hamadryas mâles forment leur harem en « kidnappant » les jeunes femelles à leurs mères. Si les femelles s'éloignent, elles sont punies d'un bon coup de dents dans le cou.

Chez les singes vivant en groupes, comme les babouins, les macaques du Japon et certains entelles, les mâles ont d'autres bonnes raisons d'œuvrer pour cette vie en communauté, à savoir qu'il est trop dangereux de vivre en solitaire. Le nombre de mâles au sein d'un groupe tend à augmenter avec celui des prédateurs. Il semble que les mâles fassent parfois passer la sécurité avant la reproduction.

La fidélité des femelles

Les mâles qui cohabitent au sein de groupes restreints s'affrontent pour s'octroyer les faveurs de toutes les femelles ; dans les troupes plus nombreuses, ils rivalisent seulement pour conquérir les femelles quand celles-ci deviennent fécondes. Dans le premier cas, ils se livrent à de spectaculaires combats et reçoivent d'effroyables blessures. Morsures et lacérations, os et dents cassés sont le lot inévitable de ces luttes pour l'accouplement.

Chez les babouins géladas, c'est plus le soutien des femelles que l'habileté dont font preuve les mâles au cours de ces batailles qui détermine celui qui obtient gain de cause. Les géladas vivent dans les montagnes d'Éthiopie et sont essentiellement herbivores. S'ils se rassemblent souvent en troupes comptant parfois jusqu'à 400 individus, celles-ci se subdivisent en groupes de cinq à six femelles adultes et leurs petits, dirigés par un seul mâle. Lorsqu'un tel groupe croît en nombre, le mâle est en proie à un problème d'égalité vis-à-vis de ses femelles : il ne peut plus assurer le toilettage de toutes, et les dominantes l'attirent à elles. Négligées, celles de bas rang hiérarchique se tournent alors vers les mâles étrangers à la troupe.

Il arrive qu'un de ces mâles marginaux, ou « suiveurs », entretienne des relations par le biais de l'épouillage avec une ou deux femelles délaissées et devienne membre permanent du groupe. Les suiveurs sont généralement des jeunes, pas de taille à rivaliser avec le dominant. Ainsi, le suiveur et ses femelles vivent paisiblement au sein du groupe, et peuvent même s'en séparer pour former leur propre groupe. Mais le mâle dominant peut aussi se voir défier par un autre mâle puissant, plus vieux. La fidélité des femelles joue alors un rôle crucial. Le nouveau prétendant ne peut en effet prendre le pouvoir que si les femelles sont décidées à l'accepter, et cela même s'il vainc le mâle dominant. Si ce dernier a des relations étroites avec ses femelles, il est plus ou moins assuré de leur loyauté et l'aspirant est débouté. S'il n'a pas maintenu le rite du toilettage avec toutes ses femelles, celles-ci peuvent se tourner vers le nouveau venu et le congédier. Il peut alors être contraint de quitter définitivement le groupe ; dans certains cas, toutefois, il devient à son tour un mâle suiveur, attaché à quelques femelles.

TURGESCENCES SEXUELLES

Les femelles d'un certain nombre d'espèces signalent qu'elles sont prêtes à l'accouplement par un gonflement de leur arrière-train. Ce « signal » peut être très discret, comme il peut se manifester de façon ostentatoire par une turgescence de couleur vive de toute la zone entourant les organes sexuels. Contrôlée par les hormones sexuelles, le volume de la turgescence augmente jusqu'au moment de l'ovulation, atteignant son maximum lorsqu'un ovule est libéré et que la femelle est au pic de fécondité. Si l'on n'en connaît pas encore très bien la raison, on pense que ce phénomène est lié au désir des femelles de convoler avec un « bon » mâle qui saura assurer la sécurité de leur progéniture.

1

Lutte pour les belles
L'une des raisons avancées pour expliquer ce phénomène est qu'en signalant ainsi leur fécondité, les femelles incitent les mâles au combat et font en sorte d'obtenir un bon père pour leur progéniture. En effet, seuls les plus puissants triomphent et peuvent s'accoupler. Les femelles tirent profit de cette tendance qu'ont les mâles à rivaliser férocement pour « trier le bon grain de l'ivraie » sans fournir trop d'effort par elles-mêmes. Cette stratégie semble très au point : dans les groupes multimâles, les mâles subalternes s'accouplent dès que se manifestent les gonflements caractéristiques, les dominants ne montrant à ce moment-là que peu d'intérêt. Mais à mesure que le pic de fertilité approche, ces derniers revendiquent leurs droits et monopolisent les femelles.

Qui est le père ?
En manifestant de façon aussi flagrante leur fertilité, les femelles diminuent en outre le risque d'infanticide. Si tous les mâles s'accouplent avec une femelle lorsqu'elle approche de son pic de fécondité, il leur est ensuite très difficile de savoir lequel d'entre eux est le père du petit. Un mâle ne se risquera donc pas à tuer un bébé pour que la mère soit plus vite prête à s'accoupler à nouveau, car il ne sera pas sûr de ne pas sacrifier sa propre progéniture.

Des fécondités inégales
On pense également que les turgescences des femelles reflètent leur qualité de génitrice et permettent aux mâles de repérer les meilleures partenaires. La couleur et la taille des tumescences indiquent peut-être le degré de fertilité de la femelle et ses chances de grossesse. Les femelles babouins très jeunes

sont par exemple beaucoup moins fertiles que les autres. Elles traversent une période dite « de stérilité d'adolescence », et leurs turgescences sont généralement nettement plus petites et plus foncées que celles des femelles matures. Les mâles adultes ignorent ces jeunes femelles, avec lesquelles les mâles juvéniles sont seuls à s'accoupler.

Autres signes

Toutes les femelles ne manifestent pas leur fertilité de cette façon. Chez les babouins géladas, par exemple, elles passent la majeure partie de leur temps assises à manger de l'herbe, de sorte que l'arrière-train n'est pas le meilleur emplacement pour un signal sexuel. À la place, la poitrine des femelles se couvre de petites vésicules remplies de fluide, qui gonflent et prennent une couleur rouge vif lorsqu'elles sont fécondes.

2

1. Les babouins mâles établissent des « liens maritaux » avec des femelles fécondes, dont ils se réservent l'exclusivité. Afin de les garder à proximité, ils se consacrent à leur toilettage.

2. Chaque mois, des vésicules, ou ampoules, gonflent sur la poitrine des géladas femelles pour signaler leur fécondité. Leur postérieur porte aussi des vésicules, mais comme elles sont très souvent assises, celles de la poitrine sont le signal le plus visible, et donc le plus important.

VOIR AUSSI

2.2 Des odeurs et des sons
p. 68 Les phéromone

2.3 Des femelles responsables
p. 76 Relations préférentielles
p. 81 Infanticides lémuriens

3.3 Les jeux de l'amour
p. 134 Les jeux de l'amour

3.5 Portraits de familles : les singes
p. 170 Babouins
p. 171 Géladas

4.2 La vie en société éclatée
p. 194 Des raisons d'être fidèle
p. 196 Sexe et société

1

2

Une amitié particulière

Les babouins anubis mâles usent de tactiques analogues à celles des « suiveurs » géladas pour s'attirer les bonnes grâces des membres d'un groupe. Dès qu'ils ont atteint la maturité sexuelle, ils quittent leur troupe maternelle pour une nouvelle, une pratique qui, pense-t-on, évite les risques de consanguinité. Ces nouveaux venus ne sont certes pas à leur avantage : ils ne connaissent personne, et les autres animaux se montrent méfiants. Aussi leur faut-il user de tous leurs talents sociaux pour se faire accepter. Restant dans un premier temps en périphérie du groupe, le nouveau venu fait des avances amicales à l'une des femelles, qui évoluent peu à peu vers une relation déclarée. L'amenant à côtoyer les autres femelles, cette amitié particulière finit par le faire accepter comme membre à part entière du groupe. Il arrive même qu'il puisse s'accoupler avec certaines d'entre elles, qui préfèrent parfois les nouveaux arrivants. Plus un singe est fin diplomate, plus son intégration s'effectue dans la douceur. S'il se montre trop agressif, les femelles n'en voudront comme partenaire ni pour le toilettage, ni pour l'accouplement. L'agression peut être une bonne tactique dans les rivalités entre mâles, mais elle ne mène à rien si les femelles les refusent. Pour un mâle, le succès dans les jeux de l'amour repose donc sur un mélange de force et de subtil doigté relationnel.

1. Tous les petits babouins sont attirés par les mâles adultes ; ils les suivent et se nourrissent de leurs restes.

2. Les géladas mâles doivent s'assurer la « fidélité » de leurs femelles. Celle-ci leur est essentielle s'ils ne veulent pas être détrônés au profit d'un autre mâle.

LES MÈRES SINGES

L'accouplement n'est que la moitié de l'histoire. S'il reste la préoccupation première des mâles, celle des femelles est l'éducation des petits. Les bébés singes sont assez bien développés à la naissance : leurs yeux sont ouverts et ils sont capables de se cramponner fermement à la fourrure de leur mère. Ils n'en restent pas moins totalement dépendants d'elle pour la nourriture et manquent cruellement de coordination et de vigueur durant le premier mois.
Les petits sont encore loin d'être autonomes lorsqu'ils commencent à explorer les alentours et à se nourrir eux-mêmes.
Ils ne sortiront des « jupes » de leurs mères qu'entre 12 et 18 mois (alors que les prosimiens sont déjà parents à cet âge-là).
Leur éducation est donc un emploi à plein temps pour les mères, qui, comme toutes les femmes mères qui travaillent, doivent jongler entre les tâches de la vie quotidienne et les besoins de leurs rejetons.

Le prix de la maternité

Ne stockant guère de graisse, les mères doivent manger davantage pour produire le lait destiné à leurs petits. Mais le temps manque pour trouver suffisamment de nourriture. D'autant que les singes manifestent une grande curiosité pour les nouveau-nés et assaillent les jeunes mères pour s'en occuper ou jouer avec eux. Outre les attentions dirigées vers le nouveau-né, ils proposent beaucoup plus fréquemment leurs services de toilettage aux mères elles-mêmes. Les babouins chacma femelles utilisent cette monnaie d'échange pour approcher le petit, les mères étant souvent réticentes à l'idée de laisser manipuler leur progéniture par d'autres. Malheureusement, toutes ces bonnes intentions arrivent à un moment où les

Juste avant la saison des amours, les singes-écureuils mâles prennent beaucoup de poids, se préparant pour l'épuisante période de concurrence pour l'accouplement.

3

4

3. Une femelle douc avec son petit. Les femelles confient sans scrupule leur progéniture à d'autres femelles. Elles économisent ainsi de l'énergie, en particulier pour produire leur lait.

4. Des femelles babouins anubis inspectent un nouveau-né. Les naissances suscitent un vif intérêt chez tous les singes du groupe.

besoins en nourriture de la mère sont plus importants. Du fait de ces interruptions constantes, elles ne s'alimentent plus suffisamment et perdent du poids. Elles se reposent donc aussi souvent que possible afin de conserver leurs précieuses calories.

Tantes et baby-sitters

Au contraire des babouins, certains singes n'ont aucun scrupule à confier leur progéniture à d'autres. Ainsi, chez les vervets, les colobes et de nombreux langurs d'Asie, les petits sont la majeure partie du temps sous la surveillance d'autres femelles que leurs mères. On appelle cette pratique le maternage. Les jeunes femelles peuvent ainsi acquérir l'expérience qui fera d'elles de bonnes mères le moment venu. Les mères semblent tirer profit de ce « baby-sitting », car il leur permet d'économiser l'énergie qu'elles dépenseraient à porter les petits ; c'est probablement ce qui explique que leurs grossesses sont moins espacées que chez les espèces où cette pratique n'a pas cours.

Les champions en matière de délégation de responsabilités maternelles sont très certainement les ouistitis et les tamarins d'Amérique centrale et d'Amérique du Sud. La femelle donne naissance à des jumeaux, dont le poids combiné peut atteindre le quart de son propre poids. C'est une charge d'autant plus lourde pour elle que presque toute son énergie passe dans l'allaitement. Elle délègue donc le soin de porter les petits à d'autres membres du groupe, en particulier le père. Les petits passent la majeure partie de leur

1. Dès l'âge de 2 ou 3 mois, les petits babouins commencent à s'éloigner de leur mère pour explorer le monde.

2

3

2. Les petits babouins passent leurs premières semaines cramponnés à la poitrine de leur mère. À 4 ou 5 mois, ils grimpent sur son dos, où la vue est bien meilleure.

3. Les femelles dominantes enlèvent souvent par la force leurs petits aux mères. Celles-ci n'ont plus qu'à attendre qu'elles se lassent et les leur renvoient, si tout va bien, sains et saufs.

Les nasiques naissent avec la face bleu vif, mais la couleur s'estompe en quelques mois.

temps avec leur père ou un autre « baby-sitter », qui ne les rend à leur mère que pour la tétée. Le baby-sitting reste généralement une affaire de famille et, outre le père, ce sont souvent les frères et sœurs aînés qui s'occupent des petits. On a cependant vu des mâles étrangers à la famille s'y consacrer. En effet, sacrifier leur temps et leur énergie aux petits représente parfois le prix à payer pour rester au sein du groupe ; cela peut aussi augmenter leurs chances de s'attirer plus tard les faveurs de la mère et de devenir père à leur tour.

L'éducation de la progéniture exigeant les efforts de chacun, la femelle ouistiti dominante annihile les facultés de reproduction des autres femelles, monopolisant ainsi le groupe pour ses seuls jumeaux. Pour ce faire, elle répand des phéromones, produites par les glandes odorantes génitales, sur le tronc et les branches des arbres, voire sur les femelles subalternes elles-mêmes (▷ p. 68). Ces substances perturbent la production des hormones de reproduction chez ces dernières, les rendant stériles. Elles n'ont alors guère d'autre choix que de s'occuper des petits de la dominante. Toutes les femelles du groupe étant apparentées, elles ont en outre une sorte d'intérêt familial à élever correctement ces petits frères, sœurs, neveux ou nièces, plutôt qu'à les repousser.

Dégager la voie

Chez les singes, comme chez les prosimiens, les petits sont souvent éliminés par des mâles pressés d'entamer leur carrière de reproducteur (▷ p. 81). Le cas se produit chez de nombreuses espèces, dont les babouins, les singes bleus, les singes de Brazza et les singes hurleurs. Mais les entelles d'Inde sont les pires

1. Les femelles tamarins donnent naissance à des jumeaux. La mère se décharge en laissant le père les porter. Il ne les lui rend que pour qu'elle puisse les allaiter.

CAPRICES DE SINGES

Les mouvements d'humeur sont monnaie courante chez les bébés singes. Dans certains cas, ces « caprices » se produisent quand la femelle refuse d'allaiter sa progéniture et l'encourage à se nourrir d'elle-même. Mais il arrive que ces accès de colère soient davantage liés au moment où le petit n'est autorisé à téter que la quantité de lait à laquelle il a droit. Au cours des premiers mois, les nouveau-nés se cramponnent fermement à la poitrine de leur mère et tètent presque continuellement. Comme ils sont très petits et peu remuants, la femelle peut vaquer à ses occupations sans s'interrompre. Mais à mesure qu'ils grandissent et deviennent plus actifs, les porter devient une entrave. La mère doit les pousser pour pouvoir se nourrir, ce qui la ralentit. Or, il lui faut manger beaucoup pour continuer à allaiter et conserver son énergie. Si le petit se met en travers de son chemin lorsqu'elle se nourrit, elle le repousse et lui refuse le sein. Dans un premier temps, le petit ne comprend pas ce qui lui arrive et proteste contre un tel traitement en se mettant en colère. Au bout de quelques jours, fort heureusement, il comprend que sa mère ne le rejette pas, mais lui apprend tout simplement à ne téter que lorsqu'elle se repose ou qu'elle toilette un autre singe.

infanticides. Selon la région d'Inde où ils vivent, ils forment des groupes unimâles ou multimâles. Là où le mode de vie unimâle prédomine, les combats de prise de contrôle sont monnaie courante et le mâle dominant change fréquemment. Il ne reste guère plus d'une année à la tête d'un groupe, ce qui explique les infanticides, perpétrés dans l'optique de rendre à nouveau fertiles les femelles en stoppant leur production de lait.

Les jeunes mères sont en effet infertiles du fait de l'allaitement, qui inhibe la production des hormones responsables de l'ovulation. Ce phénomène cesse lorsque le petit est sevré, et la mère peut à nouveau être enceinte. Dans le cours normal des choses, cela peut prendre de 18 à 24 mois, une période bien trop longue pour un mâle qui ne restera pas à la tête du groupe plus d'une année. La seule façon pour lui d'accroître ses chances d'engendrer sa propre progéniture est de tuer tous les petits issus d'autres mâles présents au moment de sa prise de pouvoir, de façon à accélérer le retour de couches des mères.
Mais les femelles ne voient pas cela du même œil, et elles s'associent volontiers, formant de vastes coalitions pour tenter de protéger leurs vulnérables rejetons. Elles parviennent généralement à maintenir les mâles agressifs à distance durant quelques semaines, mais ceux-ci se montrent très persévérants. L'enjeu est tout simplement beaucoup trop élevé pour qu'ils acceptent de laisser vivre la progéniture d'autres mâles. Malgré tous les soins de leurs mères, les petits succombent massivement, ne laissant d'autre choix aux femelles que de s'accoupler avec le mâle dominant du groupe, ce qui leur permettra d'avoir d'autres bébés et de compenser une partie des pertes.

2

2. Les infanticides sont très fréquents chez les entelles. Ils se produisent généralement lorsqu'un nouveau mâle prend la tête d'un groupe de femelles.

Le petit langur argenté est plus pâle que sa mère.

DES BÉBÉS COLORÉS

Les singes naissent souvent avec la face glabre, et leur fourrure est d'une tout autre couleur que celle des adultes. Ces « manteaux de naissance », très variables d'une espèce à l'autre, persistent entre neuf et douze mois. Alors que les babouins naissent pourvus d'un pelage couleur jais, d'une face et d'oreilles rose vif, les bébés langurs obscurs (ou semnopithèques obscurs) arborent une « tenue » abricot qui contraste avec la fourrure brune de leur mère. Blancs avec une bande noire le long du dos, les bébés semnopithèques de Sumatra se remarquent à côté de la fourrure orange des adultes. Également blanc à la naissance, le pelage des petits macaques bruns évolue progressivement vers le marron foncé.

On ignore encore les raisons exactes de ces différences. Il est possible que ces « manteaux de naissance » déclenchent des sentiments protecteurs chez les adultes, qui usent dès lors de douceur avec les nouveau-nés. Cela expliquerait pourquoi on observe les différences les plus marquées chez les langurs d'Asie, où toutes les femelles s'empressent auprès du nouveau-né dès les premiers instants de sa vie.

Pages suivantes : des femelles entelles s'épouillent mutuellement, leur progéniture à leurs côtés. Bien qu'elles s'unissent souvent pour protéger leurs petits contre les infanticides des mâles, ceux-ci parviennent la plupart du temps à leurs fins.

3.4 UNE INTELLIGENCE UNIQUE

Leurs mouvements rapides, leurs expressions malignes et leur nature curieuse suggèrent la grande intelligence des singes. S'il est vrai qu'ils possèdent un cerveau plus grand que la plupart des autres mammifères, leur intelligence n'est pas polyvalente pour autant. Leur cerveau s'est développé dans le but de faire face aux défis inhérents à la vie en groupe. C'est ainsi que les singes sont devenus experts dans l'art de résoudre les problèmes liés à la vie sociale, tels que se faire des amis et éviter ses ennemis.

La vie en société requiert de l'intelligence du fait de son caractère dynamique et changeant. Les individus doivent prendre des décisions rapides en fonction de l'attitude des autres membres du groupe, qui peut changer de manière imprévisible. La vivacité d'esprit s'impose pour s'adapter à ces changements constants et, plus encore, pour « rester en tête du peloton ». Les singes doivent être vigilants et astucieux à tout moment.

SAVOIR QUI EST QUI

Se débrouiller au sein d'un groupe de singes dépend plus de la connaissance des autres individus que du savoir. Les groupes changent constamment, à mesure que les singes vont et viennent, montent et descendent dans l'échelle hiérarchique. Il est extrêmement important de se tenir au courant du rang social de chacun – les singes que l'on peut toiletter ou combattre pouvant changer d'un jour à l'autre en fonction de l'actualité sociale. Un singe consacre donc beaucoup de temps à prévoir ce qu'il doit faire, quand et avec qui. Dominer la question demande un cerveau bien développé pour savoir qui est qui et déterminer sa position par rapport aux autres.

Reconnaître le rang social

La principale différence entre les singes et les autres mammifères, y compris les prosimiens, réside dans leur capacité à reconnaître les relations de domination entre les autres individus, indépendamment d'eux-mêmes. En effet, si de nombreux mammifères savent distinguer les membres d'un rang supérieur ou inférieur au leur, seuls les singes (et les grands singes) sont capables d'appréhender la hiérarchie entre les autres individus et les implications de telles relations.

Les scientifiques ont mis ce phénomène en évidence chez les babouins en enregistrant les appels de certains d'entre eux et en les faisant entendre à d'autres membres du groupe. Les femelles manifestaient davantage d'attention aux haut-parleurs quand le signal leur paraissait peu plausible (par exemple, une femelle de rang élevé émettant un grognement de soumission à une autre de rang inférieur) que lorsqu'il était vraisemblable (la femelle subalterne se soumettant à la dominante). Ce qu'elles entendaient semblait les rendre perplexes, ce qui suggérait qu'elles reconnaissaient les individus concernés et comprenaient les relations entre eux.

Les macaques mâles mettent à profit leur connaissance des positions hiérarchiques pour former des coalitions. Au cours d'un combat, un mâle a souvent besoin de l'aide d'un tiers pour venir à bout de son rival. Le mâle sollicité est de préférence d'un rang supérieur à la fois à lui-même et à son adversaire, ce qui augmente les chances de victoire. Cela prouve que les macaques connaissent non seulement leur propre rang par rapport aux autres, mais également la position sociale relative à tous les membres entre eux.

Les macaques à bonnet femelles se montrent tout aussi rusées. Lorsque deux femelles se toilettent mutuellement, une dominante peut venir les séparer pour se faire épouiller par l'une d'entre elles. C'est généralement la femelle la plus subalterne qui s'éclipse, mais

1. Avec la démarche arrogante d'un mâle de haut rang, un macaque du Japon se dirige vers un touriste dans l'intention de fouiller ses poches pour y chercher des cacahuètes. Tous les regards sont tournés vers lui ; méfiants, les animaux qui se tiennent sur son chemin sont prêts à déguerpir.

1 1. Les macaques à longue queue reconnaissent les liens qui unissent une mère à ses petits, même quand ceux-ci ont atteint l'âge adulte et ne passent plus toutes leurs journées avec elle.

il arrive que ce soit sa partenaire qui laisse le champ libre. C'est le cas lorsque la femelle de bas rang fait preuve de plus d'attraits sociaux, c'est-à-dire lorsqu'elle consacre volontiers son temps à toiletter les autres et entretient des relations amicales avec beaucoup d'autres femelles. Chaque femelle doit donc être en mesure de reconnaître les relations hiérarchiques entre individus autant que le degré de sociabilité de chacun. En se fondant sur ces deux types de relations sociales, elles peuvent deviner en toute occasion quelle partenaire de toilettage une femelle est susceptible de préférer.

Reconnaître les liens sociaux

Les singes n'appréhendent pas uniquement les relations fondées sur le rang ou l'attrait social ; ils sont également capables de reconnaître, au sein de leur groupe, celles qui unissent les mères à leur progéniture. Une expérience menée sur des macaques à longue queue consistait à montrer à des femelles des photographies de mères appartenant à leur groupe aux côtés de leurs petits, au milieu de photographies d'autres mères et d'autres petits également familiers mais extérieurs à leur famille. On a constaté qu'elles étaient capables de reconnaître et d'associer les mères et leurs petits, même quand ces derniers avaient atteint l'âge adulte. Ainsi, comme les humains, les macaques à longue queue gardent en mémoire les liens qui unissent une mère à ses petits une fois ceux-ci devenus adultes. Bien évidemment, cela ne signifie pas que leur conception des liens mère-enfants est identique à celle des humains. Elle ne peut

FAITES VOS COMPTES

Les singes ne sont pas seulement doués pour apprécier les situations sociales : une expérience à révélé qu'ils semblent également adeptes de l'arithmétique. L'expérience consistait à montrer à des macaques rhésus une aubergine placée sur la scène d'un théâtre miniature. L'aubergine était ensuite cachée derrière un rideau, et soit la scène restait telle quelle, soit on posait une seconde aubergine à côté de la première. Une fois le rideau tiré, les singes observaient plus longuement la scène quand une seconde aubergine avait été ajoutée. Cette réaction suggérait clairement qu'ils avaient une certaine appréhension des nombres – ils étaient surpris de voir deux aubergines là il aurait dû n'y en avoir qu'une. Pour vérifier s'ils faisaient réellement la différence entre les nombres un et deux ou simplement la différence dans la quantité globale, l'expérience fut modifiée : l'aubergine était soit retirée, soit remplacée par une autre deux fois plus grosse. Les singes ne regardaient pas la grosse aubergine plus longtemps que la première. Ils semblaient ne pas s'apercevoir de la substitution, le nombre d'objet étant resté identique. En d'autres termes, il apparaît que les singes sont capables de percevoir le nombre d'objets – même si d'autres expériences suggèrent que la limite de leur perception se situe au nombre trois.

d'ailleurs pas être identique, car nos relations sont fondées sur le langage verbal. Néanmoins, la représentation non verbale que se font les macaques des liens mère-petits semble correspondre d'assez près à la nôtre.

Les vervets semblent être doués de la même aptitude. Quand on fit entendre les cris d'un jeune à sa mère et à d'autres femelles, la mère, comme on pouvait s'y attendre, dirigea son regard vers le haut-parleur. Mais on fut plus surpris de constater que les autres femelles observaient plutôt la mère elle-même, ce qui suggère qu'elles identifiaient à la fois le petit et sa relation avec la femelle assise à côté d'elles.

2. Les femelles hamadryas réservent leurs attentions au mâle du harem. Les autres mâles « respectent » cette relation et ne tentent pas d'intervenir.

Respecter les liens

On a observé chez les babouins hamadryas des relations subtiles entre mâles et femelles. Ces babouins vivent en groupes polygames et les femelles consacrent de longues périodes à épouiller l'unique mâle de leur troupe. Les autres mâles reconnaissent et « respectent » ces relations : même s'il en a l'opportunité, un mâle ne tentera pas sa chance auprès d'une femelle s'il la voit épouiller un autre mâle et entretenir une relation amicale avec lui. Néanmoins, si le couple ne témoigne pas d'une réelle sympathie mutuelle, il tentera de s'imposer et saisira la première occasion pour offrir ses services de toilettage à la femelle.

Les babouins des savanes ne font pas tant de fioritures. Ils font au contraire tout leur possible pour briser les liens du couple dans l'espoir de s'octroyer la femelle. Les mâles vont jusqu'à unir leur force pour arriver à leurs fins. Ce type complexe de manœuvre pour se débarrasser d'un rival ne s'observe que chez les espèces au cerveau plus développé, comme les babouins et les macaques. Chez la plupart des autres espèces, les mâles s'en remettent essentiellement à la force.

Au cours des rixes, les vervets tournent souvent leur agressivité vers un tiers étranger à la querelle.

RELATIONS TRIPARTIES

L'aptitude à discerner les divers types de relations qui unissent les membres d'un groupe différencie les singes des autres mammifères. Elle les aide non seulement à établir des liens harmonieux au sein de leur propre groupe, mais aussi à mettre en déroute leurs ennemis. De nombreuses espèces font ainsi appel à leur connaissance des relations sociales pour s'en prendre aux adversaires qu'ils ne peuvent attaquer directement. Au lieu de défier un rival, elles canalisent leur agression sur un tiers innocent. Les macaques rhésus, les babouins et les vervets, par exemple, s'en prennent fréquemment aux proches parents ou aux amis de leurs rivaux. Cette querelle de famille va plus loin chez les vervets : une femelle peut en menacer une autre simplement parce que certains de leurs proches respectifs se sont querellés peu avant. On n'observe ce comportement que chez les singes de plus de trois ans, ce qui suppose que les jeunes n'ont pas encore assimilé qu'une revanche peut s'obtenir aussi bien directement qu'indirectement, en tirant parti des relations au sein du groupe.

3.4

PILLEURS ET COMMIS AGRICOLES

Les qualités de curiosité et d'intelligence qui ont conduit les singes à un tel degré de développement sont parfois sources de problèmes. En de nombreuses régions d'Asie, d'Afrique et d'Amérique du Sud, les singes sont devenus singulièrement nuisibles, dévastant les petites exploitations qui assurent la subsistance des agriculteurs, pillant les poubelles des réserves naturelles et allant jusqu'à entrer dans les maisons pour se servir dans les garde-manger. Les hommes ont malgré tout réussi à s'allier la coopération de certaines espèces, de sorte que chacun y trouve son compte.

2

1. Les macaques prospèrent dans les environnements urbains, où ils sont fréquemment si nombreux qu'ils en deviennent nuisibles.

2. Des petits macaques de Barbarie tentent de traverser une clôture. Ils sont souvent si bien récompensés dans leur recherche de nourriture humaine qu'ils y consacrent beaucoup de temps et d'efforts.

1

Restauration rapide

Des mesures pour exclure les primates des zones fréquentées par l'homme ont été prises en de nombreux endroits. Dans le parc national Kruger en Afrique du Sud, par exemple, les campements de touristes sont entourés de grandes clôtures électriques. Mais les gains potentiels sont si tentants que les babouins n'hésitent pas à risquer une décharge électrique pour plonger la main dans les paniers des pique-niqueurs. Cela apparaît très justifié quand on sait qu'une tranche de pain chipée dans le sac d'un touriste ou deux patates douces arrachées chez un agriculteur leur fournissent l'apport énergétique suffisant pour toute la journée, alors qu'il leur faudrait explorer les ressources naturelles durant de nombreuses heures pour récolter l'équivalent des calories apportées par une unique banane.

Les touristes eux-mêmes pourraient bien entendu concourir à réduire ce problème en stockant leur nourriture plus soigneusement et en s'assurant que portes et fenêtres sont bien fermées. Ils pourraient surtout résister à la tentation de nourrir les singes sauvages. Cette mauvaise habitude leur donne goût à la nourriture des hommes et les incite à voler dès qu'ils en ont l'occasion. Il est assez injuste de blâmer les singes de leurs larcins quand ce sont les hommes qui leur en donnent l'idée.

Pillage des cultures

Le pillage des cultures est une autre affaire. Les agriculteurs font tout leur possible pour décourager les singes de venir détruire ce qui assure leur subsistance. Mais les singes sont très intelligents et n'ont aucun mal à venir à bout des barrières et autres moyens de dissuasion censés les tenir à l'écart. Il n'y a souvent d'autre alternative que de les abattre. Les agriculteurs sont d'autant plus affectés

3

par la perte de leurs précieuses cultures que les singes sont particulièrement gaspilleurs. Même dans la nature, ils peuvent ne croquer qu'une ou deux fois dans un fruit avant de le jeter et de passer au suivant. Cependant, contrairement à une opinion largement répandue, les singes ne détruisent pas pour le plaisir ; ils ne font que reproduire leurs habitudes naturelles dans un environnement qui n'est pas le leur.

Coopération avec les humains

Certains hommes parviennent néanmoins à établir des rapports de bénéfice mutuel avec les singes. Dans plusieurs régions de Malaisie, par exemple, des gens ont appris aux macaques à récolter les noix de coco au sommet des palmiers puis à les jeter à terre. La récolte des fruits est alors plus rapide et plus efficace que si les hommes, beaucoup moins agiles, devaient faire tout le travail eux-mêmes.

Les capucins, une espèce très intelligente qui vit en Amérique du Sud, savent eux aussi se rendre utiles à l'homme. Ces petits singes agiles sont parfois éduqués pour assister les paralysés confinés dans un fauteuil roulant. Ils sont capables de rapporter des objets et même de « répondre » au téléphone en tendant le combiné à leur propriétaire.

3. Un macaque récolte des noix de coco pour un agriculteur. Bien qu'il soit éduqué et obéissant, il faut néanmoins l'enchaîner pour qu'il ne se sauve pas avec le butin.

4. Les babouins sont adeptes du pillage des cultures et des sites touristiques ; du fait de leur grande taille, les hommes ont souvent peur de les chasser.

4

VOIR AUSSI

1.3 Les primates aujourd'hui
p. 42 Des primates nuisibles
p. 44 Préservation contre conservation

3.5 Portraits de familles : les singes
p. 162 Capucins et sapajous
p. 168 Macaques rhésus
p. 170 Babouins

4.3 L'intelligence des grands singes
p. 198 Leur intelligence

LES LIMITES DE L'INTELLIGENCE

Bien que les singes aient un don pour appréhender les relations sociales et réagir au comportement de leurs semblables, ils arrivent loin derrière les hommes en matière d'aptitudes mentales. Au contraire des hommes, qui sont conscients de la possibilité d'influer sur les pensées et les actions d'autrui, les singes ne semblent pas réaliser que les autres individus sont doués de réflexion. Il leur manque une « théorie de la pensée » : les singes ne saisissent pas que les autres peuvent avoir une connaissance du monde qui diffère de la leur. En d'autres termes, cela signifie qu'ils sont incapables de « se mettre à la place » d'un autre. Les femelles vervets, par exemple, n'avertissent pas leur progéniture d'un danger quand elles sont elles-mêmes en sécurité, bien qu' elles peuvent voir la menace potentielle dont les petits n'ont pas conscience. Elles semblent incapables d'envisager une situation autre que la leur.

Voir et faire ?

De la même façon, les singes ne comprennent pas que voir, c'est connaître. Lors d'une

Les singes ne sont capables de compter que jusqu'à trois. Ils ne discernent aucune différence dans des objets en nombre supérieur.

Les babouins anubis mâles du Kenya chassent parfois de jeunes gazelles. La viande est rare, et chacun souhaite y goûter, mais les babouins n'étant pas partageurs, les autres singes doivent recourir à la ruse pour avoir leur part du festin.

RÉELLE DUPERIE ?

De nombreuses observations ont été interprétées comme la preuve que les singes font usage de leur cerveau évolué et de leurs grandes aptitudes sociales pour duper leurs congénères à leur avantage. Étudions l'anecdote suivante : une femelle babouin s'aperçoit que l'un des mâles adultes de son groupe a capturé une jeune gazelle. Ce mâle n'étant pas du genre partageur, elle s'avance furtivement vers lui et commence à le toiletter. Le mâle se détend peu à peu, jusqu'à s'endormir sous les caresses de la femelle, qui se saisit immédiatement de la carcasse et s'enfuit avec son butin.

Que se passe-t-il réellement ici ? On serait tenté, il est vrai, de conclure que la femelle épouillait le mâle dans le seul but qu'il se laisse aller à un sentiment de sécurité trompeur, afin de s'emparer de la viande. En réalité, son unique dessein était peut-être de s'approcher aussi près que possible de la carcasse, et le toilettage, son seul moyen d'obtenir que le mâle tolère sa présence près de lui. C'est fortuitement que celui-ci, en s'endormant, lui a offert une chance de s'emparer de la carcasse. Cette explication peut sembler quelque peu « décevante », mais quand il s'agit d'actions complexes comme la duperie (qui implique une intention et d'autres phénomènes mentaux que leur nature ne permet pas de concevoir), nous devons prendre garde de ne pas nous référer à nos propres systèmes de pensée. Dans la plupart des cas, une interprétation comme celle présentée ci-dessus, qui s'abstient d'attribuer une idée de tromperie aux singes, explique leur comportement de façon aussi plausible. La plupart des scientifiques s'accordent aujourd'hui à penser qu'il est peu probable que les singes cherchent à duper des membres de leur groupe.

1. (ci-contre)
Les babouins nouveau-nés font l'objet de beaucoup d'attention. Pour s'approcher du petit, les autres animaux toilettent la mère beaucoup plus que de coutume.

1

2

1. Les capucins en captivité peuvent être entraînés à manipuler des « outils ». Ils se montrent habiles, mais ne semblent pas comprendre comment ni pourquoi un outil fonctionne.

2. Les babouins chacma sont friands d'œufs, en particulier de gros œufs d'autruche. Malgré leur intelligence, ils ne paraissent pas comprendre comment les briser, et n'y parviennent que par accident.

expérience consistant à montrer un singe en captivité qu'on cachait de la nourriture dans une boîte parmi d'autres, en présence de son instructeur. Il ne comprenait pas que l'homme connaissait la cachette. Mis en présence de plusieurs personnes, il désignait aussi bien son instructeur qu'une autre personne pour ouvrir une des boîtes afin de trouver la nourriture.

Les singes ne se reconnaissent pas davantage dans un miroir, à la différence des hommes et des chimpanzés (▷ p. 200), ce qui prouve qu'une faculté mentale que nous tenons pour acquise leur fait défaut : la conscience de soi. Ils se comportent face au miroir comme lorsqu'ils sont face à un autre individu. Mais leur intelligence « relative » n'est peut-être pas la seule explication à ce comportement. Regarder un singe dans les yeux est une attitude menaçante, et c'est précisément ce qu'ils voient lorsqu'ils regardent un miroir. Leur incapacité à explorer le miroir, et les réflexions qui en découlent, tient peut-être à leur réticence à s'exposer à la menace de l'« autre » animal.

Si l'aptitude à manipuler les pensées des autres est chez nous une seconde nature, au point que nous n'imaginons pas ce que serait l'existence sans cette capacité, les singes semblent très bien s'en passer. En revanche, ils accordent une grande attention aux signaux sociaux émis par les autres singes en leur présence. Ces signaux les aident à prévoir les réactions probables de leurs semblables dans une situation donnée, sans réellement saisir le processus de pensées qui traverse l'esprit de leurs congénères. En d'autres termes, les singes ne sont pas de fins psychologues, mais ils sont savants en matière d'étude du comportement animal.

PENSER POUR SE NOURRIR

Si les singes mettent essentiellement à profit leur intelligence pour évoluer en société, certaines espèces utilisent leurs facultés mentales dans d'autres domaines. Parmi celles-ci, le capucin, le plus brillant de tous les singes du Nouveau Monde, est connu pour les techniques innovantes dont il use pour se nourrir. Dans la nature, les capucins cassent les noix en les jetant contre les troncs d'arbre, dévastent les nids des oiseaux et arrachent l'écorce du bois mort pour trouver des insectes. En captivité, ils ne mettent pas longtemps à utiliser une vaste gamme d'outils pour accéder à la nourriture pourtant astucieusement cachée par les gens qui les soignent.

Erreurs bêtes

En dépit de leur ingéniosité, les capucins ne sont pas aussi malins qu'ils le paraissent au premier abord. Au cours d'une expérience, on montra à un groupe de singes en captivité comment utiliser un bâton pour pousser de la nourriture hors d'un tube. Ils se révélèrent très doués, mais, quand on leur présenta d'autres outils destinés à résoudre le même problème, leur réaction montra qu'ils ne comprenaient pas vraiment ce qu'ils faisaient. Quand on leur donna un bout de ficelle, ils tentèrent de l'utiliser comme un bâton, ne semblant pas réaliser que l'outil devait être rigide pour faire office de poussoir. On leur fournit ensuite deux petits bouts de bois, qui devaient être insérés l'un derrière l'autre par la même extrémité du tube pour atteindre la nourriture. À nouveau, ils ne comprirent pas et s'évertuèrent à insérer un bout de bois à chaque extrémité. Ils finirent par trouver la solution accidentellement, mais furent incapables de renouveler l'exercice sans, au préalable, plusieurs tentatives infructueuses.

Les babouins chacma d'Afrique du Sud montrent un même comportement « stupide » lorsqu'ils tentent d'ouvrir un œuf d'autruche. Très friands de ces gourmandises, ils pillent les nids dès que l'occasion se présente. S'ils semblent savoir qu'ils doivent faire tomber l'œuf pour qu'il se casse, ils ne comprennent pas que l'œuf doit frapper quelque chose de dur. Assis dans le nid, ils peuvent ainsi lâcher et ressaisir l'œuf en vain durant une demi-heure, jusqu'à ce qu'il en cogne un autre et se brise enfin. Mais ils n'apprennent pas à refaire ce dernier geste, et répètent les mêmes séries de « lâchers » d'œuf à chaque fois jusqu'à ce qu'il se brise à son tour, par hasard.

Manœuvres rusées

Néanmoins, il arrive que d'autres espèces manifestent des éclairs de génie. On enseigna par exemple à des macaques du Japon comment extraire des morceaux de pommes d'un tube creux en y jetant des pierres pour la pousser. Ils assimilèrent rapidement la technique et inventèrent même leur propre procédé en introduisant des bouts de bois à l'intérieur du tube. Une femelle se distingua en découvrant une méthode encore plus ingénieuse. Elle cherchait son petit et le portait jusqu'au tube dans lequel elle le poussait sans ménagement. Dès qu'il se saisissait de la pomme, elle le sortait du tube et la lui prenait des mains. Plusieurs autres femelles adoptèrent cette astuce du « pousser-un-petit-dans-le-tube », mais elles avaient tendance à utiliser le premier petit venu. La première femelle était la seule à choisir préférentiellement le sien pour cette tâche.

Corvée de patates

Les macaques du Japon sont bien connus pour leurs grandes originalités dans la manière de traiter la nourriture. Le lavage des

3

3. Un capucin à face blanche. Les capucins sont les plus intelligents des singes d'Amérique du Sud. Ils parviennent à ouvrir les noix à la coque très dure qui résistent aux autres espèces.

patates est un exemple célèbre. Dans les années 1950, des chercheurs japonais donnaient des patates douces à un groupe de macaques sauvages pour les attirer par la ruse sur la plage, où leur observation était plus aisée. Une jeune femelle de dix-huit mois, baptisée Imo, alla un jour laver sa patate dans l'eau pour en enlever le sable avant de la manger. Ce comportement gagna bientôt les autres membres du groupe, et peu après, la plupart d'entre eux lavaient leurs patates. On pensa tout d'abord que les singes copiaient Imo et que le lavage des patates était devenu une sorte de comportement culturel (un peu comme l'usage de l'huile d'olive était devenu populaire chez les hommes). Pourtant, on s'aperçut vite qu'ils ne faisaient que la suivre. Une fois au bord de l'eau, c'est par accident qu'ils découvraient d'eux-mêmes les bienfaits du lavage des patates. Le fait que celles-ci soient moins graveleuses, et donc meilleures, suffisait à mimer le geste et à encourager les singes à le répéter.

Le lavage des patates douces ne devint vraiment populaire que chez les jeunes. Cinq ans après la première expérience d'Imo, 80 % des macaques entre deux et sept ans le pratiquaient, pour seulement deux des onze femelles adultes. Mais la situation évolua au fil des ans. En vieillissant, les laveurs de patates transmettaient la technique à leur progéniture, et l'habitude s'en répandit.

Il ne fait aucun doute qu'Imo était une jeune macaque très intelligente. À l'âge de quatre ans, elle mit au point une autre technique pour se faciliter la vie. Les chercheurs japonais avaient commencé à donner aux singes des grains de blé, mais les extirper du sable demandait un temps considérable à ces derniers. Un jour Imo prit une poignée de sable et de grains et la jeta dans un petit ruisseau qui courait sur la plage. Le sable, plus lourd que le blé, tomba au fond tandis que les grains flottaient : Imo n'eut plus qu'à les ramasser.

1

Cette technique, baptisée « extraction des graviers », n'eut jamais autant de succès que le lavage des patates douces. Cinq ans plus tard, seuls douze autres singes l'avaient adoptée. La méthode était sans doute plus difficile à assimiler, car elle nécessitait une compréhension plus complexe des relations entre les objets. Pour laver une patate, il suffit de la tenir et de la plonger dans l'eau ; même le singe le plus naïf est capable d'apprendre à le faire. L'extraction des graviers exige de l'animal qu'il « jette » sa nourriture avant de pouvoir la retrouver. La difficulté tient au fait que les animaux sont, à juste titre, réticents à l'idée de laisser la nourriture leur échapper une fois qu'ils sont parvenus à s'en emparer. Sans doute seuls les animaux les plus doués purent-il comprendre que se séparer momentanément de leur nourriture offrait à terme un bénéfice supérieur au fait de s'y cramponner résolument.

2

1. Le lavage des patates douces inventé par Imo fut bientôt adopté par d'autres macaques du Japon.

2. Ces derniers ont appris à laver les patates par essais successifs, plutôt qu'en copiant Imo.

3.5 PORTRAITS DE FAMILLES : LES SINGES

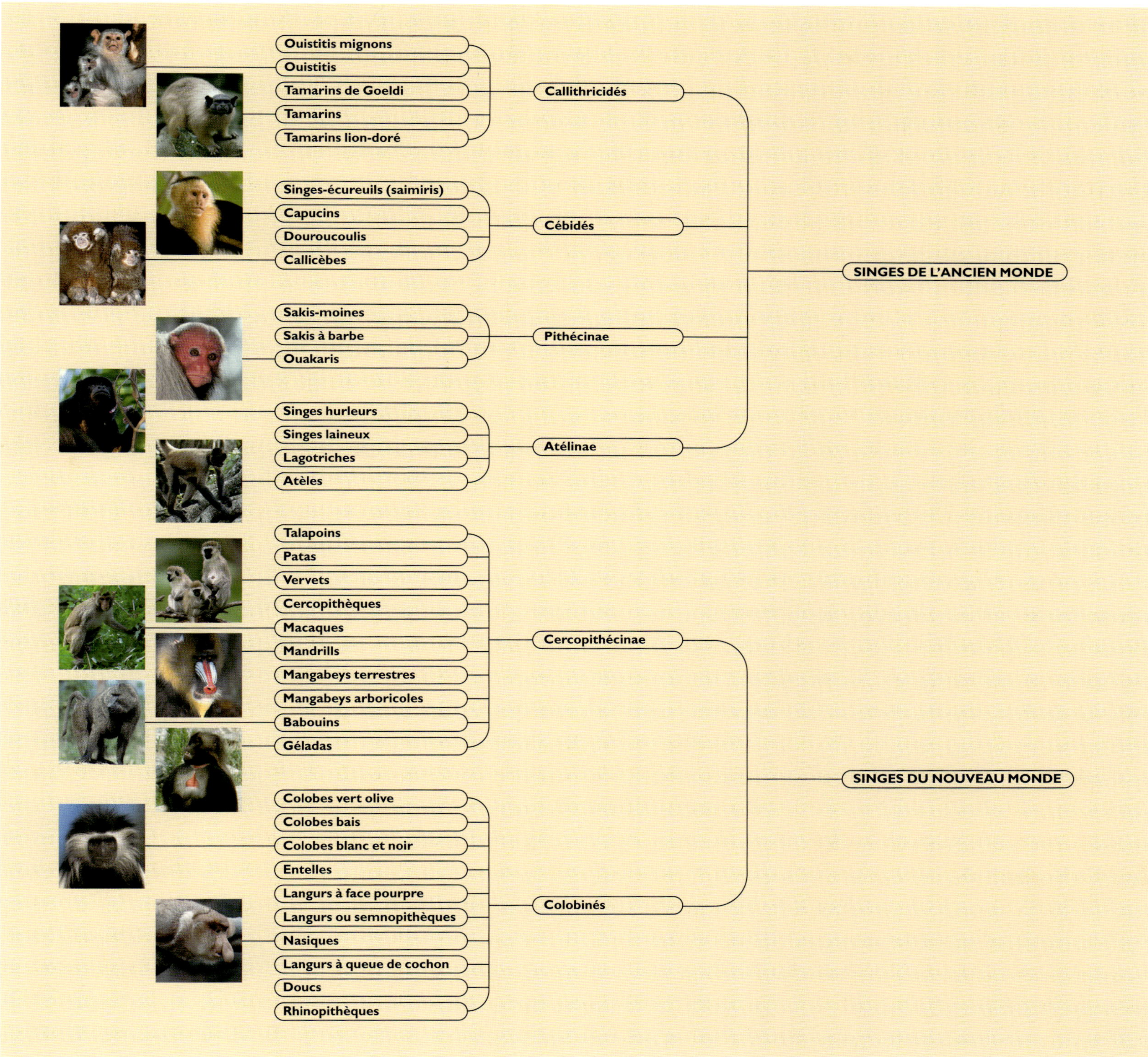

3.5

OUISTITIS

Les ouistitis sont les plus petits singes d'Amérique du Sud – avec ses 100 g, le ouistiti mignon est même le plus petit singe de la planète. Leur fourrure est généralement très colorée, et leurs mouvements et vocalisations leur donnent presque des allures d'oiseaux. Leurs larges incisives semblables à des ciseaux (comme celles des rongeurs) leur permettent de percer des trous dans l'écorce des arbres pour que la gomme, la sève et la résine dont ils se nourrissent s'en écoulent. À l'exception des gros orteils, ils sont dotés non pas d'ongles mais de griffes, grâce auxquelles ils peuvent se cramponner fermement aux troncs d'arbre.

À la différence de la plupart des autres espèces de singes, les mâles et les femelles montrent peu de différence de taille et de dimorphisme. Les ouistitis vivent en petits groupes familiaux et donnent naissance à des jumeaux, que le mâle porte la majeure partie du temps, ne les tendant à leur mère que pour la tétée.

Ouistiti argenté et ses petits. La femelle donne naissance à des jumeaux que le père porte une grande partie du temps, afin qu'elle consacre son énergie à la lactation.

FICHE SIGNALÉTIQUE

Répartition	Amérique du Sud (Brésil et Amazonie)
Espèces	Ouistiti argenté *(Callithrix argentata)* Ouistiti à camail *(Callithrix humeralifer)* Ouistiti à toupets blancs *(Callithrix jacchus)* Ouistiti oreillard *(Callithrix aurita)* Ouistiti à tête jaune *(Callithrix flaviceps)* Ouistiti de Geoffroy *(Callithrix geoffroyi)* Ouistiti à pinceaux noirs *(Callithrix penicillata)* Ouistiti mignon *(Cebuella pygmaea)* Tamarin de Goeldi *(Callimico goeldii)*
Poids moyen	Femelles : de 100 à 300 g Mâles : de 100 à 300 g
Mode de vie	Arboricole ; diurne
Type d'habitat	Forêts tropicales humides primaires et secondaires
Reproduction	Première portée entre 12 et 24 mois, puis tous les 6 mois ; deux petits par portée (un chez le tamarin de Goeldi)
Taille d'un groupe	De 2 à 13
Type de groupe	Familial, composé des parents et de leurs petits et incluant parfois quelques adultes qui « aident »
Durée de vie max.	12-13 ans
Statut	Plusieurs espèces menacées par une large destruction de leur habitat

VOIR AUSSI

Les modes de vie des singes 3.1
p. 105 Singes du Nouveau Monde
p. 105 Ouistitis et tamarins
Les jeux de l'amour 3.3
p. 143 Tantes et baby-sitters

OÙ DANS LE MONDE ?

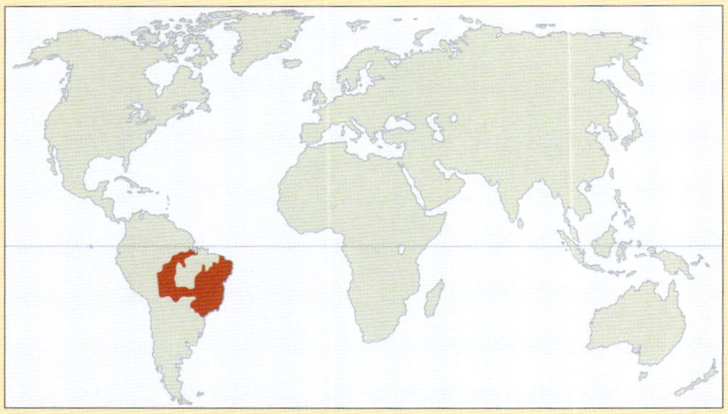

Petits singes d'Amérique du Sud, les ouistitis sont communs au Brésil et en Amazonie.

3.5

TAMARINS

Avec leur fourrure, leurs crêtes et leurs crinières, les tamarins ont une allure étonnante. Ce tamarin bicolore vit au Brésil et en Amazonie.

Les tamarins comptent parmi les singes les plus petits du Nouveau Monde (Amérique du Sud). Hauts en couleur, ils arborent toute une palette de crêtes, crinières et moustaches. Les mâles et les femelles montrent peu de différences en taille comme en coloration. Les tamarins se nourrissent d'insectes, de fruits et de gomme, et peuvent exploiter des habitats perturbés. Les femelles donnent naissance à des jumeaux, dont les mâles s'occupent beaucoup, essentiellement en les portant. Sans leur aide, il est peu probable que les femelles disposeraient d'assez d'énergie pour la lactation.

L'organisation sociale des tamarins est très souple. Ils forment souvent des groupes polyandres, comptant plusieurs mâles pour une seule femelle adulte. Mais on les rencontre aussi au sein de groupes comprenant plusieurs adultes des deux sexes en âge de procréer. Dans la plupart des cas, les animaux non reproducteurs aident leurs parents à s'occuper des cadets. Parmi les singes, ce comportement ne s'observe que chez les ouistitis et les tamarins.

FICHE SIGNALÉTIQUE

Répartition	Amérique du Sud (de l'Amazonie aux Guyanes, à la Colombie et à l'Amérique centrale)
Espèces	Tamarin rouge et noir *(Saguinus nigricollis)* Tamarin à tête brune *(Saguinus fuscicollis)* Tamarin tripartite *(Saguinus tripartitus)* Tamarin à moustaches *(Saguinus mystax)* Tamarin labié *(Saguinus labiatus)* Tamarin empereur *(Saguinus imperator)* Tamarin à mains rousses *(Saguinus midas)* Tamarin à face noire *(Saguinus inustus)* Tamarin bicolore *(Saguinus bicolor)* Tamarin pinché à crête blanche *(Saguinus oedipus)* Pinché de Geoffroy *(Saguinus geoffroyi)* Pinché aux pieds blancs *(Saguinus leucopus)*
Poids moyen	Femelles : de 345 à 585 g Mâles : de 360 à 575 g
Mode de vie	Arboricole ; diurne
Type d'habitat	Forêts tropicales humides primaires et secondaires ; certaines espèces préfèrent les habitats en bordure
Reproduction	Première portée entre 15 et 23 mois, puis tous les 11 à 12 mois ; deux petits par portée
Taille d'un groupe	De 4 à 6
Type de groupe	Polyandre (plusieurs mâles, une seule femelle) ou multimâles-multifemelles
Durée de vie max.	13 ans
Statut	Plusieurs espèces menacées par la destruction de leur habitat et la capture pour l'exportation

OÙ DANS LE MONDE ?

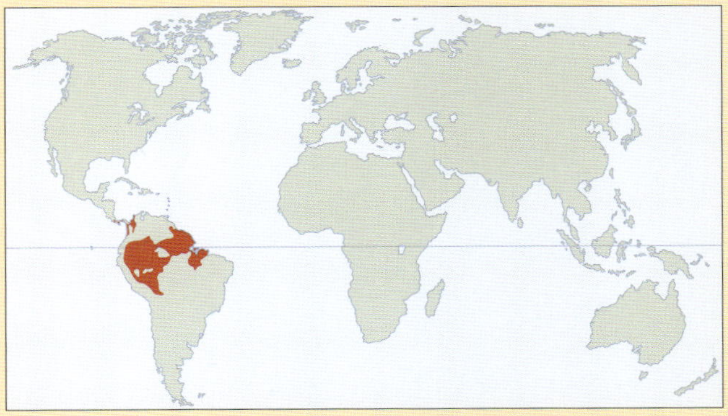

Les tamarins sont de petits singes haut en couleur d'Amérique du Sud. On les rencontre en Amazonie et jusqu'en Amérique centrale.

VOIR AUSSI

3.1 Les modes de vie des singes
p. 105 Singes du Nouveau Monde

3.2 La vie en groupe
p. 128 Frères et ennemis

3.3 Les jeux de l'amour
p. 143 Tantes et baby-sitters

3.5

CAPUCINS ET SAPAJOUS

Véritables « singes broyeurs », les capucins sont trapus et robustes, et dotés d'une courte queue préhensile. Bien qu'ils soient essentiellement frugivores, ils complètent leur régime en mangeant des insectes qui leur apportent des protéines et on les voit parfois descendre sur la terre ferme pour manger des escargots. Si les femelles demeurent dans le groupe où elles sont nées, les mâles en intègrent un autre lorsqu'ils atteignent la maturité sexuelle. Chez les sapajous bruns, les femelles s'accouplent à plusieurs reprises avec le mâle dominant du groupe, restant à côté de lui jusqu'à quatre jours d'affilée durant leur période de fécondité.

Dotés d'un cerveau très grand par rapport à leur taille, les capucins sont actifs et très curieux. Les capucins apelles se procurent avec beaucoup d'habileté des aliments qui échappent aux autres espèces ; ainsi, ils ouvrent les noix de coco en les jetant contre les troncs d'arbre. En captivité, ces singes ont appris à manier divers outils avec succès.

Les capucins sont des animaux vifs et curieux. Ils se rendent utiles aux hommes grâce à leurs aptitudes mentales et physiques.

VOIR AUSSI

Les modes de vie des singes 3.1
p. 108 Petits et grands frugivores

La vie en groupe 3.2
p. 128 Frères et ennemis

Une intelligence unique 3.4
p. 155 Voir et faire ?
p. 157 Penser pour se nourrir

OÙ DANS LE MONDE ?

Les capucins ont investi les canopées des divers types de forêts tropicales d'Amérique centrale et d'Amérique du Sud.

FICHE SIGNALÉTIQUE

Répartition	Amérique centrale et Amérique du Sud
Espèces	Capucin apelle *(Cebus apella)* Sapajou brun *(Cebus nigrivittatus)* Sapajou à front blanc *(Cebus albifrons)* Sapajou capucin *(Cebus capucinus)*
Poids moyen	Femelles : de 1,9 kg à 2,5 kg Mâles : de 3,2 kg à 3,7 kg
Mode de vie	Arboricole ; diurne
Type d'habitat	Canopée des forêts tropicales de tous types
Reproduction	Première portée entre 4 et 6 ans, puis tous les 14 à 26 mois ; un petit par portée
Taille d'un groupe	De 10 à 35
Type de groupe	Multimâles-multifemelles
Durée de vie max.	40 ans
Statut	Menace potentielle du fait de la destruction de leur habitat et de la chasse

CALLICÈBES

Les callicèbes sont des petits singes monogames. Les couples défendent leur territoire par le biais de longs duos matinaux.

Les callicèbes, ou titis, sont de petits singes monogames d'Amérique du Sud. Ils possèdent une longue queue bouffante, que les callicèbes gris mâles et femelles enlacent en signe d'union. La femelle donne naissance à un unique petit, et c'est au père qu'incombe la charge de le transporter, dès l'âge d'une semaine environ.

Leur habitat préféré varie d'une espèce à une autre. Le callicèbe à fraise vit dans la canopée des forêts hautes, tandis que le callicèbe gris préfère les étages inférieurs et occupe souvent les fourrés de bambous. Tous les callicèbes ont un sens territorial assez prononcé. Les couples défendent leur territoire en interprétant des duos matinaux qui peuvent durer jusqu'à quinze minutes, auxquels les groupes de callicèbes voisins répondent par leurs propres cris. Les callicèbes se montrent agressifs en cas d'intrusion d'individus d'autres groupes.

FICHE SIGNALÉTIQUE

Répartition	Amérique du Sud (régions amazoniennes du Brésil, Venezuela, Colombie, Pérou et Brésil du Sud-Est)
Espèces	Callicèbe gris *(Callicebus moloch)* Callicèbe à fraise *(Callicebus torquatus)* Callicèbe à masque *(Callicebus personatus)*
Poids moyen	Femelles : de 955 g à 1,4 kg Mâles : de 1 kg à 1,3 kg
Mode de vie	Arboricole ; diurne
Type d'habitat	Forêts hautes matures ; forêts basses ; fourrés de bambous
Reproduction	Première portée entre 2,5 ans et 3 ans, puis tous les 12 mois ; un petit par portée
Taille d'un groupe	3 ou 4
Type de groupe	Familial et monogame
Durée de vie max.	Inconnue
Statut	Menacés par la destruction de leur habitat

OÙ DANS LE MONDE ?

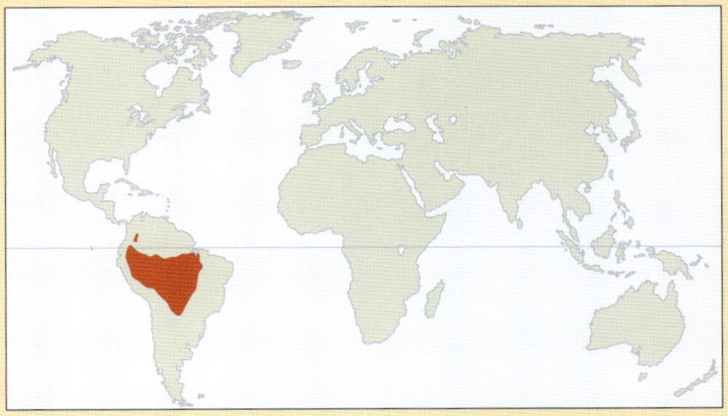

Les callicèbes d'Amérique du Sud comptent plusieurs espèces différentes, chacune ayant son habitat préféré.

VOIR AUSSI

3.1 Les modes de vie des singes
p. 108 Petits et grands frugivores

3.5

OUAKARIS

Les ouakaris vivent en Amérique du Sud. L'ouakari à tête noire, qui a investi les forêts sèches autour des rivières aux eaux noires de l'Amazone supérieur, est extrêmement rare. L'autre espèce, l'ouakari chauve, se subdivise en deux sous-espèces, que l'on rencontre dans les forêts inondées autour des rivières aux eaux blanches de l'Amazone supérieur. Elles arborent toutes deux une tête écarlate chauve et glabre, mais elles se différencient par la couleur de leur fourrure : rousse à poils longs chez l'une, et blanche pour l'autre.

Grâce à leur dentition spécialement adaptée, les ouakaris sont capables d'ouvrir des fruits dont la coque très dure résiste aux autres singes. Les ouakaris à tête noire et les ouakaris chauves vivent en groupes multimâles-multifemelles comprenant en moyenne de 15 à 30 individus. Les groupes d'ouakaris chauves à fourrure blanche se scindent parfois en petites unités, qui fourragent chacune de leur côté, souvent pendant plusieurs jours, avant de se rejoindre.

L'ouakari chauve est doté d'une longue fourrure blanche qui contraste avec sa face rouge vif.

VOIR AUSSI

Les modes de vie des singes 3.1
p. 108 Folivores et granivores

OÙ DANS LE MONDE ?

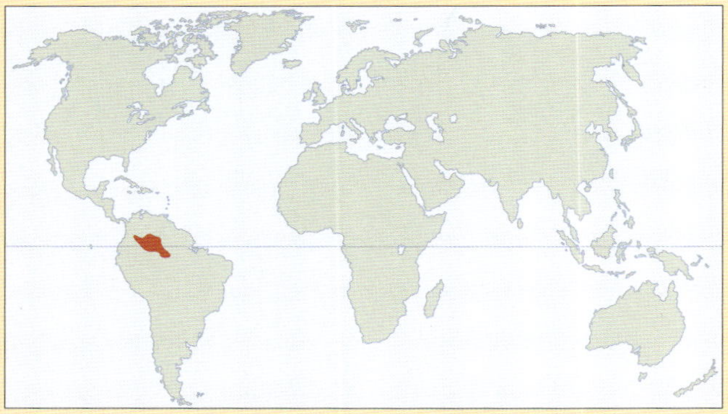

Très rares, les ouakaris vivent en Amérique du Sud, dans une aire restreinte autour de l'Amazone supérieur.

FICHE SIGNALÉTIQUE

Répartition	Amérique du Sud (Amazonie)
Espèces	Ouakari à tête noire *(Cacajao melanocephalus)* Ouakari chauve *(Cacajao calvus)*
Poids moyen	Femelles : de 2,7 kg à 2,8 kg Mâles : de 3,2 kg à 3,5 kg
Mode de vie	Arboricole/semi-terrestre ; diurne
Type d'habitat	Ouakari à tête noire dans les forêts sèches ; ouakari chauve dans les forêts inondées (les deux ne pouvant vivre que dans des sites intacts)
Reproduction	Première portée à 4 ans environ ; un petit par portée
Taille d'un groupe	Ouakari à tête noire : de 15 à 25 Ouakari chauve : de 5 à 30
Type de groupe	Multimâles-multifemelles
Durée de vie max.	Inconnue
Statut	Probablement en danger

3.5

SINGES HURLEURS

À l'instar des autres singes hurleurs, le hurleur roux produit des cris parmi les plus puissants du royaume animal. Spécialement adapté, leur os hyoïde, situé dans la gorge, agit comme une caisse de résonance et amplifie le volume de leurs cris.

Les hurleurs sont de grands singes folivores d'Amérique du Sud. Les espèces diffèrent principalement en apparence par la couleur de leur fourrure. Les mâles sont plus gros que les femelles et, chez certaines espèces, de couleur différente (on parle de dichromatisme sexuel). Les femelles donnent naissance à un unique petit, dont les autres femelles s'occupent fréquemment. Les mâles commettent parfois des infanticides lorsqu'ils intègrent un nouveau groupe.

Les singes hurleurs doivent leur nom au rugissement puissant qu'ils émettent pour défendre leur territoire, et qui s'entend à des kilomètres à la ronde. Chez les mâles, l'os hyoïde situé dans la gorge a évolué en une large cavité qui fait résonner les sons et augmente le volume de leurs appels. Mâles et femelles se livrent parfois à de longues « batailles vocales », qui peuvent dégénérer en agressions physiques si nécessaire.

FICHE SIGNALÉTIQUE

Répartition	Amérique du Sud (du sud du Mexique au nord de l'Argentine)
Espèces	Hurleur roux *(Alouatta seniculus)* Hurleur à mains rousses *(Alouatta belzebul)* Hurleur brun *(Alouatta fusca)* Hurleur à manteau *(Alouatta palliata)* Hurleur du Guatemala *(Alouatta nigra)* Hurleur noir *(Alouatta caraya)*
Poids moyen	Femelles : de 4,3 kg à 6,4 kg Mâles : de 6,4 kg à 11,4 kg
Mode de vie	Arboricole ; diurne
Type d'habitat	Forêts humides primaires et secondaires, forêts sèches à feuilles caduques
Reproduction	Première portée entre 3,5 ans et 4,5 ans, puis tous les 22 mois ; un petit par portée
Taille d'un groupe	De 6 à 15
Type de groupe	Multimâles-multifemelles
Durée de vie max.	13 ans
Statut	Menacés par la destruction de leur habitat et par la chasse ; quelques espèces (dont le hurleur brun) proches de l'extinction dans certaines régions

OÙ DANS LE MONDE ?

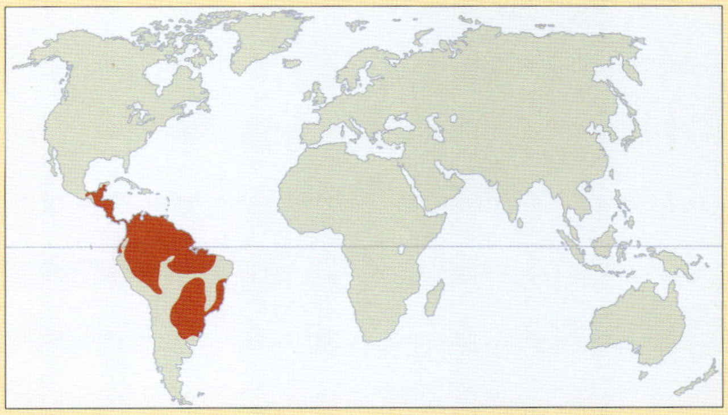

Les hurleurs comptent parmi les plus gros singes d'Amérique du Sud. Ils sont présents du sud du Mexique au nord de l'Argentine.

VOIR AUSSI

3.1 Les modes de vie des singes
p. 108 Folivores et granivores

3.3 Les jeux de l'amour
p. 135 Repérer les différences

3.5

ATÈLES

Les atèles, ou singes-araignées, sont les plus grands singes d'Amérique du Sud. Ils sont dotés de membres allongés et d'une queue préhensile qu'ils utilisent comme une cinquième main lorsqu'ils mangent. Les mâles et les femelles sont de corpulence et de couleur très similaires, et il est difficile de les différencier (d'autant que les femelles sont dotées d'organes génitaux pendants). La plupart des espèces d'atèles sont dépourvues de pouce (celui-ci se révèlerait inutile, leurs mains devant faire office de crochet pour assurer leurs déplacements dans les arbres).

Les atèles sont spécialistes des fruits bien mûrs, mais ils se rattrapent largement sur les feuilles lorsque ceux-ci viennent à manquer. Ils vivent en groupes composés d'une douzaine d'individus dans une organisation sociale de type « fission-fusion ». Les groupes se scindent en plusieurs unités pour rechercher leur nourriture, les animaux de l'ensemble du groupe ne se rassemblant que très rarement.

Les atèles, comme cet atèle noir, sont grands et agiles. Ils évoluent au sein d'un système social très flexible, où des petites unités se regroupent et se séparent au fil de la journée.

VOIR AUSSI

Qu'est-ce qu'un primate ? 1.1
p. 20 Taille et alimentation

Les modes de vie des singes 3.1
p. 105 Singes du Nouveau Monde
p. 108 Petits et grands frugivores

La vie en groupe 3.2
p. 122 Sa part de nourriture

OÙ DANS LE MONDE ?

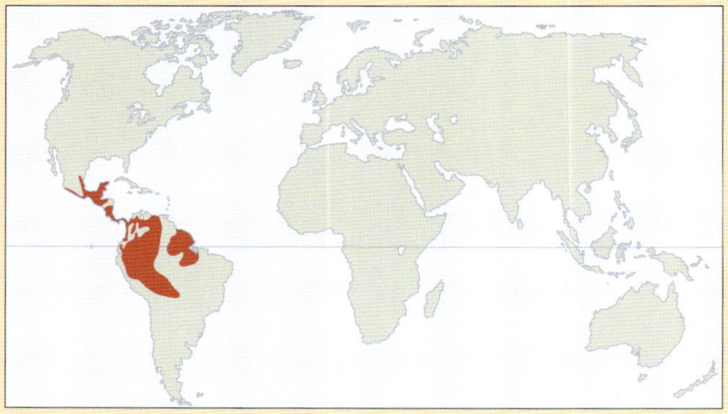

Les atèles ont une prédilection pour les fruits bien mûrs. On les trouve de la péninsule du Yucatán jusqu'à l'Amazonie.

FICHE SIGNALÉTIQUE

Répartition	Amérique du Sud (de la péninsule du Yucatán au Mexique jusqu'à l'Amazonie)
Espèces	Atèle de Panamá *(Ateles geoffroyi)* Atèle à tête brune *(Ateles fusciceps)* Atèle noir *(Ateles paniscus)* Atèle à ventre blanc *(Ateles belzebuth)*
Poids moyen	Femelles : de 7,3 kg à 9,2 kg Mâles : de 8,3 kg à 9,1 kg
Mode de vie	Arboricole ; diurne
Type d'habitat	Hautes forêts primaires
Reproduction	Première portée entre 4 et 5 ans, puis tous les 22 à 50 mois ; un petit par portée
Taille d'un groupe	De 15 à 18
Type de groupe	Multimâles-multifemelles, de type « fission-fusion »
Durée de vie max.	20 ans
Statut	Certaines espèces et sous-espèces menacées par la destruction de leur habitat et au bord de l'extinction dans certaines régions (l'atèle à tête brune en Équateur, par exemple)

VERVETS

Les vervets prospèrent en Afrique. Ce sont des reproducteurs saisonniers et les femelles, fécondables pendant une seule période de l'année, donnent naissance à un unique petit.

Les vervets sont des cercopithèques qui ont quitté les forêts pour investir la savane. Mais ils ne sont pas aussi à l'aise dans cet environnement que les babouins ou les patas, et tendent à se restreindre aux abords des rivières et aux forêts-galeries. Contrairement à la plupart des cercopithèques, leurs groupes hébergent plusieurs mâles adultes qui entretiennent des relations très hiérarchisées, préservant de la sorte la paix au sein du groupe et empêchant la rivalité pour l'accouplement.

La grossesse est plus longue que chez les autres cercopithèques (165 jours, au lieu de 140 pour le singe bleu), mais le développement des nouveau-nés est plus rapide. Cette différence est probablement due aux dangers accrus liés à la présence des prédateurs de la savane.

Bien que les vervets aient été longtemps classés dans le genre *Cercopithecus*, les experts ont récemment jugé qu'ils en étaient suffisamment éloignés pour avoir leur propre genre, *Chlorocebus*.

FICHE SIGNALÉTIQUE

Répartition	Afrique subsaharienne (excepté le bassin du Congo et l'Afrique du Sud-Ouest)
Espèces	Vervet, ou singe vert, ou grivet *(Chlorocebus aethiops)*
Poids moyen	Femelles : 3 kg Mâles : 4,3 kg
Mode de vie	Semi-terrestre ; diurne
Type d'habitat	Savanes boisées et semi-arides, forêts-galeries
Reproduction	Première portée entre 4 ans et 4,5 ans, puis tous les 16 mois environ ; un petit par portée
Taille d'un groupe	De 10 à 40
Type de groupe	Multimâle, territorial
Durée de vie max.	31 ans
Statut	Actuellement non menacé, excepté dans certaines régions d'Afrique du Sud

OÙ DANS LE MONDE ?

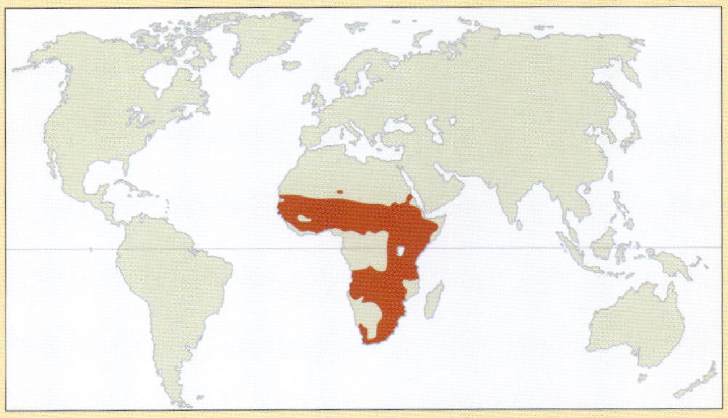

Les vervets ont élu domicile dans les forêts-galeries le long des rivières. Ils sont répandus à travers toute l'Afrique subsaharienne.

VOIR AUSSI

1.1 Qu'est-ce qu'un primate ?
p. 20 Taille et al mentation

1.2 Les origines des primates
p. 32 Anciens et modernes

1.3 Les primates aujourd'hui
p. 42 Des primates nuisibles

3.1 Les modes de vie des singes
p. 114 Cercopithèques : naturellement différents

3.2 La vie en groupe
p. 123 Des dominations de degré varié

3.3 Les jeux de l'amour
p. 135 Repérer les différences

3.4 Une intelligence unique
p. 150 Reconnaître les liens sociaux
p. 151 Relations tripartites

MACAQUES RHÉSUS

Les macaques ont la plus vaste aire de répartition de tous les primates, la palme revenant au macaque rhésus. On trouve les macaques rhésus du Pakistan et de l'Afghanistan en Asie occidentale, à la Chine et au Vietnam en Asie de l'Est. Ils sont présents du nord à l'extrême sud du sous-continent indien. Les macaques rhésus s'accommodent bien de la présence des hommes et savent exploiter efficacement les environnements modifiés par ces derniers. Ils atteignent leurs plus haute densité dans les endroits où leur habitat chevauche celui des humains.

La saison des amours des macaques rhésus est saisonnière et, dans de bonnes conditions de vie, les femelles donnent naissance à un petit par an. Leurs groupes sont plus importants, leurs habitats plus vastes et leur rythme de reproduction plus faible dans les régions froides, comme les forêts tempérées de Chine, que dans les zones plus tropicales. Dans les environnements les plus rigoureux, la plupart des femelles ne procréent que tous les deux ans. Elles établissent entre elles une hiérarchie très stricte, et les femelles de haut rang peuvent se montrer très agressives entre elles comme envers les autres groupes, s'unissant pour se défendre contre les intrus.

Les macaques rhésus sont parfois qualifiés de « mauvaise herbe » du fait de leur prospérité dans les zones occupées par l'homme. En Inde, ils élisent souvent domicile dans les temples et reçoivent des offrandes des visiteurs.

VOIR AUSSI

Les primates aujourd'hui 1.3
p. 42 Des primates nuisibles

Les modes de vie des singes 3.1
p. 118 Les macaques

La vie en groupe 3.2
p. 123 Des dominations de degré varié
p. 130 Stratégies de toilettage

Une intelligence unique 3.4
p. 150 Faites vos comptes
p. 151 Relations tripartites
p. 152 Pilleurs et commis agricoles

OÙ DANS LE MONDE ?

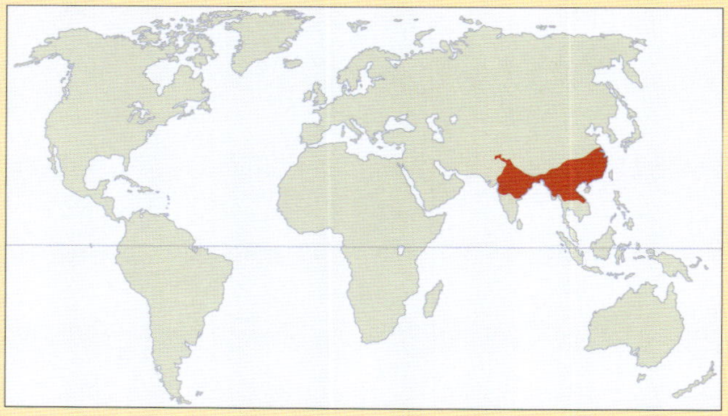

Les macaques rhésus sont présents dans toute l'Asie, du Pakistan à l'ouest jusqu'à la Chine et au Vietnam à l'est.

FICHE SIGNALÉTIQUE

Répartition	Asie, de l'Afghanistan au Vietnam, y compris le sous-continent indien
Espèces	Macaque rhésus *(Macaca mulatta)*
Poids moyen	Femelles : 5,4 kg Mâles : 7,7 kg
Mode de vie	Semi-terrestre ; diurne
Type d'habitat	Forêts tropicales et tempérées
Reproduction	Première portée entre 3,5 ans et 5,5 ans, puis tous les 12 à 24 mois ; un petit par portée
Taille d'un groupe	40
Type de groupe	Multimâles-multifemelles
Durée de vie max.	21,6 ans
Statut	Non menacés

MANDRILLS

Les mandrills mâles arborent des marques faciales haute en couleur. Lorsqu'ils deviennent actifs sexuellement, ils « engraissent » et leurs marques sont encore plus colorées.

D'apparence très semblable au babouin (bien qu'ils ne soient pas particulièrement apparentés), les mandrills sont des singes terrestres. Ils habitent les forêts primaires très denses, ce qui rend leur observation difficile, de sorte que l'on en sait peu sur leur comportement. Les mâles arborent d'impressionnantes marques faciales rouge, blanc et bleu, couleurs qui apparaissent aussi autour de leurs organes génitaux, et leur postérieur bleu vif est très caractéristique.

Les mandrills se nourrissent essentiellement de fruits, de graines, de noix et de jeunes pousses. Les mâles prennent généralement leurs repas sur la terre ferme, en raison de leur corpulence qui ne facilite pas les déplacements dans les arbres. Les femelles et les jeunes mangent souvent dans la couche médiane de la canopée. Les mandrills se déplacent fréquemment en grands groupes comptant jusqu'à 700 individus. Ces groupes sont vraisemblablement instables et, selon toute probabilité, ils doivent se scinder lorsque les singes fourragent. Quand un mâle solitaire intègre un groupe et devient actif sexuellement, il prend du poids, tandis que sa face et son postérieur deviennent plus colorés.

FICHE SIGNALÉTIQUE

Répartition	Afrique occidentale
Espèces	Mandrill *(Mandrillus sphinx)*
Poids moyen	Femelles : 12,9 kg Mâles : 31,6 kg
Mode de vie	Terrestre (femelles et juvéniles partiellement arboricoles) ; diurne
Type d'habitat	Forêts primaires
Reproduction	Un petit par portée
Taille d'un groupe	De 250 à 700, parfois composés de sous-groupes d'environ 40 individus
Type de groupe	Multimâles-multifemelles
Durée de vie max.	29 ans
Statut	Menacé par la destruction de son habitat et par la chasse

OÙ DANS LE MONDE ?

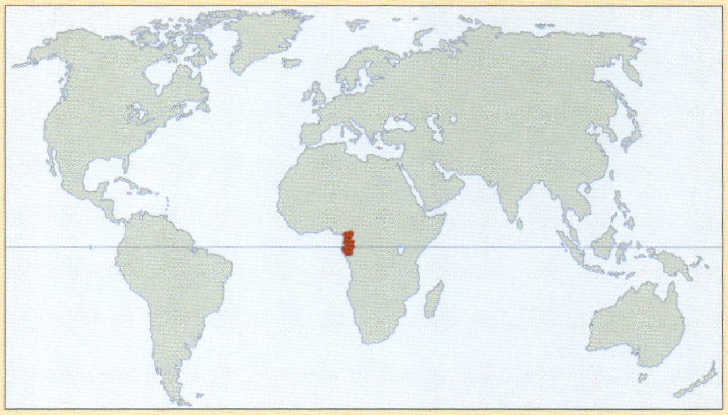

Les mandrills sont de grands singes qui peuplent les forêts.

VOIR AUSSI

1.1 **Qu'est-ce qu'un primate ?**
p. 13 Ce qui caractérise les primates

1.2 **Les origines des primates**
p. 34 L'ascension des singes

3.1 **Les modes de vie des singes**
p. 117 Les cousins des babouins

3.3 **Les jeux de l'amour**
p. 135 Repérer les différences

3.5

BABOUINS

Les babouins sont les plus grands singes d'Afrique, et les plus prospères. On les rencontre dans des habitats aussi divers que les déserts de Namibie et les forêts tropicales de l'ouest de l'Ouganda. Les mâles sont deux fois plus gros que les femelles et dotés de canines beaucoup plus grandes, deux différences liées à la forte concurrence pour l'accouplement.

On a parfois classé les babouins dans cinq espèces, mais comme elles se reproduisent entre elles, on tend aujourd'hui à n'en considérer qu'une seule, divisée en plusieurs sous-espèces. Les babouins cynocéphales, anubis, de Guinée, et chacma – regroupés sous l'appellation « babouins des savanes » – vivent au sein de groupes mixtes de 40 à 80 individus. Mais les babouins de Guinée et les babouins chacma ont des comportements différents, et des analyses génétiques récentes indiquent qu'ils ont pu se séparer plus tôt de la lignée *Papio* et évoluer indépendamment. Le babouin hamadryas est très différent des babouins des savanes. De petite taille, il possède une fourrure grise (plutôt que marron) et une face à la peau rose. Vivant dans le désert, il évolue au sein de groupes unimâles à la hiérarchie complexe.

Les babouins mâles ont deux fois la taille des femelles et leur museau est plus proéminent.

VOIR AUSSI

Les origines des primates 1.2
p. 28 Qu'y a-t-il dans une dent ?

Les modes de vie des singes 3.1
p. 116 Les babouins

La vie en groupe 3.2
p. 121 Concurrence et coopération
p. 125 Les mâles dominants

Les jeux de l'amour 3.3
p. 137 La fidélité des femelles
p. 140 Une amitié particulière
p. 141-145 Les mères singes

Une intelligence unique 3.4
p. 151 Respecter les liens
p. 155 Réelle duperie ?

OÙ DANS LE MONDE ?

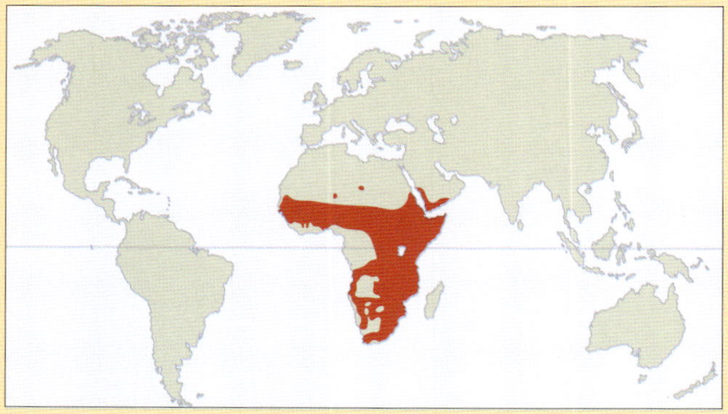

Les babouins sont les singes africains les plus prospères. Ils ont investi une vaste gamme d'habitats dans toute l'Afrique subsaharienne.

FICHE SIGNALÉTIQUE

Répartition	Afrique subsaharienne, de l'Éthiopie à l'Afrique du Sud
Espèces	Babouin cynocéphale *(Papio cynocephalus cynocephalus)* Babouin anubis *(Papio cynocephalus anubis)* Babouin de Guinée *(Papio cynocephalus papio)* Babouin chacma *(Papio cynocephalus ursinus)* Babouin hamadryas *(Papio cynocephalus hamadryas)*
Poids moyen	Femelles : de 10 à 15 kg Mâles : de 17 à 30 kg
Mode de vie	Terrestre ; diurne
Type d'habitat	Déserts, savanes boisées, prairies, forêts et montagnes
Reproduction	Première portée entre 4 et 6 ans, puis tous les 20 à 38 mois ; un petit par portée
Taille d'un groupe	De 20 à 80
Type de groupe	Multimâles-multifemelles
Durée de vie max.	Inconnue
Statut	Non menacés

GÉLADAS

Le « patch » de peau rouge sur la poitrine des babouins gélada est une caractéristique propre à cette espèce.

Les babouins gélada forment un genre particulier que l'on ne rencontre que dans les hauts plateaux éthiopiens. Ce sont les seuls survivants d'un groupe qui prospéra voilà 5 millions d'années à 100 000 ans. Ce sont les singes les plus terrestres ; ils sont si bien adaptés à la vie au sol qu'ils sont incapables de grimper aux arbres. Herbivores, ils ont adopté une façon très singulière de se nourrir, baptisée « repas traînant » : ils arrachent les touffes d'herbe tout en restant assis, et se déplacent petit à petit en traînant leur postérieur, sans se lever.

Un mâle règne sur chaque groupe, constitué d'une dizaine d'individus. Ces groupes se rassemblent fréquemment pour former des bandes, voire des troupes pouvant comprendre jusqu'à 600 individus. Les mâles sont nettement plus grands que les femelles, et ont une cape de fourrure sur la tête et les épaules. La poitrine des femelles porte des petites vésicules blanches, qui gonflent lorsqu'elles sont fécondes.

FICHE SIGNALÉTIQUE

Répartition	Afrique (hauts plateaux éthiopiens)
Espèces	Babouin gélada *(Theropithecus gelada)*
Poids moyen	Femelles : 11,7 kg Mâles : 19 kg
Mode de vie	Terrestre ; diurne
Type d'habitat	Prairies montagneuses
Reproduction	Première portée entre 4 et 6 ans, puis tous les 24 à 38 mois ; un petit par portée
Taille d'un groupe	Groupes unimâles : 10 ; bandes : de 30 à 300 ; troupes : jusqu'à 600
Type de groupe	Un mâle avec plusieurs femelles
Durée de vie max.	Inconnue
Statut	Menacé par l'activité humaine

OÙ DANS LE MONDE ?

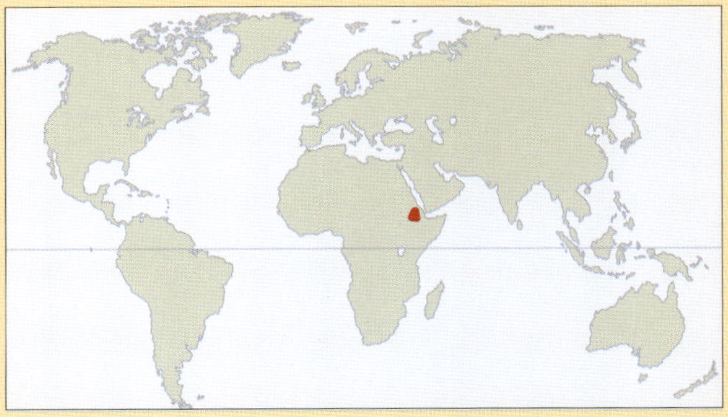

Le babouin gélada vit exclusivement dans les hauts plateaux des montagnes d'Éthiopie.

VOIR AUSSI

1.1 Qu'est-ce qu'un primate ?
p. 13 Ce qui caractérise les primates
p. 20 Taille et alimentation

1.2 Les origines des primates
p. 34 L'ascension des singes

3.1 Les modes de vie des singes
p. 116 Les babouins

3.3 Les jeux de l'amour
p. 135 Repérer les différences
p. 137 La fidélité des femelles
p. 138 Turgescences sexuelles

3.5

COLOBES BLANC ET NOIR

Les colobes blanc et noir sont de grands singes d'une grande beauté. Les trois espèces se distinguent aisément par leur fourrure. Tous folivores et granivores, les colobes blanc et noir occupent un vaste habitat forestier à travers l'Afrique, des forêts humides aux zones de forêt sèche isolées. Ils vivent en groupes unimâles assez restreints. Le mâle émet un rugissement puissant pour protéger son territoire et ses femelles des autres mâles.

Tous les colobes blanc et noir sont arboricoles, mais ils descendent parfois au sol pour se nourrir de terre, celle-ci leur fournissant les minéraux essentiels autrement absents de leur alimentation. À l'instar des autres colobes, ils sont dotés d'un estomac particulier capable de fermenter leurs aliments et d'en éliminer les toxines. Se nourrissant des feuilles de quelques espèces d'arbres au feuillage abondant, les colobes blanc et noir peuvent survivre dans des zones restreintes, qui ne suffiraient pas à assurer la survie d'autres espèces.

Comme tous les colobes, les colobes blanc et noir possèdent un estomac complexe étudié pour fermenter les feuilles et en éliminer les toxines.

VOIR AUSSI

Les origines des primates 1.2
p. 29 Voir en trois dimensions

Les primates aujourd'hui 1.3
p. 43 Un quatuor maléfique

Les modes de vie des singes 3.1
p. 110 Les Colobinés

OÙ DANS LE MONDE ?

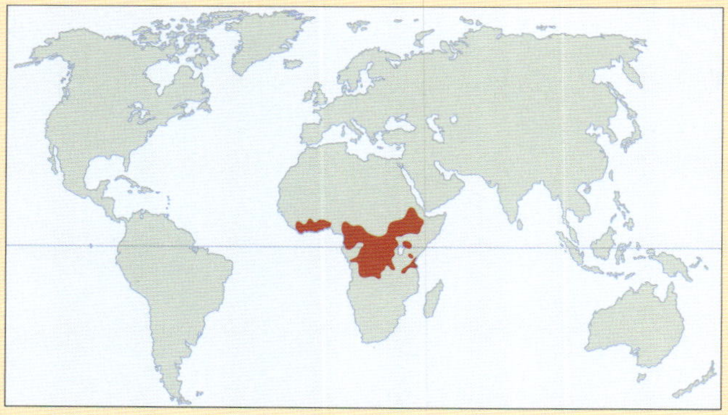

Les colobes blanc et noir sont de grands singes folivores d'Afrique. On les rencontre à travers toute l'Afrique centrale, d'est en ouest.

FICHE SIGNALÉTIQUE

Répartition	Afrique
Espèces	Colobe guereza *(Colobus guereza)* Colobe blanc et noir à longs poils *(Colobus polykomos)* Colobe d'Angola *(Colobus angolensis)*
Poids moyen	Femelles : de 7,5 kg à 9,2 kg Mâles : de 9,7 kg à 13,5 kg
Mode de vie	Arboricole (descend occasionnellement au sol pour manger de la terre) ; diurne
Type d'habitat	Types de forêts variés dans toute d'Afrique subsaharienne
Reproduction	Une portée tous les 12 à 18 mois ; un petit par portée
Taille d'un groupe	De 12 à 15
Type de groupe	Un mâle avec plusieurs femelles
Durée de vie max.	Inconnue
Statut	Menacés par la destruction de leur habitat et par la chasse

3.5

NASIQUES

Le nasique habite les forêts des mangroves. C'est l'un des rares primates connus pour nager.

Un seul regard sur un mâle suffit à comprendre l'origine du nom de cette espèce. Chez ce grand singe roux de Bornéo, le mâle est doté d'un énorme nez pendant, un peu comme une langue. La femelle, deux fois plus petite, arbore quant à elle un nez retroussé plus court, nettement plus mignon.

Les nasiques occupent exclusivement les zones forestières qui longent les rivières ou le littoral. Pour mieux se protéger des prédateurs, ils dorment dans les arbres. Ce sont de bons nageurs, et on les voit fréquemment traverser les cours d'eau à la nage. Comme les autres Colobinés, leurs repas se composent pour moitié de feuilles, le reste étant composé de fruits et de graines. Leur organisation sociale est particulièrement intéressante. Bien qu'ils vivent au sein de groupes multimâles-multifemelles ou unimâles de taille modeste, ils passent les deux tiers de leur temps en « bandes », qui réunissent des troupes multimâles-multifemelles et des groupes de mâles.

FICHE SIGNALÉTIQUE

Répartition	Bornéo
Espèces	Nasique *(Nasalis larvatus)*
Poids moyen	Femelles : 9,8 kg Mâles : 20,4 kg
Mode de vie	Arboricole ; diurne
Type d'habitat	Forêts côtières et riveraines
Reproduction	Un petit par portée
Taille d'un groupe	Recherche de la nourriture en groupes de 2 à 63 individus
Type de groupe	Un mâle avec plusieurs femelles
Durée de vie max.	Inconnue
Statut	Menacé par la destruction de son habitat

OÙ DANS LE MONDE ?

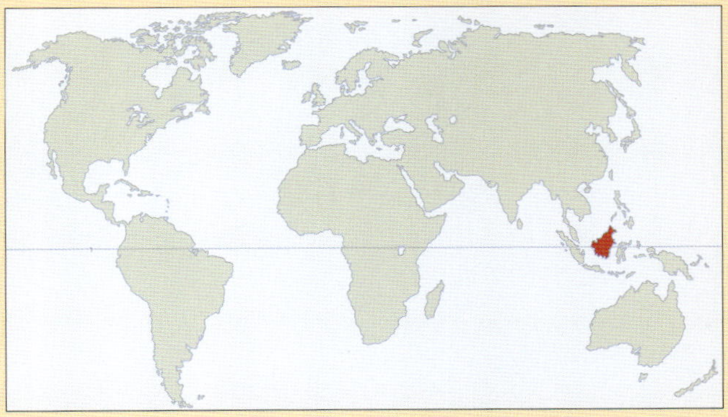

On rencontre les nasiques dans les forêts des mangroves de Bornéo, en Asie du Sud-Est.

VOIR AUSSI

3.1 **Les modes de vie des singes**
p. 110 Les Colobinés

3.3 **Les jeux de l'amour**
p. 135 Repérer les différences

4

LES GRANDS SINGES

4.1 LA PLANÈTE DES GRANDS SINGES

Timidement, l'aube perce les brumes sur les pentes du volcan Virunga, au Rwanda. Tandis que le ciel s'illumine, un énorme gorille mâle s'agite en rêvant. Autour de lui, son petit groupe formé de trois femelles et d'un jeune mâle adulte dort tranquillement, pelotonné dans son douillet nid nocturne. Contre les femelles se blottissent leurs petits. L'un d'eux observe attentivement les alentours, puis saute hors du nid pour retrouver sa demi-sœur. Il la regarde et lui tend la main pour l'inviter à jouer.

Le soleil se lève, chassant le froid matinal. Les membres du groupe s'éveillent un à un et les adultes détendent leurs jambes endolories par le confinement du nid. Quelques grognements tranquilles traversent l'air calme, d'autres y répondent. Une femelle se met à manger de ce céleri sauvage qui tapisse le sol. Un jour nouveau commence dans ce cycle sans fin du manger-dormir qui régit la vie dans l'air frais des montagnes…

Page précédente : comme tous les grands singes, les orangs-outans font partie des primates les plus menacés parce qu'ils se reproduisent lentement.

HISTOIRE D'UN ÂGE D'OR

Les grands singes ont atteint le sommet de leur évolution entre 20 et 10 millions d'années avant notre ère, alors qu'une trentaine d'espèces peuplaient les vastes forêts tropicales d'Afrique et d'Asie. Ils représentaient à cette période l'une des grandes réussites de l'histoire de l'évolution des primates. Ils avaient évolué en un groupe diversifié, qui occupait presque toutes les niches écologiques partagées aujourd'hui par les singes et les grands singes de l'Ancien Monde. Leur taille variait de celle du *Dionysopithecus* de 3 kg jusqu'à celle de l'énorme *Gigantopithecus* (▷ p. 32) de 300 kg, le plus grand primate ayant jamais vécu. Durant cet âge d'or, 90 % des espèces anthropoïdes d'Afrique aujourd'hui disparues étaient des grands singes.

Il y a environ 10 millions d'années, un refroidissement soudain assorti d'un assèchement du climat commença à décimer les forêts qui couvraient les zones tropicales depuis si longtemps. Les forêts rétrécirent et la savane herbeuse prit leur place. Les grands singes de l'Ancien monde entamèrent leur déclin, mis hors compétition par diverses espèces de singes récemment apparues qui s'installaient dans les nouveaux habitats.

Les survivants

Il y a 5 millions d'années, il ne restait que quelques espèces de grands singes. Nombre d'entre eux étaient des hominidés, membres d'une lignée qui donna plus tard naissance aux humains modernes. Aujourd'hui, la glorieuse famille des grands singes n'est plus représentée que par cinq espèces : l'orang-outan, que l'on ne trouve qu'à Bornéo ; le gorille d'Afrique tropicale ; les chimpanzés, avec deux espèces confinées en Afrique centrale et occidentale (le bonobo et le chimpanzé commun) ; et l'homme. Quant aux gibbons (huit ou neuf espèces, selon la classification adoptée), jusqu'alors inclus dans la famille des autres grands singes, dont ils sont très proches cousins, on tend aujourd'hui à les classer à part. Aussi les appellerons-nous par la suite grands singes « inférieurs », les autres étant simplement nommés grands singes. Les gibbons vivent en Asie du Sud-Est, du Bengladesh jusqu'à l'Indonésie et Bornéo, en passant par la péninsule indochinoise.

Mis à part les êtres humains, les espèces de grands singes survivantes vivent sur des petits territoires tropicaux et sont confinées dans les forêts ou leurs abords. En fait, leur déclin tient

1

1. Un chimpanzé femelle câline son petit au regard éveillé. Les chimpanzés se sentent aussi à l'aise dans les arbres que sur le sol.

moins à la déforestation et à la chasse d'aujourd'hui qu'à la dramatique réduction des forêts survenue depuis 10 millions d'années, en particulier en Afrique.

L'histoire récente

Nous n'avons qu'une petite idée de l'étendue du territoire occupé par les anciens grands singes en Afrique, mais nous savons que, il y a 10 000 ans (à peu près au moment où les humains inventaient l'agriculture), les orangs-outans peuplaient le sud de la Chine. Et si nous remontons plus loin dans le passé, les animaux qui étaient assurément leurs ancêtres, appelés les Sivapithèques, occupaient toute l'Asie du Sud, depuis la Chine à l'est, jusqu'à l'Europe à l'ouest. Les gibbons étaient les plus dispersés puisqu'on les trouvait du sud de l'Europe jusqu'en Chine. De nos jours, aucune de ces espèces ne vit en dehors des forêts du sud-est asiatique et, même en ces endroits, leurs populations continuent de décroître. Avec une population réduite à quelques milliers d'individus, l'orang-outan frôle le seuil de l'extinction.

Les gorilles et les chimpanzés restent mystérieux. Les fossiles retrouvés dans les aires forestières sont très rares au-delà de 5 à 6 millions d'années, les forêts n'étant pas de bons terrains pour la fossilisation. L'écart entre les grands singes africains préhistoriques et les espèces modernes est si important que les grands singes modernes paraissent être issus de nulle part. En revanche, nos ancêtres s'étant rapidement adaptés à vivre dans les habitats

Patterson/Gimlin, © 1968 Dahinden

Un prétendu scalp de yéti trouvé dans un monastère au Népal.

Bigfoot filmé à Bluff Creek, Californie, en 1967.

LE YÉTI EXISTE-T-IL ?

Les rumeurs concernant de grands singes géants qui hanteraient des endroits sauvages de notre planète ne sont pas rares. La plus célèbre d'entre elles concerne le yéti, l'« abominable homme des neiges » de l'Himalaya. L'expédition de l'Everest menée en 1951, a rapporté des photos d'empreintes géantes et le scalp roussâtre d'un supposé yéti.

De semblables histoires nous viennent des forêts du lac Malawi, en Afrique centrale, et de la forêt tropicale de Bornéo où aurait été aperçue une créature connue localement sous le nom de orang-pendek (pour la distinguer des orangs-outans et des orangs-asli, nom d'une tribu forestière de la région). Des forêts de pins du nord-ouest des États-Unis nous vient Bigfoot, ou Sasquatch, connu comme le seul grand singe-humain ayant pu être filmé. Hélas, ledit film est certainement un canular.

Parmi ces créatures, Bigfoot est en effet la moins plausible : en dehors des hommes qui ne sont présents en Amérique que depuis 20 000 ans, on ne connaît aucun primate ayant vécu en Amérique du Nord au cours des 30 derniers millions d'années. Le yéti est sûrement un mythe lui aussi. Même les chaudes forêts tropicales ne peuvent abriter que quelques petites populations dispersées de grands singes. Un simple calcul montre qu'il serait impossible à un aussi grand singe de vivre dans l'habitat pauvre et glacé qu'est l'Himalaya. Peut-être le yéti est-il issu de la mémoire collective du temps où les orangs-outans vivaient en Chine, à l'est des contreforts de l'Himalaya, il y a quelque 10 000 ans.

En revanche, les histoires en provenance du Malawi et de Bornéo pourraient avoir quelques fondements. Une population de chimpanzés perdue dans les forêts préhistoriques d'Afrique pourrait être à l'origine des géants chevelus du Malawi. Et qui pourrait dire ce qui a pu se cacher dans les forêts de Bornéo jusqu'à nos jours ?

ouverts de la savane, où les os fossilisent mieux, nous détenons de nombreux fossiles sur la lignée humaine et notre arbre généalogique est de loin le plus complet parmi les primates contemporains. Nous n'en perdons pas moins la trace de nos ancêtres dès que nous cherchons ceux qui ont vécu dans la forêt avant d'en émerger il y a environ 5 millions d'années.

Mais ce que les fossiles ne peuvent pas nous dire, les « archives » cachées dans nos gènes peuvent le faire (▷ p. 40). Ainsi, la comparaison entre les ADN des hommes modernes et de nos cousins les grands singes, révèle que les chimpanzés et les humains partagent un ancêtre commun qui vivait encore dans les forêts africaines, il y a 5 millions d'années. Les deux espèces de chimpanzés (le bonobo, ou chimpanzé nain, et le chimpanzé commun) se sont séparées de leur ancêtre commun beaucoup plus récemment, il y a 1 million d'années. En remontant le temps, la lignée humains-chimpanzés a divergé de celle des gorilles il y a 6 millions d'années, 1 million d'années avant que les lignées d'humains et de chimpanzés ne se séparent à leur tour.

1

1. Un orang-outan mâle, dans le parc national de Gunung Leuser, en Indonésie. Les orangs-outans sont les grands singes les plus menacés.

2. La génétique a révélé les chemins communs dans l'évolution des hommes et des autres espèces de grands singes.

3. Un bébé gorille se repose nonchalamment sur le dos d'un mâle. Les gorilles mâles semblent souvent indifférents au comportement de leur progéniture.

2
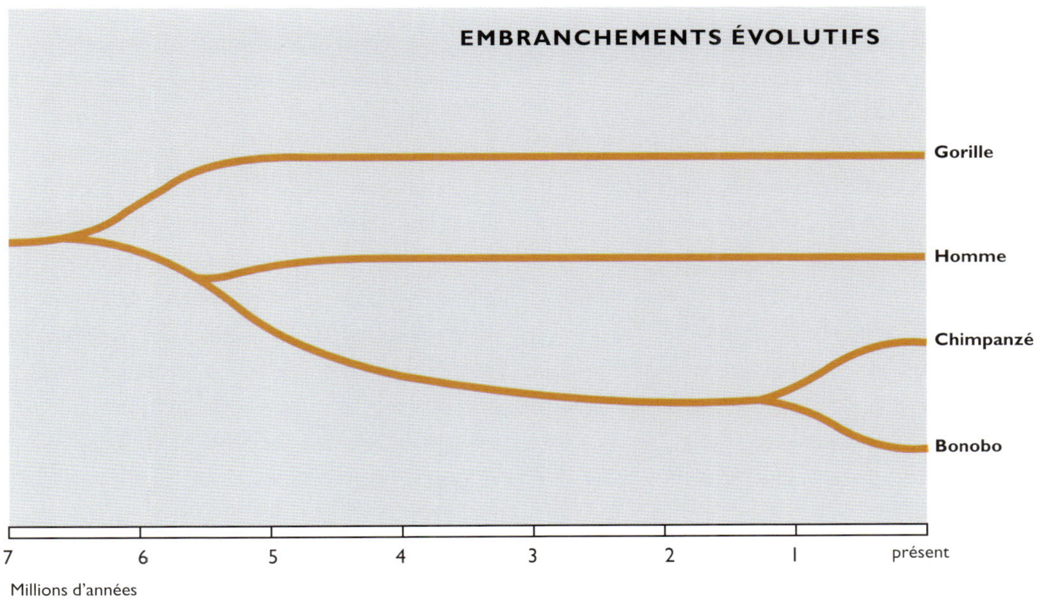

3

LA DISPARITION DES FORÊTS

Dans toute l'Afrique, en Asie et en Amérique du Sud, les anciennes forêts sont abattues pour satisfaire la demande apparemment sans fin de bois de construction et de terres arables. On a estimé la perte de la couverture forestière tropicale à 8 % pour les seules années 1980, dont plus de la moitié chaque année au Brésil et en Indonésie. De nombreux pays africains ont de même perdu la moitié de leurs forêts au cours de ce siècle. En Ouganda et au Nigeria, l'estimation est encore plus sévère : les deux pays auraient perdu 90 % de leur couverture forestière en 100 ans. L'impact de la déforestation est terrible pour les grands singes, qui sont très dépendants de leur habitat.

1

1. Une agriculture nomade s'installe dans les clairières créées par les compagnies d'abattage, mais cette pratique empêche la forêt de se régénérer.

2

2. Une tronçonneuse à l'œuvre dans une forêt tropicale. En quelques heures, un homme abat un arbre qui a mis plusieurs siècles à pousser.

Lutter pour survivre

On ne sait pas à combien d'individus se montaient les populations de grands singes africains par le passé mais, si les territoires de ces animaux correspondaient géographiquement avec les forêts d'origine du centre et de l'ouest africain, leur histoire a dû être bien triste. Cela doit s'appliquer plus particulièrement aux gorilles et aux chimpanzés communs dont le territoire couvre des régions très frappées par la déforestation (particulièrement en Afrique occidentale). Les chimpanzés bonobos qui vivent exclusivement au Congo ont peut-être moins souffert, mais la guerre civile qui a ravagé le pays durant la dernière décade a sans doute réduit considérablement leur population.

Les grands singes souffrent plus de la déforestation que les singes pour trois raisons. La première tient à leur taille : il est difficile à un animal aussi grand que le gorille de se cacher quand on abat les arbres : la confrontation avec les hommes devient dès lors inévitable. La deuxième raison est, elle aussi, liée à cette grande taille : elle a donné aux grands singes la réputation d'être agressifs (ce qui les a desservis) et c'est ainsi que les gorilles et les chimpanzés ont été accusés de voler et de dévorer les bébés humains. Les gens ont eu peur et n'ont pas hésité à tuer ceux qu'ils croyaient être des ennemis. Le marché de la viande de grands singes est également une incitation à les tuer. Enfin, la déforestation force les grands singes à occuper un territoire plus vaste pour subvenir à leurs besoins en

3

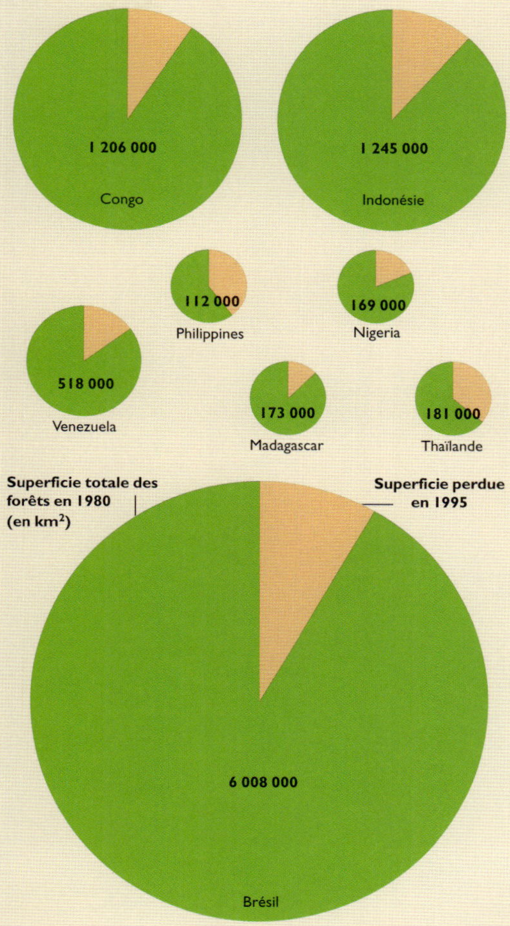

4

nourriture, ce qui accroît parfois leurs contacts avec les hommes.

L'exploitation des forêts

La déforestation actuelle est principalement due aux compagnies d'abattage. Même quand les forêts ne sont pas complètement mises en coupe, les routes, construites à travers elles, pour accéder aux lieux d'abattage, causent de grands dommages. Quand les bûcherons se déplacent vers un autre endroit, ces routes permettent toujours aux fermiers pratiquant la culture sur brûlis d'accéder aux forêts. On continue donc à déboiser pour eux, comme pour les chasseurs qui utilisent les réseaux routiers pour vendre la viande de brousse sur un marché de plus en plus florissant, entretenant ainsi un cercle vicieux.

Le remboursement des dettes

La découverte la plus inquiétante touchant la déforestation concerne peut-être une pratique récente dans les pays de l'Afrique subsaharienne. La déforestation y est en fait une monnaie d'échange qui permet à ces pays de rembourser leurs dettes aux banques étrangères. Ils détruisent leur héritage naturel et le revendent pour payer les intérêts des emprunts contractés à l'extérieur. S'ils perdent ainsi une de leurs principales ressources naturelles, ils perdent aussi les primates qui vivent dans ces forêts.

3. Les incendies peuvent détruire d'énormes surfaces de forêt. Certains sont déclenchés volontairement pour ménager des espaces cultivables, d'autres sont dus à la foudre.

4. Tous les pays ne connaissent pas le même taux de déforestation. Ces diagrammes concernent les années 1980 à 1995. (Sources : FAO)

VOIR AUSSI

1.3 Les primates aujourd'hui
p. 43 Une vie qui tient à un fil
p. 46 La viande de brousse

2.4 Le dernier refuge des lémuriens
p. 90 Une vie menacée

3.4 Une intelligence unique
p. 152 Pilleurs et commis agricoles

4.1 La planète des grands singes
p. 177 Les survivants

1

2

1. Un gorille mâle utilise ses pieds comme une plate-forme d'où il s'élance pour grimper à un tronc.

2. Un chimpanzé marche au sol doigts repliés, en s'appuyant sur le dos des jointures.

ANATOMIE DES GRANDS SINGES

La cage thoracique plate des grands singes, leur dentition, leur grand cerveau, leur absence de queue et leur apparence plus proche de celle des humains sont autant de traits qui les distinguent clairement des singes (▷ p. 40). L'ancêtre commun aux singes et aux grands singes remonte à 25 millions d'années et, d'une certaine manière, les grands singes ressemblent davantage à cet ancêtre que les singes de l'Ancien Monde, qui ont considérablement changé au fil du temps (▷ p. 32).

Une cage thoracique plate

Après leur séparation d'avec la lignée des singes, les grands singes ont suivi une évolution adaptée à leur niche écologique forestière. Le trait le plus significatif de leur évolution est sans doute cette poitrine plate qui nous est si familière dans nos propres corps. Il semble qu'elle résulte d'une adaptation à un mode de vie basé sur l'escalade des arbres, en opposition au fait de courir le long des branches comme le font la plupart des singes de l'Ancien Monde. Les grands singes ont aussi des bras longs et des jambes courtes par rapport aux autres primates. Les bras les aident à hisser leur corps lorsqu'ils grimpent sur un arbre tandis que les pieds s'agrippent au tronc, fournissant une plate-forme pour relancer les bras plus haut, et ainsi de suite. Cette alternance de mouvements permet à ces animaux lourds de grimper aux arbres comme de marcher au sol. Il est facile de voir combien ce genre de mouvement prédispose les grands singes à marcher sur deux jambes, ce qu'ils font parfois sur de courtes distances. Nos ancêtres étaient ainsi « pré-adaptés » à développer la marche bipède qui allait devenir un signe distinctif des hommes.

Les grands singes ont une manière très particulière de poser leurs mains lorsqu'ils marchent « à quatre pattes ». La plupart des singes marchent avec les mains à plat, le poids de leurs épaules étant porté par leurs doigts déployés. Au lieu de cela, les grands singes marchent sur leurs poings. Chaque espèce le fait différemment : les chimpanzés s'appuient sur le dos des jointures des doigts, les gorilles sur le dos des deux dernières phalanges des doigts, et les orangs-outans sur les poings. Nous n'avons pas la moindre explication quant à ces différences.

Danser dans les arbres

Peut-être en raison de la concurrence avec les singes de l'Ancien Monde, les gibbons ont exploité encore mieux leurs longs bras et leur cage thoracique plate, acquérant la faculté de se suspendre aux branches. Ils ont ainsi conquis une niche écologique que ni les singes (qui marchent ou se tiennent sur les branches) ni les grands singes (trop lourds) ne pouvaient atteindre. Les gibbons actuels sont à peu près deux fois moins grands que leurs ancêtres d'il y a 10 millions d'années. Grâce à leur légèreté, ils peuvent s'accrocher aux branches les plus hautes et les plus grêles, ce qui leur permet de se tenir hors de portée des prédateurs et leur donne un accès illimité aux fruits qui poussent à l'extrémité des branches.

Deux adaptations plus tardives ont permis aux gibbons de se sentir en sécurité dans leur niche écologique. Quand les grands singes ont acquis leur poitrine plate, leurs omoplates se

3. (ci-contre) Un jeune orang-outan déploie ses talents d'acrobate dans un arbre. Comparés aux autres grands singes, les orangs-outans ont l'air d'avoir quatre bras.

1 I. Le corps parfaitement adapté du gibbon lui permet de se suspendre à l'extrémité des branches les plus grêles, où il peut se nourrir à l'abri des prédateurs.

sont déplacées des côtés de la cage thoracique vers le dos. Les articulations des épaules se sont ainsi trouvées libérées, autorisant les bras à pivoter sur eux-mêmes. Par contraste, les épaules des singes ont une mobilité restreinte et leurs bras ne peuvent pas pivoter avec la même aisance. L'amplitude de mouvement acquise par les grands singes leur permet d'aller chercher un point d'appui derrière leur tête lorsqu'ils grimpent à un arbre, ce que ne peuvent pas faire les singes. Chez les gibbons, cette évolution est allée encore plus loin en libérant à la fois les articulations des épaules et des poignets. Ces derniers sont si libres qu'un gibbon peut pivoter son bras sur 360° sans lâcher la branche à laquelle il se tient. Nous n'avons certes pas cette aptitude : un homme ne peut guère le faire sur plus de 270° (soit les trois quarts d'un cercle).

Cette extraordinaire flexibilité articulaire combinée à leur cage thoracique plate permet aux gibbons de se mouvoir d'une manière unique et très spectaculaire, comme peut en témoigner quiconque les a vus dans un zoo ou dans leur milieu naturel. Suspendus par les mains, ils se balancent de branche en branche et se déplacent très vite à la cime des arbres. Ce faisant, ils utilisent leur corps comme un pendule pour donner l'impulsion à leurs mouvements. Tandis qu'ils se balancent sous les branches, ils projettent leurs jambes de haut en bas, un peu comme un enfant qui fait de la balançoire. Cette nouvelle aptitude physique est un exemple remarquable de la manière dont l'évolution peut adapter une morphologie développée dans un but précis (grimper le long des arbres) à d'autres fonctions tout à fait différentes (se balancer).

★ De tous les primates, les chimpanzés ont les plus gros testicules par rapport à leur corps ; les gorilles, les plus petits.

VIVRE ET MOURIR

Lorsqu'en 1972 la vénérable femelle chimpanzé Flo mourut au parc national de Gombe, au nord de la Tanzanie, elle fut le premier primate non humain à avoir une notice nécrologique dans un grand journal (*le Sunday Times* britannique). Flo était née vers 1929 et avait dépassé 40 ans lorsqu'elle s'éteignit. Elle avait été l'un des premiers chimpanzés du parc de Gombe à accepter la présence de la jeune Jane Goodall quand cette dernière y avait commencé ses travaux, en 1960. Flo était alors déjà mère, et son premier petit, un jeune mâle pubère nommé Faben, était assez turbulent. À sa mort, elle était devenue grand-mère.

Les grands singes font partie des primates dont la longévité est la plus importante. En captivité, la durée moyenne de vie des chimpanzés et des gorilles se situe autour de 50 ans. Mais cette longévité a un coût, car tout se déroule sur un rythme plus lent chez les espèces qui vivent longtemps. Ainsi, à l'instar des humains, les chimpanzés ont une longue enfance et n'atteignent la puberté que vers l'âge de 10 ans. Alors que la plupart des singes donnent naissance à des petits tous les ans ou tous les deux ans, la maternité ne survient chez les grands singes que tous les 4 ou 5 ans, à peu près comme chez les hommes. Ainsi, les mères chimpanzés et les mères humaines ne donnent-elles naissance qu'à 5 ou 6 enfants au cours de leur vie.

Cette reproduction lente a aussi des aspects positifs : elle donne aux jeunes davantage de temps pour apprendre, ce qui favorise le développement d'une plus grande intelligence ainsi qu'une plus longue durée de vie. Mais il y a un revers à la médaille : face à une soudaine catastrophe environnementale, ces espèces ne se reproduisent pas assez vite pour évoluer et s'adapter aux conditions nouvelles. Le destin de toutes les espèces prises dans cet étau ingrat est de s'éteindre un jour, et il n'est pas impossible que ce soit ce qui est arrivé aux dinosaures. Les grands singes portent aujourd'hui le poids de ce même défaut évolutif : seules les espèces capables de s'adapter assez rapidement auront quelque chance d'échapper à l'inexorable extinction. Jusqu'ici, seuls les humains ont réussi à conjurer ce mauvais sort, mais combien de temps encore parviendrons-nous à déjouer notre destin ultime ?

2. Un nouveau-né gorille s'agrippe au dos de sa mère tandis qu'elle traverse la forêt. Les bébés primates ont une poigne très forte, que l'on retrouve chez les bébés humains.

Jane Goodall, doyenne des primatologues, a suivi le déroulement de la vie de ses chers chimpanzés à Gombe, en Tanzanie, pendant plus de 40 ans.

UNE VIE DE RECHERCHE

Dans les années 1960, la jeune Jane Goodall commença à suivre les chimpanzés sauvages du parc national de Gombe, sur les pentes boisées de la rive est du lac Tanganyika. C'était un travail dur et frustrant, car les chimpanzés pouvaient s'enfuir vite et loin lorsqu'ils voulaient se débarrasser de ce grand singe mince qui s'attachait à leur sort. Il fallut presque cinq années pour que les chimpanzés s'habituent à sa présence et lui permettent de les suivre et de les observer continuellement.

Presque un demi-siècle plus tard, nous nous trouvons en possession de la documentation très riche minutieusement recueillie par Jane Goodall, par ses assistants tanzaniens et par un groupe privilégié d'étudiants venus du monde entier qui ont gagné leurs galons de chercheurs en étudiant divers aspects du comportement et de l'écologie des chimpanzés. Les chimpanzés eux-mêmes sont devenus les vedettes de nombreux documentaires.

Gombe représente ainsi l'une des plus longues études jamais menées en continu sur une seule population de mammifères, où la vie de chaque animal – sa naissance et sa mort, ses amitiés et ses fâcheries, ses hauts et ses bas dans sa hiérarchie sociale, etc. – a été intimement décrite. C'est à Gombe que la « pêche » aux termites et l'emploi d'outils par les chimpanzés ont été observés pour la première fois, de même que des infanticides et des meurtres, perpétrés devant des scientifiques horrifiés.

4.2 LA VIE EN SOCIÉTÉ ÉCLATÉE

Si les singes vivent en grands groupes et entretiennent d'intenses relations sociales, les grands singes paraissent plus réservés. Les gibbons sont monogames, tandis que les grands singes sont solitaires ou évoluent en petits groupes de six ou sept individus. Il peut sembler paradoxal que les primates les plus intelligents aient une vie sociale aussi pauvre. Mais les apparences sont trompeuses car, en réalité, la société des grands singes peut être beaucoup plus complexe qu'il n'y paraît. C'est particulièrement vrai pour les chimpanzés qui vivent en société dispersée, dans ce que l'on appelle un système social de fission-fusion : les individus forment une communauté et établissent des relations spécifiques les uns avec les autres sans pour autant passer tout leur temps ensemble. Mieux encore, ils parviennent à maintenir ces liens même s'ils ne se rencontrent pas durant plusieurs semaines, voire plusieurs mois.

LES MODES DE VIE DES GRANDS SINGES

Les grands singes sont frugivores bien que, comme tous les primates, ils puissent manger des nourritures variées, y compris de la viande. Ajoutons que les siamangs (les plus grands de la famille des gibbons) et les gorilles (les plus grands de la famille des grands singes) mangent davantage de feuilles que les autres espèces. Mais leur préférence pour les fruits mûrs, limite la flexibilité écologique des grands singes. Contrairement aux singes, ils ne peuvent pas digérer les fruits immatures parce qu'ils n'ont pas les enzymes digestives nécessaires pour combattre l'amertume des tanins qui protègent les fruits jusqu'à ce que les graines qu'ils contiennent soient prêtes à germer. Chez tous les grands singes, nous compris, manger un fruit immature est déplaisant, provoque des brûlures d'estomac si nous en consommons trop, et induit des diarrhées si nous persistons.

À la recherche des fruits

Dépendre des fruits a influencé le comportement des grands singes dans leur recherche de nourriture et, par voie de conséquence, leur vie sociale. Du fait de leur grande taille, ils ont besoin de beaucoup de nourriture chaque jour. Mais les fruits sont une ressource dispersée. Sous les tropiques, les arbres ne fructifient pas tous au même moment et s'il y a toujours quelque part un arbre portant des fruits, celui-ci est parfois très éloigné du précédent. Ainsi les grands singes sont-ils obligés de se séparer et de se déplacer considérablement pour chercher leur nourriture seuls ou en groupes restreints.

1. Les grands singes sont frugivores mais ne peuvent manger que des fruits mûrs. Ici, une femelle orang-outan saisit un durian : un délice malgré son odeur déplaisante.

Les chimpanzés, de loin les plus mobiles, parcourent facilement 5 km par jour à la recherche de leur nourriture. Les orangs-outans et les gorilles, plus sédentaires, ne dépassent guère 1 km. Quant aux gorilles, ils comptent sur les feuilles des plantes herbacées pour compléter leur menu et comme celles-ci sont largement disponibles, ils n'ont guère besoin de se déplacer pour se sustenter.
Les orangs-outans sont les plus solitaires. Cela tient au fait que les forêts du sud-est asiatique sont envahies par des arbres de la famille des diptérocarpes, dont les fruits sont immangeables. Les diptérocarpes représentant un tiers des arbres qui poussent dans leur habitat, les orangs-outans sont contraints de se disperser beaucoup plus encore que les autres grands singes pour se nourrir.

Les « amis » des bons jours

Chez les chimpanzés, le degré de sociabilité dépend étroitement du nombre de fruits que porte un arbre. Durant la saison sèche, quand les fruits sont rares, ils cherchent leur nourriture seuls ou en petits groupes. Durant la pleine saison des fruits, lorsqu'apparaissent les « pactoles fruitiers », les animaux convergent vers ces « supermarchés » à fruits et de grands groupes se forment. Les chimpanzés vont même jusqu'à inviter leurs proches à se joindre à eux lorsqu'ils ont découvert un nouvel arbre providentiel. En tapant sur le tronc de l'arbre et en poussant des hululements sonores, un chimpanzé se fait entendre à plusieurs kilomètres à la ronde ; des hordes de chimpanzés alléchés ne tardent pas à converger vers la source de ces sons.

1. Un chimpanzé cherche des fruits dans la canopée.

2. Un gorille des montagnes dans la luxuriante végétation herbacée des volcans Virunga, au Rwanda.

3. Un jeune chimpanzé pousse un hululement pour prévenir ses proches.

UNE SOCIÉTÉ ÉCLATÉE

Le fait de devoir se disperser pour rechercher leur nourriture a d'importantes conséquences sur la société des grands singes : ceux-ci ne peuvent pas vivre en larges groupes sociaux à l'instar des singes de l'Ancien Monde (▷ p. 120).

Les gibbons illustrent le propos par leur monogamie, une manière peu commune de vivre parmi les primates (▷ p. 194). Les gibbons femelles ne connaissent pas les relations sociales étroites établies par les femelles singes, et elles partent à la recherche de leur nourriture chacune de leur côté, accompagnées seulement de leur mâle et de leur progéniture. Leurs territoires ne se chevauchent jamais et elles se montrent parfois hostiles lorsqu'elles se rencontrent aux frontières territoriales.

Les territoires des femelles orangs-outans et chimpanzés sont moins définis et les femelles ont tendance à s'ignorer quand elles se rencontrent. Chez les bonobos, les femelles cherchent parfois leur nourriture ensemble, en groupes d'une dizaine, avec leurs petits.

Les gorilles paraissent plus sociables que les autres grands singes puisqu'ils vivent en petits groupes permanents. Mais en y regardant de plus près, la différence avec les gibbons monogames est minime, car le groupe type des gorilles se compose juste de deux ou trois femelles fécondables et d'un ou deux mâles adultes.

Les chimpanzés sont les seuls primates qui chassent des proies vertébrées. Les colobes bais sont leur gibier favori.

▷ DES SINGES MEURTRIERS

Mis à part les humains, les chimpanzés sont les seuls primates qui chassent d'autres mammifères d'une manière délibérée et organisée. Leur proie favorite paraît être le colobe bai, peut-être parce que ce singe est assez lent et facile à attraper dans les arbres, et peu agressif une fois captif. Dans les régions où il n'y a pas de colobes, les petites antilopes sont le gibier préféré.

Chez les chimpanzés, la chasse est une activité réservée aux mâles. Les chasses commencent souvent avec un seul individu ayant repéré une proie. Si la cible est un groupe de singes dans un arbre, le chasseur est bientôt rejoint par d'autres qui se dispersent dans les arbres alentour afin de couper la route aux victimes. Ensuite, un chimpanzé fait un mouvement brusque pour tenter d'attraper l'une d'entre elles : les singes s'enfuient de toutes parts, et il leur arrive de se jeter droit dans les bras des chimpanzés qui attendent autour.

Une chasse provoque un vif intérêt chez tous les chimpanzés des alentours qui la suivent du regard et l'accompagnent d'une cacophonie de cris. Le partage de la viande est presque ritualisé. Chacun veut sa part, et ceux qui touchent une partie de la carcasse deviennent la cible des autres, qui viennent mendier un morceau. La chasse est une activité saisonnière pratiquée surtout quand les fruits sont rares, notamment durant la saison sèche. La viande est alors une nourriture de substitution, en cas d'urgence. Ainsi, bien que la viande ne représente qu'une petite partie du régime des chimpanzés qui chassent, elle peut néanmoins se révéler essentielle à la survie dans les habitats saisonniers ou de piètre qualité.

1

2

Les lois des mâles

Le comportement social des grands singes mâles semble directement lié au nombre d'opportunités de s'accoupler qu'ils peuvent avoir. Il faut se souvenir, en effet, que les femelles grands singes donnent naissance à un petit tous les 4 ou 5 ans et que, après l'accouchement, les mères ne sont plus fécondables tant que leur petit dépend d'elles : comme chez les humains, la période de l'allaitement s'accompagne d'une suppression des hormones qui contrôlent le cycle menstruel. Les chances de s'accoupler et de féconder une femelle sont donc rares – une bonne raison pour que les mâles gardent ces opportunités si jalousement. Dans bien des cas, cela signifie qu'ils défendent les territoires de plusieurs femelles en même temps.

Les mâles orangs-outans sont les moins sociables. Leurs femelles sont en fait trop dispersées pour qu'ils puissent créer des groupes sociaux ; ils tentent donc d'établir des territoires englobant les domaines de nombreuses femelles et en défendent l'accès du mieux qu'ils le peuvent. Comme un mâle qui passerait tout son temps auprès d'une seule femelle perdrait de nombreuses occasions de s'accoupler avec d'autres, les mâles orangs-outans préfèrent vagabonder isolément dans l'espoir de rencontrer plus souvent une femelle fécondable.

La situation des chimpanzés mâles est plus compliquée en raison du large éventail d'habitats qu'ils occupent, dans lesquels les femelles ont un comportement social différent. Dans certaines régions, comme à Gombe, en Tanzanie, les femelles recherchent seules leur nourriture ; dans d'autres, comme la forêt de Taï, en Côte-d'Ivoire, elles voyagent en groupes ; et dans d'autres encore, comme le bassin du Congo, elles forment des troupes très importantes. L'attitude du chimpanzé mâle dépend donc du nombre de femelles dans un groupe, leurs chances de s'accoupler augmentant en proportion. Quand le groupe est important, les mâles s'y associent ; quand les

1. Les chimpanzés sont très sociables et quand les membres d'une communauté se rencontrent, il s'ensuit souvent une grande séance de toilettage mutuel.

2. En vieillissant, les orangs-outans mâles développent de large « coussins » sur les joues ; ces derniers marquent leur pouvoir vis-à-vis des autres mâles.

3

4

3. Autrefois captifs, ces chimpanzés, relâchés dans une île d'Afrique occidentale, s'ébattent au bord de l'eau en attendant qu'on leur apporte leur nourriture quotidienne.

4. Les gorilles de montagne trouvent leur nourriture sans peine dans la végétation qui couvre les volcans Virunga, au Rwanda.

Les chimpanzés sont les seuls primates connus (à part les humains) qui se livrent délibérément à des génocides.

I. (ci-contre)
Un gorille des plaines avec son groupe au parc national d'Odzala, au Congo. Quittant la sécurité de la forêt, ils sont venus chercher leur nourriture favorite à découvert.

femelles sont solitaires, ils adoptent la tactique des orangs-outans et rôdent seuls à la recherche de l'une d'entre elles.

À l'évidence, le comportement des gorilles est très différent. Les femelles gorilles ont en effet tendance à se réunir par deux ou trois ; alors que les chimpanzés ne porteraient pas attention à d'aussi petits groupes, les gorilles mâles constituent volontiers des groupes sociaux permanents avec ces unités de quelques femelles. Cela vient sans doute du fait que les gorilles, moins mobiles, ne peuvent couvrir que de courtes distances chaque jour et ne pourraient rôder dans de vastes territoires comme les chimpanzés.

Fraternité… et cruauté

Il ne faut pas en conclure pour autant que les chimpanzés sont peu sociables. Les mâles se rassemblent souvent en bandes d'individus apparentés pour défendre de vastes territoires contre d'autres « fraternités ». Dans leur vaste territoire, les mâles d'une fraternité ont accès à toutes les femelles qui l'occupent. Ces nombreuses occasions de s'accoupler sont défendues contre tous les rivaux, et cela va parfois jusqu'au lancement apparemment délibéré de raids meurtriers contre les mâles des communautés voisines. À Gombe, à la fin des années 1970 (▷ p. 185), les scientifiques ont vu avec stupéfaction les mâles d'une communauté attaquer et exterminer un à un les mâles d'une communauté voisine, et l'on a depuis rapporté des cas similaires dans d'autres populations de chimpanzés. Nos jours d'innocence étaient terminés : ceux que nous pensions êtres les gentils habitants de la forêt nous apparaissaient comme des monstres.

COMME ON FAIT SON NID…

« Comme on fait son lit, on se couche », dit un proverbe. Les grands singes le savent bien puisqu'ils passent la nuit dans des nids. Les orangs-outans et les chimpanzés font les leurs chaque soir dans les arbres, les gorilles à même le sol. Les nids sont faits de branches rassemblées en une plate-forme feuillue sur laquelle les animaux se couchent. Chaque membre du groupe fait le sien, sauf les petits qui partagent celui de leur mère.

On ignore pourquoi les grands singes dorment dans des nids. Si de nombreux petits prosimiens font également des nids, ces derniers sont moins élaborés et se résument souvent à de simples trous d'arbre. Les prosimiens ont par ailleurs tendance à utiliser le même nid durant plusieurs semaines ou mois, alors que les nids des grands singes ne servent qu'une fois, le jour où ils sont faits, puis sont abandonnés. L'avantage des nids est double : ils dissimulent les animaux aux prédateurs et les maintiennent au chaud dans la fraîcheur de la nuit. Les chimpanzés font parfois des nids diurnes lorsqu'il pleut, tandis que les orangs-outans tiennent une grande branche feuillue au-dessus de leur tête, comme un parapluie, lors des violentes pluies d'orage, un comportement qui pourrait avoir son origine dans la construction des nids.

Un chimpanzé se repose dans un nid perché dans les frondaisons. Le nid est constitué de branches courbées pour former une plate-forme feuillue.

DES RAISONS D'ÊTRE FIDÈLE

La monogamie ne concerne qu'environ 5 % des espèces de mammifères. Il semble que cela tienne à l'autonomie des femelles, qui subviennent à leurs propres besoins durant la gestation, et savent trouver la nourriture de leurs rejetons sans aucune aide par la suite ; la présence d'un mâle devient presque superflue. Les exceptions à la règle sont les tamarins, les ouistitis et la famille des canidés. Ces espèces ont une approche coopérative pour élever leurs petits, probablement parce que cela augmente leurs chances de survie.

1. L'infanticide est un problème particulier pour les primates du fait du long intervalle de temps entre deux naissances. La monogamie des gibbons pourrait être une solution.

2. Une femelle chimpanzé mère d'un petit se montre agressive vis-à-vis d'un mâle. Chez les chimpanzés polygames, la compétition entre mâles est dure et seuls les dominants parviennent à se reproduire.

Coopération parentale

Chez les oiseaux, la coopération entre mâle et femelle pour nourrir les petits a toutes ses raisons d'être, car la plupart des nichées exigent un régime riche en protéines et en énergie pour grandir rapidement. Les mâles et les femelles étant aussi habiles pour ravitailler en nourriture leurs progénitures, la coopération se révèle une stratégie efficace, qui facilite d'autant l'éducation des petits. Elle leur permet en outre d'engendrer une progéniture plus nombreuse que si l'un des parents se déchargeait des soins de la progéniture sur son partenaire.

Chez les mammifères, le fait que la gestation soit suivie par la nutrition au sein rend les mâles quelque peu inutiles après la fécondation. Seule la famille des canidés – loups et chacals y compris – est monogame. Le mâle aide la femelle en rapportant de la viande à la tanière et en la régurgitant après l'avoir partiellement digérée pour nourrir les chiots en cours de sevrage.

Monogamie chez les primates

Parmi les primates, les gibbons sont une des seules espèces monogames. Mais les raisons de cette monogamie restent énigmatiques. Contrairement aux ouistitis, aux oiseaux et aux canidés, les gibbons mâles assistent peu leurs femelles pour élever les petits : ils ne l'approvisionnent pas en nourriture, pas plus qu'ils ne semblent défendre le territoire où elle cherche sa nourriture. Cela ne les empêche pas de préserver ce même territoire contre les mâles rivaux afin que ceux-ci n'approchent pas leur femelle. En fait, quelque chose de plus fort les pousse à choisir la monogamie qui, pourtant, les prive des nombreuses occasions d'être père, qu'ils auraient, s'ils adoptaient, comme les orangs-outans, une stratégie de rôdeurs : la polygamie entraîne en effet le risque de voir sa progéniture tuée par d'autres mâles.

Meurtre et fertilité

Le gros cerveau des primates implique une longue gestation suivie d'une longue enfance

3

durant laquelle les petits sont complètement dépendants de leur mère. Comme tous les mammifères, la mère primate ne peut plus concevoir tant qu'elle allaite. Elle ne redevient fertile que quand le bébé est sur le point d'être sevré et que son cycle hormonal redevient normal. Cela signifie que les mâles qui s'accaparent la femelle d'un autre doivent tout de même attendre un long moment avant que celle-ci puisse se reproduire à nouveau.

Or, l'infanticide raccourcit ce délai puisque la mère n'a plus à allaiter. Le mâle se donne alors plus de chance de s'approprier des femelles. En effet, si le petit n'est pas tué, le lent retour à la fertilité des femelles grève une part importante du temps de reproduction qui leur est imparti – un temps limité quand la polygamie domine. Les felmelles n'ont pas tous ces soucis, elles peuvent se reproduire presque tout au long de leur vie. Lorsqu'une femelle fait une fausse-couche ou perd un petit par infanticide, les conséquences sont moins importantes pour elle : en dehors d'un inévitable traumatisme, elle a toutes les chances d'être à nouveau enceinte rapidement.

Des mâles protecteurs

En restant constamment aux côtés de sa femelle, le mâle gibbon s'assure que tous ses petits pourront parvenir à maturité sans risques d'infanticide. Cela arrange également la femelle dont les cycles reproductifs ne sont pas ainsi déréglés par les assauts des autres mâles. De plus, l'intolérance de leur mâle vis-à-vis des autres mâles les assure qu'aucun intrus ne viendra chercher sa nourriture sur leur territoire.

3. Chez les espèces monogames comme ces gibbons à mains blanches, les couples vivent ensemble sur un territoire qu'ils défendent contre les intrus.

VOIR AUSSI

2.1 Les créatures de la nuit
p. 61 Ensemble pour la vie

2.3 Des femelles responsables
p. 76 Relations préférentielles

3.3 Les jeux de l'amour
p. 138 Turgescences sexuelles
p. 144 Dégager la voie

4.2 La vie en société éclatée
p. 196 Sexe et société

4.5 Portraits de familles : les grands singes – p. 226 Gibbons

SEXE ET SOCIÉTÉ

La vie sociale des gorilles et des orangs-outans est tranquille et peu remplie. Aucune de ces espèces n'est réputée pour manifester un large éventail d'émotions, bien que leurs colères puissent être spectaculaires. Hormis ces accès, ils sont plutôt calmes et peu démonstratifs. La vie sociale des chimpanzés est tout autre. Qu'ils vivent en groupes restreints, comme dans la forêt de Gombe, ou nombreux, comme les bonobos, les chimpanzés vivent dans une tension permanente. Les relations de domination entre mâles sont durement défendues et font l'objet de querelles incessantes qui viennent interrompre une vie communautaire par ailleurs plus tranquille.

La plupart des mâles chimpanzés ne changent pas de communauté et y passent toute leur vie. En revanche, les femelles passent facilement d'une communauté à une autre, mais rarement plus d'une fois au cours de leur vie. Il est possible qu'elles changent de communauté pour éviter les croisements consanguins avec des mâles de leur parenté proche. Quoiqu'il en soit, le résultat de ces migrations a pour effet la dissémination des gènes dans les diverses communautés de chimpanzés. À Gombe les gènes d'une femelle ont été retrouvés à plus de 600 km dans d'autres communautés. Chaque femelle ne s'éloigne pourtant guère de plus de 10 à 15 km du territoire où elle est née, mais quand sa fille, puis sa petite-fille, son arrière-petite-fille et ainsi de suite font la même chose, les gènes peuvent être transmis sur de grandes distances. On a calculé que pour atteindre cette distance de 600 km, il avait fallu la migration d'au moins cinquante générations ; une génération de chimpanzé vivant de 15 à 20 ans, cela nous ramène entre 750 et 1 000 ans en arrière.

Les enseignements de la génétique

La génétique moderne nous a livré de précieux renseignements sur la vie cachée des chimpanzés. Ainsi, en analysant les gènes des chimpanzés de la forêt de Taï, en Côte-d'Ivoire, des scientifiques ont découvert que les gènes de chaque mâle étaient beaucoup plus dispersés qu'ils n'auraient dû l'être pour des animaux restant toute leur vie dans leur communauté de naissance. Il n'y avait plus qu'une seule explication : leurs femelles

1

1. Nourrissant l'ambition de devenir le mâle dominant de la communauté de Gombe, le chimpanzé Freud intimide un mâle rival.

2. Les chimpanzés nains (ou bonobos) sont connus pour faire usage du sexe dans toutes leurs relations sociales. Ici, une femelle adulte avec un jeune âgé de deux ans.

allaient de temps en temps s'accoupler dans les communautés voisines, répandant ainsi les gènes des mâles dans toute la forêt.

Les grand singes mâles s'emploient à empêcher leurs femelles de vagabonder comme le font les mâles des autres espèces. Les femelles, quant à elles, ne partagent pas cette volonté des mâles de les maintenir près d'eux, et s'il y a un meilleur mâle à côté...

Obsédés par le sexe

Il semble que les bonobos aient poussé cette « vie de débauche » à l'extrême et qu'ils aient abandonné toute prétention à une vie sociale raffinée. Pour eux, le sexe est tout et sert à tout. Ils l'utilisent aussi bien pour se saluer que pour cimenter une relation amicale, comme nous engageons une conversation. Et personne n'y échappe. Les mâles s'accouplent avec les mâles, les femelles avec les femelles, et les deux sexes avec des jeunes, parfois même avec les petits. Comme chez les humains, le sexe constitue parfois un moyen de chantage : ainsi, un mâle peut s'asseoir au pied d'un arbre fruitier pour n'y laisser grimper que les femelles qui acceptent de s'accoupler avec lui au préalable.

Les grands singes partagent avec nous un autre aspect de leur comportement sexuel : tandis que tous les autres primates s'accouplent comme le font les chiens, les grands singes s'acccouplent parfois en se faisant face et, parmi eux, ce sont les chimpanzés bonobos qui ont le plus souvent recours à cette pratique (parmi tant d'autres choses qui les rapprochent des hommes). On ne sait pas pourquoi la lignée des grands singes est passée de la position usuelle des mammifères à ce face à face inhabituel. Sans doute est-ce dû au fait que nos relations sont plus intimes et plus intenses, et que la réponse que nous lisons dans le visage du partenaire nous renseigne sur ses sentiments à notre égard et enrichit notre expérience.

2

4.3 L'INTELLIGENCE DES GRANDS SINGES

Au cours de l'évolution, le cerveau des primates est devenu plus gros que celui de tous les autres animaux (par rapport à la taille du corps). Le facteur évolutif qui a favorisé l'augmentation de la taille du cerveau semble avoir été le besoin de vivre au sein de groupes sociaux plus vastes et plus complexes. Il n'est donc pas surprenant que nous soyons impressionnés par l'intelligence des grands singes qui, lorsqu'on leur soumet un problème, le résolvent bien mieux que les autres espèces. Leur comportement sensible et réfléchi dans les relations qu'ils entretiennent entre eux et avec ceux qui les étudient est tout aussi remarquable. Les chimpanzés partagent environ 98 % de leur code génétique avec nous. Mais que partagent-ils de notre monde mental ? Cette question cruciale fascine et frustre tout à la fois les scientifiques depuis un siècle. Y répondre est d'autant plus ardu qu'il est difficile d'étudier l'esprit qui gère les comportements, même chez les humains.

LE « CERVEAU SOCIAL »

Mike, l'un des chimpanzés mâles que Jane Goodall étudiait à Gombe, était parvenu au sommet de la hiérarchie des mâles de sa communauté grâce à une surprenante et ingénieuse tactique. Plutôt petit, il n'aurait jamais dû parvenir au sommet de la hiérarchie, qui ne s'atteint que par la force physique. Mais un jour, Mike découvrit que les bidons vides de kérosène utilisés dans le campement faisaient un énorme fracas en tombant. Aussi prit-il l'habitude de jeter des bidons vides pour effrayer et évincer ses rivaux, tactique qui lui permit de les dominer malgré sa petite taille.

Faire preuve d'un tel opportunisme pour parvenir à ses fins témoigne clairement de l'intelligence des chimpanzés. Pour exploiter les autres de façon si subtile, il fallait que Mike comprenne comment ils réagiraient à ses actes. Ce point est plus complexe qu'il n'y paraît de prime abord, car il nous amène à nous demander ce qu'est la conscience.

Connais-toi toi-même

L'une des caractéritiques fondamentales de l'être humain est la conscience de soi. Nous savons qui nous sommes, et nous pouvons méditer nos propres pensées. Mais il s'agit là d'un phénomène très difficile à étudier expérimentalement. Si nous pouvons étudier nos propres schémas de pensée par le biais de l'introspection, nous ne pouvons pas étudier d'autres espèces de la même manière. Il est déjà difficile d'y parvenir avec des êtres humains. Nous pouvons certes interroger ces derniers sur leurs sentiments face à une situation vécue, mais leurs réponses ne garantissent pas que ce qu'ils décrivent correspond exactement à ce que nous avons expérimenté. Le langage est un véhicule pauvre lorsqu'il s'agit de transmettre pensées intimes et sentiments.

1
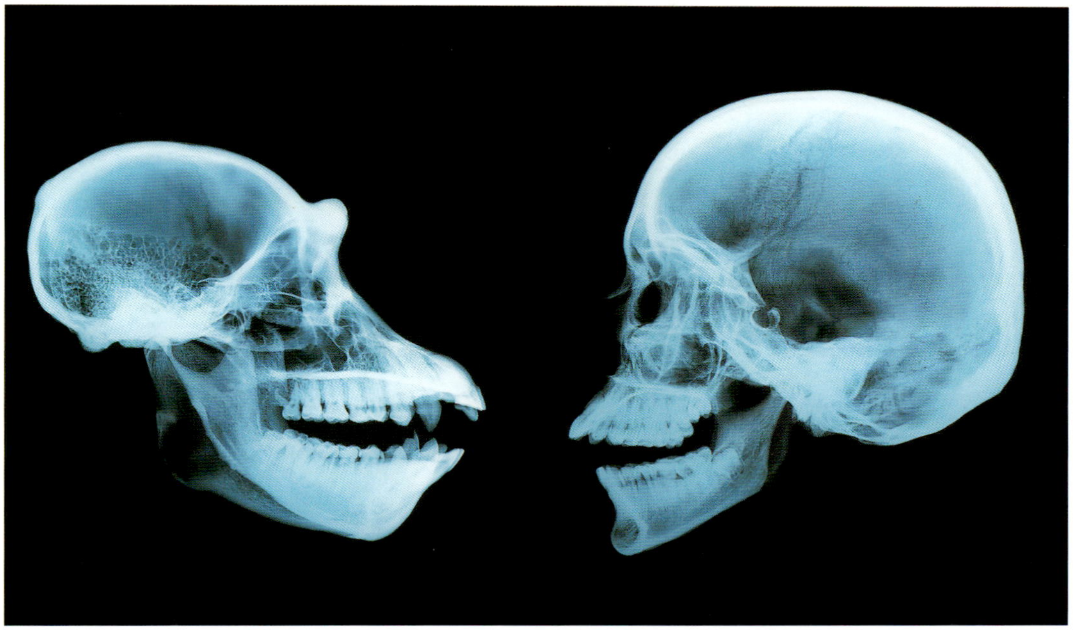

2

1. Les rayons X révèlent l'importante différence de taille entre le cerveau humain (à droite) et celui des chimpanzés (à gauche).

2. À Gombe, le chimpanzé Mike a appris à lancer des bidons vides pour impressionner ses rivaux. Il est ainsi devenu le mâle dominant en dépit de sa petite taille.

1

2

1. Contrairement à beaucoup de singes, les chimpanzés se reconnaissent dans un miroir, et ils savent s'en servir pour voir si des parties difficilement visibles de leur corps leur appartiennent.

2. Les chimpanzés nains (ou bonobos) sont cantonnés dans les forêts humides du Congo. Les scientifiques pensent qu'ils sont plus semblables aux hommes que les chimpanzés communs.

Seuls les grands singes partagent avec les hommes la faculté de se reconnaître dans un miroir.

L'un des moyens permettant de savoir si les grands singes ont conscience d'eux-mêmes est d'observer s'ils se reconnaissent dans un miroir. La plupart des animaux, comme les chiens et les chats, ne parviennent pas à réaliser que l'animal qui leur fait face est un reflet d'eux-mêmes et ils se comportent comme devant un autre chien ou chat.

Les scientifiques qui étudient le comportement des animaux ont eu tôt fait de considérer la faculté de se reconnaître dans un miroir comme un point de repère quant au concept de soi-même. Un animal qui se reconnaît possède clairement un certain sens de son identité, un sens du soi distinct des autres. Ceci a conduit à élaborer un test simple. Vous faites en sorte qu'un animal se familiarise avec un miroir en en plaçant un dans sa cage. Plus tard, vous anesthésiez ledit animal et, tandis qu'il dort, vous mettez un trait de peinture sur son front. Il ne reste plus qu'à observer si, à son réveil, il repère cette marque sur sa tête. S'il le fait (et cela se voit parce qu'il tente de toucher la marque en s'aidant du miroir), vous pouvez en conclure qu'il a un sens de sa propre personne.

Tous les grands singes passent ce test avec succès alors qu'aucun singe parmi la douzaine d'espèces testées n'y est parvenu (▷ p. 156). Mais cette capacité à se reconnaître dans un miroir est-elle véritablement le signe d'une conscience de soi ? Il est certes intéressant de constater que les grands singes ont cette faculté et que les singes ne l'ont pas, mais cela suffit-il à déterminer ce qu'elle recouvre ?

Lire dans les pensées

Une voie prometteuse dans l'étude des grands singes est de chercher à savoir s'ils possèdent une « théorie de l'esprit », s'ils sont capables de « lire » dans les pensées, en d'autres termes s'ils ont cette faculté que nous, humains, avons d'imaginer ce qui se passe dans l'esprit d'un autre individu. Cette aptitude est en effet primordiale dans de nombreuses situations humaines telles que mentir efficacement, écrire des romans ou adhérer à une croyance religieuse. Pour mentir avec succès, je dois, en effet, savoir quel genre de pensées mes propos vont faire naître dans votre esprit ; pour écrire un roman, je dois imaginer (et le lecteur aussi) les pensées et les motivations des différents personnages ; pour croire en un Dieu, enfin, je dois supposer qu'il existe un être divin dont les décisions peuvent influer sur les événements et dont je peux influencer la pensée par la prière.

Tout cela requiert donc la capacité de réfléchir sur la pensée d'autrui comme sur la sienne propre. Les psychologues considèrent la faculté de comprendre que le raisonnement de quelqu'un d'autre est faux comme étant le signe d'une « théorie de l'esprit ». Vers l'âge de quatre ans, les enfants sont à même de reconnaître que quelqu'un d'autre peut voir les choses différemment d'eux. Avant quatre ans, ils pensent que ce qu'ils croient être vrai l'est pour tout le monde. La question cruciale est de savoir si certains primates partagent cette faculté avec nous.

Il est difficile de tester les animaux sur ce point puisque nous ne pouvons pas parler avec eux. Néanmoins, deux études ont tenté de déceler cette faculté chez les chimpanzés, et d'autres tests ont étudié des aptitudes du même type, telles que comprendre la différence entre quelqu'un qui « sait » et quelqu'un qui « ne sait pas » ou concevoir qu'un autre puisse voir (ou ne pas voir) ce qu'ils ne voient pas (ou voient) eux-mêmes.

Au vu des résultats, il semble bien que les chimpanzés (la seule espèce étudiée à ce jour) soient à même de distinguer dans une situation donnée qui sait (où est cachée la nourriture, par exemple) et qui ne sait pas. Toutefois, il est moins certain qu'ils soient à même de comprendre que quelqu'un se trompe, et donc qu'ils possèdent une « théorie de l'esprit ».

L'art de la ruse

Les chimpanzés ne seraient rien sans leur esprit rusé. Lors d'une expérience, on montra à un chimpanzé de bas rang hiérarchique un fruit caché dans un vaste enclos extérieur, puis on le remit avec ses congénères dans les bâtiments. Plus tard, tous les animaux furent lâchés dans l'enclos en question. Au lieu de se ruer vers l'endroit où était caché le fruit, le chimpanzé testé resta près de la porte tandis que les autres s'installaient dans leurs coins favoris. Ce n'est que lorsque tout le monde fut installé qu'il alla subrepticement chercher le fruit. Il savait qu'en allant droit vers la cachette, son comportement inhabituel aurait attiré l'attention des autres, et qu'un mâle plus puissant aurait eu tôt fait de lui voler son butin. Si les ruses de ce type sont fréquentes chez les grands singes, elles ne le sont pas chez les singes (▷ p. 155).

3

3. Vers l'âge de quatre ans, les enfants sont capables de comprendre que quelqu'un d'autre voit les choses différemment de ce qu'ils voient eux-mêmes.

CONVERSER AVEC LES GRANDS SINGES

Depuis que les hommes ont pris conscience qu'il existait une société animale, l'idée de pouvoir parler avec les animaux les a fascinés. Le langage est à ce point une seconde nature pour nous qu'il nous est difficile d'admettre qu'ils ne possèdent pas leurs propres langages : pour explorer les zones inconnues dans l'univers des autres espèces, il suffirait de comprendre ce que signifient leurs jacassements, grognements et aboiements. Les grands singes, si semblables à nous, nous donnent l'espoir de réaliser ce projet.

1

1. On a enseigné à plusieurs chimpanzés le langage par signes destiné aux personnes mal entendantes. Mais on ne sait pas s'ils se contentent d'imiter leur professeur, ou s'ils élaborent leurs propres phrases.

Enseigner la parole aux chimpanzés
Ces considérations ont motivé les premières tentatives pour enseigner un langage humain (invariablement l'anglais) aux chimpanzés. Les deux plus fameuses expériences furent menées durant les années 1950 et 1960. Toutes deux furent réalisées avec un bébé chimpanzé élevé dans la famille d'un scientifique, aux côtés d'un enfant du même âge. Hélas, les deux tentatives échouèrent lamentablement. Au mieux, les deux chimpanzés ne parvinrent qu'à émettre une demi-douzaine de sons chuchotés qui ressemblaient vaguement aux mots qu'on leur avait enseignés. Au pire, les enfants humains apprirent plus à copier les mauvaises manières à table des chimpanzés, que les chimpanzés n'apprirent à imiter le comportement culturel des enfants.

Le langage des signes
On comprit rapidement la raison de tels échecs : les chimpanzés ont un larynx positionné trop haut dans la gorge pour prononcer les voyelles et consonnes du langage humain. Il s'ensuivit un grand nombre de projets pour enseigner aux chimpanzés un langage par signes, partant du principe que les grands singes utilisent naturellement un langage gestuel pour communiquer entre eux. La plus célèbre de ces expériences concerne la femelle chimpanzé Washoe, à laquelle on enseigna le langage par signes américain, alors qu'elle était très jeune. Après de nombreuses années, elle parvint à maîtriser un vocabulaire d'une centaine de signes. Mais cette réussite paraît bien modeste comparée aux jeunes enfants humains qui sont capables d'apprendre un mot nouveau toutes les 90 minutes entre l'âge de 3 et 6 ans. Quoi qu'il en soit, la performance de Washoe fut l'occasion de grandes discussions. Selon certains scientifiques, ce que faisait Washoe n'était rien d'autre que répéter les signes qu'utilisaient ses professeurs. Selon d'autres, le langage de Washoe se limitait à demander ce qu'elle voulait (le plus souvent à boire ou à manger) alors que les enfants utilisent très tôt le langage pour poser des questions telles que « qu'est-ce que c'est ? » ou « pourquoi ? ».

Parler avec des symboles
La phase suivante consista à utiliser des langages symboliques. Lors d'une étude, on plaça sur un clavier d'ordinateur des symboles représentant des questions (quoi ? où ?), des mots descriptifs (rouge, rond), des concepts (plus grand que, au-dessus), des objets (pomme, boisson) et des noms (Sue, Austin). Les grands singes devaient construire des phrases simples en appuyant sur les touches.

Un succès dans le genre
Cette étude fut couronnée de beaucoup plus de succès avec Kanzi, un jeune bonobo, qui apprit plusieurs centaines de symboles et engagea des « conversations » régulières avec

2

2. Kanzi le bonobo communique grâce à un tableau contenant plus de 100 symboles.

3. Les enfants humains apprennent à parler très jeunes et sans effort. Une disposition naturelle à l'imitation est sans doute essentielle.

ses professeurs. Le plus remarquable en ce qui concerne Kanzi est qu'on ne lui avait jamais enseigné ces signes formellement : il les avait appris spontanément en regardant sa « mère adoptive » qui s'entraînait à utiliser un clavier. Ses propres performances furent spectaculaires : il parvint même à donner des instructions complexes en anglais par le biais d'un clavier relié à un synthétiseur de voix. Pourtant, beaucoup doutent qu'il ait acquis un langage dans le sens humain du terme. Une fois encore, en effet, il ne faisait que des phrases de deux ou trois mots dont la plupart concernaient ses désirs immédiats, performances qui sont à peu près celles d'un enfant humain de deux ans.

3

VOIR AUSSI

2.2 Des odeurs et des sons
p. 70 Signaux vocaux

3.4 Une intelligence unique
p. 148 Une intelligence unique

4.3 L'intelligence des grands singes
p. 208 Des droits de l'homme pour les grands singes

4.4 Un grand singe bipède
p. 214 La faculté de rire
p. 223 Les enfants de Caïn

4.5 Portraits de familles : les grands singes
p. 229 Chimpanzés communs
p. 230 Bonobos
p. 231 Hommes

UTILISER DES OUTILS

Depuis qu'on a filmé leur ingénieuse technique, les chimpanzés « pêcheurs de termites » de Gombe, en Tanzanie, sont célèbres. Attraper des termites est une opération délicate. Pour la réaliser, les chimpanzés utilisent une longue tige d'herbe qu'ils introduisent dans un trou de la termitière. Après l'avoir agitée quelques instants, ils retirent la tige centimètre par centimètre, prenant bien garde de ne pas perdre la précieuse cargaison de termites soldats qui s'y est accrochée. Il ne leur reste plus qu'à savourer ce mets délicieux.

Les chimpanzés font partie des rares espèces animales à pouvoir manger des termites, car c'est précisément pour échapper à un tel destin que ces dernières se barricadent dans leur forteresse, la plupart des animaux n'étant pas assez forts pour en briser les remparts. Les hommes, qui s'en délectent eux aussi, sont obligés d'attendre que les termites sortent de leur tanière lors de leur période de reproduction, qui ne dure que quelques jours par an. Les chimpanzés ont résolu le problème en allant « à la pêche aux termites », une activité qui requiert à la fois patience et adresse.

Les outils des chimpanzés

Les chimpanzés ne réservent pas l'utilisation d'outils à la seule pêche aux termites : dans toute l'Afrique centrale, on les voit se servir d'autres instruments simples pour rechercher de la nourriture. À Gombe, ils emploient des gros morceaux de feuilles mâchées comme

1. Les chimpanzés sont experts dans le maniement des outils. Ici, l'un d'eux utilise une longue tige pour extraire des termites, faisant preuve de patience et d'habileté.

Les chimpanzés consomment plus de 30 espèces végétales connues pour leurs propriétés médicinales. Certaines d'entre elles sont utilisées comme médicaments par la population humaine locale.

éponges afin de ramasser l'eau qui stagne dans les creux des troncs d'arbres. Ils utilisent aussi les feuilles pour essuyer les saletés sur leur fourrure, exactement comme nous utilisons un mouchoir en papier.

Le ramassage des fourmis est un autre jeu plus aventureux. Les chimpanzés plongent l'extrémité d'un fin bâton mâchouillé dans une colonne de fourmis en marche. Dès que les soldats fourmis se sont agrippés à la branche avec leurs mâchoires puissantes, la tige est aussitôt passée sur la main qui collecte les fourmis et les amène vite à la bouche où elles sont immédiatement mâchées. Il s'agit d'être rapide et très habile car, contrairement aux termites, les soldats fourmis peuvent mordre férocement : il faut donc ne pas leur en laisser le temps et, un bâton retiré trop tard ou un pied laissé trop près de la colonne en marche amèneront bien des déboires.

Casse-noix

Dans la forêt de Taï, en Côte-d'Ivoire, les chimpanzés ont développé une tradition locale tout à fait différente : le cassage des noix. Le palmier à huile, qui pousse dans toute l'Afrique tropicale, produit une noix très riche, appréciée des hommes pour sa chair huileuse. Mais cette chair est emprisonnée dans une coque particulièrement dure et, du coup, rares sont les animaux qui ont accès à ce mets savoureux. Les hommes et les chimpanzés sont l'exception, et ils ont résolu le problème d'une manière similaire : prendre un marteau pour casser ces noix.

Afin de briser ces coques si dures, la première étape pour un chimpanzé consiste à trouver le marteau idoine. Il s'agit souvent d'une pierre d'une forme et d'un poids particuliers, qu'il pourra bien saisir en main, mais un morceau de bois fait parfois l'affaire.

Un chimpanzé en train de manger de l'*Aspilia*.

PHYTOTHÉRAPIE

Comme tous les animaux, les chimpanzés ramassent des parasites dans leur nourriture ou lors de leurs déplacements. Les parasites internes sont les plus difficiles à détecter et à traiter. Une fois logés dans l'intestin, ils sont si invalidants qu'ils constituent une menace vitale, même pour les hommes. Dans le meilleur des cas, ils prennent une partie de notre nourriture et affaiblissent nos défenses immunitaires.

À l'instar des hommes, les chimpanzés ont découvert que certaines plantes ont des propriétés curatives. Ceux de Gombe et de Mahale, en Tanzanie, avalent les feuilles velues de l'*Aspilia* ou d'autres plantes. À Mahale, les chimpanzés atteints de parasitose sévère mâchent la moelle du *Vernonia*. Les recherches ont montré que les chimpanzés qui avalent ces feuilles ou mâchent cette moelle amère ont effectivement moins de parasites. L'*Aspilia* et d'autres espèces de feuilles consommées par les grands singes d'Afrique facilitent l'évacuation des vers hors de l'intestin tandis que la moelle du *Vernonia* contient des composants toxiques pour les vers. En fait, quelque 25 plantes ingérées par les chimpanzés sont également utilisées par les humains pour traiter des maux divers, tels que douleurs d'estomac, dysenterie amibienne et vers intestinaux.

1 

2 

Ensuite, le chimpanzé ramasse quelques noix puis cherche un endroit qui pourra lui servir d'enclume : un rocher scellé dans le sol, une souche d'arbre ou une branche. Il ne reste plus qu'à y placer une noix et à frapper jusqu'à ce que celle-ci éclate. Ce n'est pas si facile car la noix doit être maintenue entre le pouce et l'index jusqu'au coup de marteau, pour l'empêcher de rouler sur l'enclume improvisée. Dans certains cas, ladite enclume doit aussi être calée avec une autre pierre.

Les bons marteaux sont rares et il faut parfois les chercher loin, aussi les chimpanzés surveillent-ils ce qu'il advient des leurs. Si l'enclume est fixe, les marteaux peuvent être emmenés par un autre chimpanzé d'un site vers un autre. Il semble donc que lorsque les chimpanzés passent dans un endroit où il y a une enclume, ils notent où gisent les marteaux afin de s'en souvenir. Qu'ils cherchent à repérer les marteaux est confirmé par le fait qu'ils collectent le marteau le plus proche lorsqu'ils se rendent vers un palmier portant des noix, même si cela doit leur occasionner un détour.

Afin d'étudier ce comportement dans ses moindres détails, des scientifiques ont eu l'idée de peindre un grand nombre de marteaux potentiels dans une partie de la forêt de Taï puis de noter leur emplacement respectif jour après jour. Simultanément, ils ont enregistré quels marteaux les chimpanzés ramassaient quand ils allaient chercher des noix. En mesurant la distance séparant les arbres à noix de tous les marteaux disponibles, les scientifiques ont constaté que les chimpanzés choisissaient ces derniers en fonction du chemin qu'ils devaient parcourir : les marteaux lourds étaient emportés sur des trajets plus courts que les marteaux plus légers.

On a suggéré que les chimpanzés apprenaient à utiliser les marteaux en regardant attentivement leur mère. On a même avancé que les mères enseignaient la bonne technique à leurs enfants en leur donnant d'abord des morceaux de noix faciles à briser, ou en leur tenant la main pour diriger leurs gestes. Il semble plutôt que les jeunes chimpanzés apprennent cette technique d'eux-mêmes, ayant simplement remarqué que les adultes produisaient de la sorte quelque chose à manger, et la lenteur avec laquelle ils apprennent à casser des noix correctement paraît confirmer ce point de vue. En effet, il leur faut parfois trois ans

1. En Afrique occidentale, certaines populations de chimpanzés utilisent des marteaux de pierre pour briser la coquille des noix du palmier à huile.

2. Au risque d'être sévèrement mordu, un chimpanzé de Gombe utilise une tige d'herbe pour collecter et manger des fourmis. Gare aux faux mouvements !

3. Au Liberia (Afrique occidentale), un chimpanzé frappe une noix de coco sur une pierre pour la briser. Ce type de comportement n'a jamais été observé chez les chimpanzés d'Afrique centrale ou orientale.

4. Sultan, vedette des études menées par Köhler, emboîte deux morceaux de bois pour atteindre sa nourriture.

d'efforts patients et infructueux pour maîtriser la technique. Si celle-ci leur était enseignée, les résultats seraient plus rapides.

Des bâtons et des bananes

La capacité des chimpanzés à fabriquer et utiliser des outils a provoqué un intérêt d'autant plus considérable qu'elle soulève des questions sur les facultés de nos propres ancêtres utilisateurs d'outils. En fait, ces outils nous ouvrent une fenêtre sur la forme d'esprit des chimpanzés.

Le psychologue allemand Wolfgang Köhler fut l'un des premiers à étudier l'usage des outils au sortir de la première guerre mondiale. Se trouvant alors interné en tant qu'ennemi aux îles Canaries, sous autorité espagnole, Köhler passa le temps de sa captivité relativement douce à s'occuper du zoo local. C'est là qu'il fut intrigué par les aptitudes intellectuelles des chimpanzés.

Köhler assigna diverses tâches aux chimpanzés, par exemple attraper une banane hors de portée de la cage une fois mis en possession de deux bâtons dont aucun n'était assez long à lui seul. À la stupéfaction des observateurs, Sultan, un jeune mâle, sut résoudre ce problème dès qu'on lui montra que les deux bâtons pouvaient être emboîtés l'un dans l'autre pour n'en former plus qu'un seul, plus long.

De telles expériences sont demeurées des classiques durant de nombreuses années mais, avec le recul, nous sommes peut-être moins convaincus que Köhler et ses contemporains le furent. Aussi impressionnantes qu'elles aient été, les performances de ses grands singes pour résoudre de tels problèmes étaient loin d'être spontanées. De nos jours, les observations de Köhler ne seraient pas considérées comme des preuves concluantes d'une utilisation perspicace des outils.

Néanmoins, les grands singes paraissent bien utiliser des outils intentionnellement, et Kanzi, le chimpanzé bonobo auquel fut enseigné un langage par symboles (▷ p. 202), sait allumer un barbecue et cuire ses propres saucisses.

LES PRIMATES ET LA POLITIQUE

Les grands singes se livrent parfois à la politique, se manipulant mutuellement dans le but de ménager leurs propres intérêts, montrant apparemment autant de fourberie que les êtres humains. Un exemple révélateur nous est donné par une colonie de chimpanzés du zoo d'Arnhem aux Pays-Bas.

Yeroen était le mâle dominant de la colonie. Siéger au sommet de la hiérarchie lui valait de nombreux privilèges, mais aucun n'était aussi précieux aux yeux de Yeroen que l'accès sexuel à toutes les femelles. Pourtant, le statut de Yeroen était remis en question : il prenait de l'âge et son jeune rival, Luit, commençait à manifester son intention de le remplacer. Finalement, l'insistance de Luit fut payante et il fut à même de prendre la place de Yeroen.

Mais c'était sans compter avec l'expérience que procure l'âge. Après sa rétrogradation, Yeroen commença à faire des avances amicales à Nikkie, le plus jeune des trois mâles adultes, et quand Nikkie se querellait avec Luit, Yeroen lui venait en aide. Il ne fallut pas longtemps pour que les efforts combinés des deux mâles renversent Luit de sa position dominante. Yeroen sembla alors prêt à donner la position de premier mâle à Nikkie. Bien que le prix à payer fût de n'être plus que le second mâle, le fait d'être l'allié de Nikkie permettait à Yeroen d'avoir accès à quelques femelles, ce qui était toujours mieux que rien. Pour sa part, Luit se retrouvait en troisième position et se voyait dénié toute chance de s'accoupler.

Mais Nikkie n'était pas entièrement content de cet arrangement. Voir toujours et encore Yeroen s'accoupler avec ses femelles lui devint insupportable, et il finit par s'attaquer au vieux mâle. Trop âgé pour être compétitif, ce dernier dut céder. Mais quand Nikkie se disputa avec Luit, Yeroen se contenta de s'asseoir et de les regarder. Son refus d'aider Nikkie mit celui-ci en difficulté car il n'était pas de taille à se mesurer seul à seul avec Luit. Le comportement de Yeroen était juste ce qu'il fallait pour que Nikkie le restaure dans ses privilèges avec les femelles… du moins jusqu'à sa prochaine crise de jalousie.

La sensibilité et l'intelligence des grands singes les rend beaucoup plus vulnérables à la mise en cage que la plupart des autres primates. Comme les hommes lorsqu'ils sont enfermés, ils deviennent dépressifs et désorientés.

DES DROITS DE L'HOMME POUR LES GRANDS SINGES

Des coutumes d'origines très anciennes obligent tous les êtres humains à suivre un code moral qui gouverne la manière de se comporter vis-à-vis des autres membres de la communauté. Ce code, assimilé aux dix commandements dans la culture judéo-chrétienne, accorde à tous les membres certains devoirs et droits fondamentaux. Dans de nombreuses sociétés traditionnelles, ces règles ne s'étendaient pas aux membres des autres tribus qui pouvaient ainsi être asservis, tués ou dépossédés de leurs femmes et de leurs biens. De nos jours, nous tentons d'étendre les droits de l'homme à chacun. Les droits de vie, de liberté de toute persécution, etc., sont inscrits dans les déclarations des Nations unies. Pourtant, ils sont aussi souvent violés que défendus comme l'ont montré les génocides qui déshonorent l'histoire du XXe siècle.

Nombreux sont ceux qui se demandent dans quelle mesure de tels droits devraient être accordés à d'autres espèces. Les grands singes, qui nous ressemblent tant, seraient de bons candidats. L'argument principal en leur défaveur est de dire que les droits de l'homme sont contractés entre les êtres humains et présupposent une intelligence suffisante pour comprendre la nature du contrat. Pourtant, nul ne dénie ces droits aux bébés ou aux handicapés mentaux qui ne peuvent comprendre ces obligations. Nous les faisons « membres du club » en nous instituant leurs gardiens. Pourquoi ne pas faire la même chose pour les grands singes ?

Comprendre Yeroen

Cet exemple typique des interactions complexes qui animent la vie sociale des chimpanzés est très facile à interpréter en termes anthropomorphiques. Il n'est pourtant pas avéré que la démarche de Yeroen ait été sous-tendue par un projet délibéré. Les exemples de ce qui ressemble à des comportements intelligents nous impressionnent, et nous interprétons volontiers le comportement des animaux en terme d'intentions. Il s'agit là d'une question cruciale, car si quelqu'un doit partager notre monde émotionnel, ce sont bien les grands singes d'Afrique, nos très proches parents. Mais comment être sûrs qu'il en va vraiment ainsi puisque nous ne savons pas lire leurs pensées et leurs sentiments ?

Deux écoles s'opposent sur cette question. Les behavioristes disent que nous devons cantonner nos discussions à ce que nous observons objectivement : les comportements. Ne pouvant pas observer les sentiments, il est inutile de se demander si d'autres espèces en possèdent. Nous savons que nous en avons et nous pouvons être sûrs que certains animaux tels les insectes et les bactéries n'en ont pas. Mais où se trouve le point de transition dans cette chaîne animale ?

Les behavioristes disent qu'il est prudent de tracer la ligne de séparation aux humains, sans chercher plus loin. De ce point de vue, tout comportement doit être expliqué sur la base des seuls modèles enseignés. L'autre école insiste sur le fait que, s'il est difficile de savoir où tracer cette ligne, nous pouvons être raisonnablement certains que les espèces les plus proches de nous en termes évolutifs partagent sans doute quelque chose de notre monde intérieur. En outre, estimer que ces animaux ont un monde intérieur fournit des explications plus simples à leurs comportements que l'interprétation strictement behavioriste. Malgré tout, nous sommes bien loin de comprendre ce qui peut se passer dans un esprit autre que le nôtre…

1

2

1. Au zoo d'Arnhem, aux Pays-Bas, Yeroen et le jeune mâle Nikkie se coalisent contre Luit, le nouveau mâle dominant. (Avec l'aimable autorisation de Frans de Waal, extrait de *Chimpanzee Politics*.)

2. Yeroen, pensif. Ce vieux mâle rusé a-t-il consciemment utilisé Nikkie afin de rétrograder son rival Luit ? (Avec l'aimable autorisation de Frans de Waal, extrait de *Chimpanzee Politics*.)

4.4 UN GRAND SINGE BIPÈDE

Le ciel paraissait sombre et menaçant tandis que, du volcan lointain, jaillissaient des nuages de cendres et de fumées sulfureuses.
Les grondements et les explosions émis par le volcan parvenaient jusqu'à la plaine où deux adultes et un enfant cheminaient dans un paysage couvert de cendres. La nuit avait été dure.
Le bruit avait troublé leur sommeil et l'arrivée du jour n'avait pas apporté de répit. Ils voulaient s'éloigner au plus vite. Effrayé par une explosion venue des entrailles de la montagne, un groupe d'antilopes croisa leur piste. C'était il y a…
3,5 millions d'années, et les trois personnages étaient des australopithèques, nos lointains ancêtres. Une pluie légère imprima leurs empreintes dans le sol, où elles furent recouvertes de cendres et de poussières. Elles y demeurèrent à l'abri des regards et des ravages du temps jusqu'au jour où Mary Leakey, célèbre chasseur de fossiles, les découvrit par hasard.

L'HISTOIRE DE NOS ANCÊTRES

Notre espèce a connu un tel succès qu'il nous semble évident d'être en tête de liste de l'évolution. En fait, tout n'a pas été facile, et nous avons atteint l'aube du XXIe siècle après avoir suivi un long trajet parsemé d'embûches, de crises et de coups de chance. La continuation de notre histoire a parfois tenu à un fil si mince que c'est presque un miracle que nous soyons encore là. Notre histoire est celle d'un enfant misérable devenu millionnaire par chance plus que par ses mérites.

1. Vieilles de 3,5 millions d'années, les traces de pas d'un grand et d'un petit australopithèques, fossilisées à jamais dans les cendres volcaniques, à Laetoli, en Tanzanie. Les traces semblent avoir été laissées par un enfant et deux adultes, le second marchant dans les empreintes du premier.

Les lois de la sélection

Notre histoire ancestrale est particulièrement bien documentée et nous possédons de nombreux fossiles que nous pouvons classer dans le temps. Certes, les paléoanthropologues continuent d'argumenter sur d'importants détails, mais le tableau d'ensemble est là. Il y a environ 5 millions d'années, un groupe de grands singes a commencé à gagner les régions bordant les forêts qu'il habitait, tentant d'échapper aux conséquences de la détérioration des forêts causée par un changement de climat.

Les espèces qui s'aventurent ainsi hors de leur niche écologique courent de grands risques : il leur manque les outils physiologiques nécessaires ainsi que la connaissance du milieu pour vivre dans ce nouvel environnement. Elles ne peuvent survivre que si elles s'adaptent rapidement à ces nouvelles conditions, et cela n'arrive qu'au prix d'une mortalité très élevée, les individus les mieux adaptés étant les seuls capables de se reproduire. Mais une très forte mortalité peut mettre en jeu la survie de l'espèce elle-même… Telle est l'histoire de notre tentative, réussie, pour échapper à l'extinction qui a frappé la plupart des autres populations de grands singes.

Premiers pas

Notre histoire commence avec un groupe de grands singes connu sous le nom d'australopithèques. Ce sont les plus lointains ancêtres que nous nous connaissions après la séparation entre notre lignée et celle des chimpanzés, survenue il y a 5 millions d'années (▷ p. 179). À peine différents des autres grands singes d'aujourd'hui, avec un cerveau de taille comparable et un régime similaire, les australopithèques s'en distinguaient pourtant d'une manière radicale par leur marche, sur deux jambes et non quatre comme les gorilles ou les chimpanzés. Les empreintes de pas fossilisées datant de 3,5 millions d'années retrouvées par Mary Leakey à Laetoli, au nord de la Tanzanie, ne laissent aucun doute à ce sujet. Leur forme révèle des pieds plus semblables à ceux des humains qu'à ceux des grands singes, et prouve que les australopithèques étaient déjà bipèdes.

Grâce aux fossiles, nous savons que les australopithèques avaient déjà acquis certaines des caractéristiques anatomiques de l'homme moderne. Ils étaient dotés d'un bassin large et arrondi alors que celui des grands singes et des autres primates est long et étroit. Les intestins de ces derniers sont accrochés au pelvis et à la colonne vertébrale et sont retenus par la peau. Dans la station debout, un pelvis étroit ne peut pas soutenir les intestins (pas plus qu'un fœtus), qui s'affaissent. Pour prévenir une telle situation, l'évolution a doté les australopithèques d'un bassin arrondi dans lequel les intestins et les fœtus peuvent se nicher.

La façon de marcher, si caractéristique des humains modernes, n'était pas complètement acquise à ce stade, mais la bipédie pratiquée par les australopithèques ressemblait suffisamment à la nôtre pour exiger de longues jambes. Comparativement, les autres grands singes possèdent des jambes courtes et faibles, et des bras longs et musclés qui leur permettent de grimper aux arbres. Les humains ont l'équipement inverse : des bras faibles et des jambes longues et suffisamment puissantes pour parcourir à pied de longues distances. Suprême succès des australopithèques, ils sont parvenus à conquérir tous les habitats africains de type savane situés au sud du Sahara. Ce faisant, ils se sont subdivisés en différentes espèces durant les 3 millions d'années de leur existence. On ne sait pas exactement d'où proviennent les australopithèques mais les fossiles les plus anciens que nous possédons viennent tous de la corne est de l'Afrique (Tanzanie, Kenya et Éthiopie).

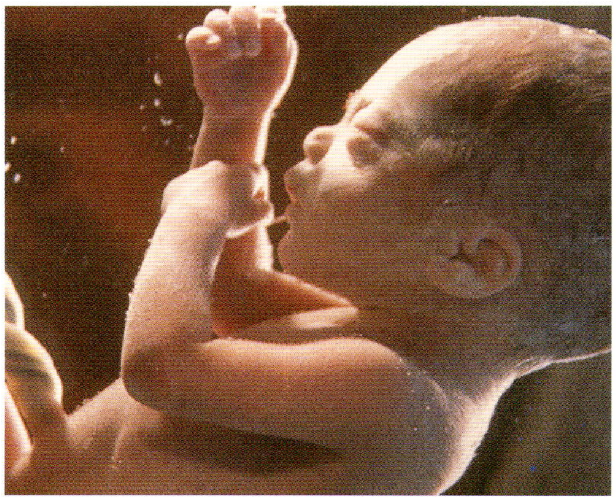

Les bébés humains naissent avec 12 mois d'avance, car leur tête ne pourrait pas passer par l'étroit bassin maternel s'ils naissaient au même stade de développement que les petits des autres primates.

LE PRIX À PAYER POUR ÊTRE UNE GROSSE TÊTE

Le processus de l'évolution ressemble à un patchwork qui aboutit rarement à la perfection. Il n'invente ni ne crée, mais adapte et transforme des éléments déjà existants. Le résultat est souvent imparfait, particulièrement quand l'évolution a dû être aussi rapide et radicale que dans notre cas.

Un premier exemple est la relative faiblesse de notre dos, que nous ressentons bien dans notre civilisation industrialisée où de nombreuses journées de travail sont perdues pour des lombalgies. En effet, même après 4 millions d'années de station debout et de marche bipède, le bas de notre colonne vertébrale n'est pas assez fort pour porter le poids de notre tronc et de notre tête. C'est que l'évolution a dû trouver un compromis entre stabilité et flexibilité. Une colonne vertébrale plus lourde et moins flexible nous aurait interdit la course et le lancer.

Autre exemple : nos bébés devraient en fait naître... 12 mois plus tard ! Si l'on considère la taille de notre cerveau, notre gestation devrait durer 21 mois pour que celui-ci parvienne à la même maturité que celui des autres primates à leur naissance. Nos 9 mois de grossesse sont encore un compromis, cette fois entre le moment le plus précoce où un bébé peut survivre hors de la matrice et la largeur du canal pelvien par lequel il doit passer. Les changements du squelette qui ont permis la bipédie ont en effet réduit la largeur du canal pelvien au point que la tête d'un bébé parvenu à maturité ne pourrait plus y passer. Nos bébés naissent donc plus tôt et leur cerveau continue de croître après la naissance.

Cela explique pourquoi nos bébés naissent si fragiles comparativement à ceux des autres primates, et pourquoi nos prématurés courent tant de risques.

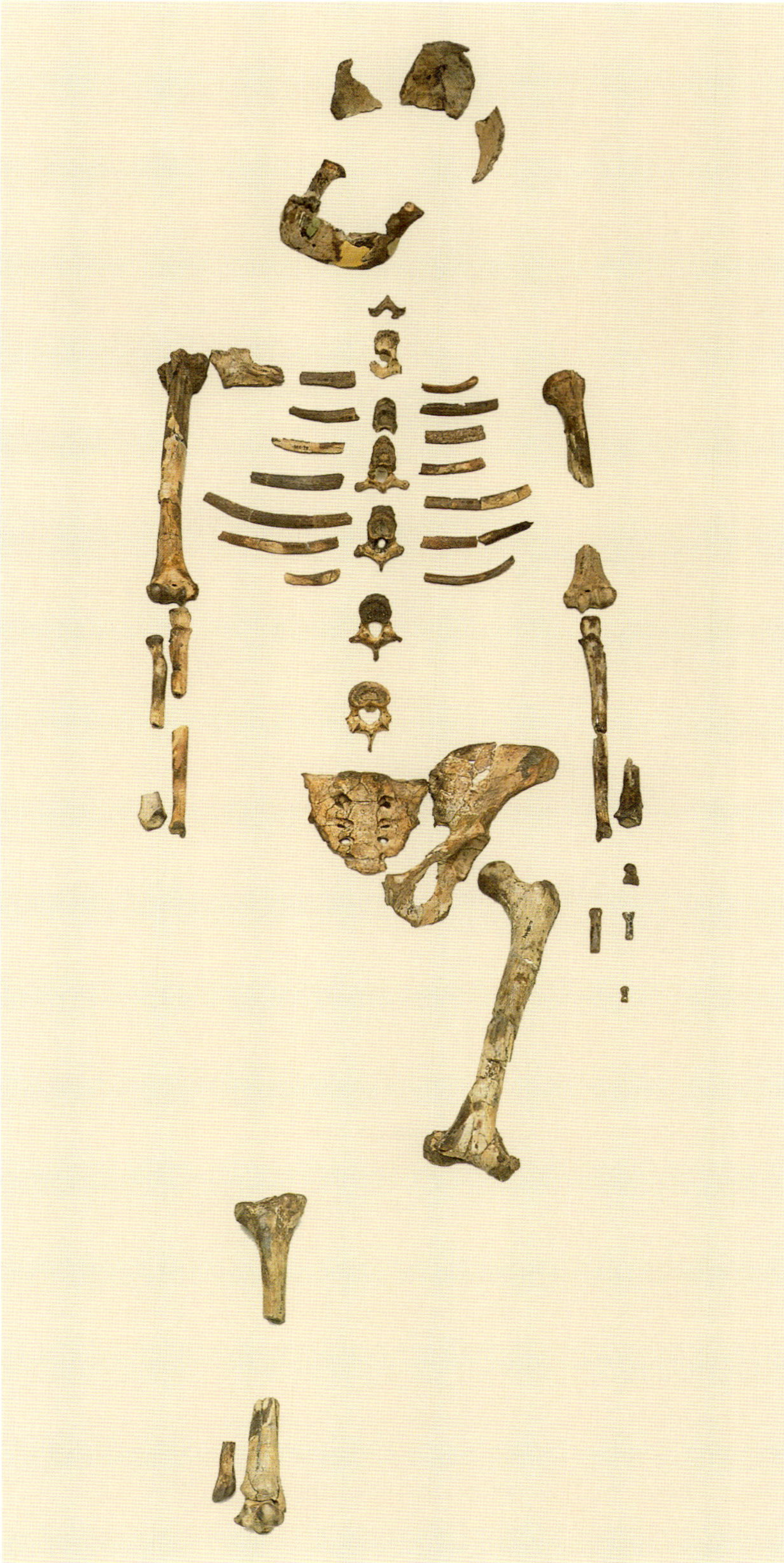

1

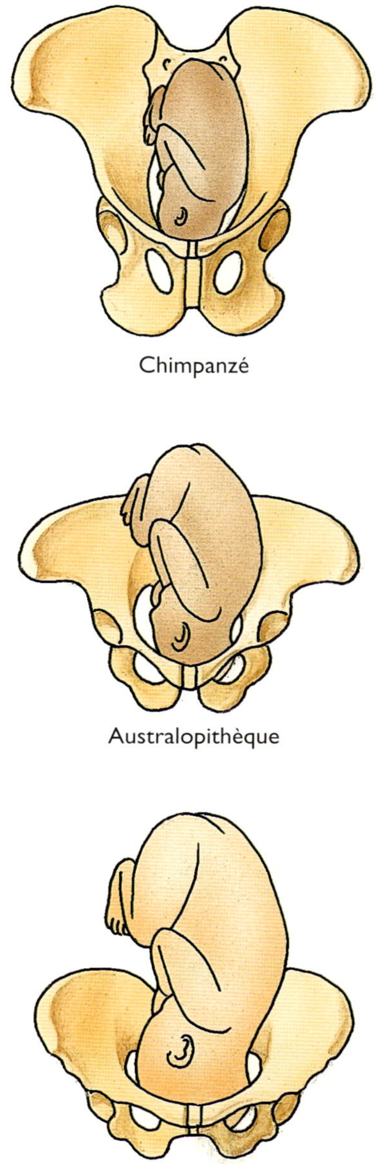

2

2. Favorisant la bipédie, le bassin de l'homme moderne est arrondi et court. Mais il est étroit comparé à la tête de nos bébés. Les chimpanzés et les australopithèques ont des bassins plus hauts et plus cylindriques par lesquels leurs bébés plus petits passent aisément.

1. Le squelette le plus complet d'un australopithèque (trouvé dans la dépression de l'Afar, en Éthiopie) : baptisé Lucy, il vivait il y a 3 millions d'années.

LA FACULTÉ DE RIRE

L'épouillage mutuel joue un rôle important dans la vie sociale des grands singes. Il est le ciment de leurs groupes sociaux. Mais le toilettage prend du temps et ne peut s'adresser qu'à peu d'individus en même temps. Même chez les hommes, il est difficile de prodiguer ses caresses et ses embrassades à deux personnes simultanément. Pour nos ancêtres, ce fut un sérieux problème : leur environnement exigeait des groupes sociaux élargis, mais leur manière d'établir des liens, en se toilettant ou en se caressant, ne le leur permettait pas. Aussi, pour éviter que n'éclatent leurs groupes devenus trop grands, ont-ils dû trouver une méthode permettant de faire un pont entre le temps disponible pour entretenir les liens intimes et la nécessité d'interagir au sein d'un grand groupe.

1

1. Les mariages sont, chez les humains, une occasion rituelle de réunir le large cercle des amis et parents du couple.

2. Chez l'homme, la conversation a remplacé le toilettage comme moyen d'établir des relations et d'accéder à des groupes sociaux plus étendus.

2

Amis et connaissances

Bien que les êtres humains vivent dans des pays pouvant regrouper plusieurs centaines de millions d'individus, leurs véritables groupes sociaux (définis par le nombre de personnes que l'on connaît assez pour dire que ce sont des amis) sont bien plus restreints. En fait, il semble que chacun de nous compte en moyenne 150 personnes dont nous pouvons dire que nous les connaissons assez bien. Si les singes et grands singes devaient vivre dans des groupes de cette taille, c'est 40 % de leur temps qu'ils devraient passer à s'épouiller pour assurer leurs liens sociaux. En réalité les primates non humains ne consacrent que 20 % de leur vie à cette action sociale, le reste étant dévolu à la recherche de la nourriture.

Nouveaux modes interactifs

Avec l'arrivée du langage, nos ancêtres ont trouvé une solution à leur dilemme social : la conversation permet en effet d'interagir avec plusieurs individus simultanément. Le langage permet également d'échanger des informations sur notre réseau social, chose que les singes et grands singes, dont les connaissances se limitent à ce qu'ils voient, ne

3. Rire et sourire n'appartiennent qu'à l'être humain. La libération de molécules chimiques opiacées que cela permet nous rend mieux disposés dans nos relations avec autrui.

4. L'épouillage mutuel est typique de la vie des primates. S'il permet de conserver un pelage propre, il permet surtout d'établir des liens intimes entre deux individus.

peuvent pas faire. Mais si le langage a permis de résoudre un problème, elle en a posé d'autres. Il ne faut pas oublier en effet que, par les pincements et tiraillements qu'il provoque, le toilettage stimule le cerveau des singes, qui libère alors des endorphines, des substances de structure très semblable à celle de l'opium et de la morphine. Les endorphines jouent un rôle important dans le contrôle de la douleur et sont libérées aussi bien à la suite d'un choc ou d'une stimulation corporelle que lors d'un épouillage. Dans ce dernier cas, elles rendent la séance très plaisante et relaxante, ce qui intervient sans nul doute dans les relations qui s'établissent entre les partenaires.

Bien que les hommes aient souvent recours au même type d'exercice (les caresses, les étreintes, etc.) et connaissent le même plaisir induit par les endorphines, ces comportements ont tendance à ne concerner que leurs relations les plus intimes, au cours desquelles le contact physique prend le pas sur le langage. Lors de contacts moins intimes, le lien s'établit par la conversation, mais celle-ci n'engage pas d'efforts physiques suffisants pour stimuler la production d'endorphines : il manque le mécanisme de base qui rend l'épouillage si efficace chez les primates non humains.

À la conquête du rire

Comment nos ancêtres ont-ils comblé cette lacune dans notre monde social ? Il semble que la réponse soit en inventant le rire. Le rire est, dit-on, le propre de l'homme et, si on a parfois prétendu que les chimpanzés riaient, ils ne le font pas aussi aisément et aussi souvent que les hommes. Rire fait intensément travailler les muscles de la face et de la poitrine, ce qui libère des endorphines destinées à combattre le stress musculaire ainsi engendré, et nous fait retirer un gain énorme de cette activité. Sans doute est-ce la raison pour laquelle nous passons autant de temps à tenter de nous faire rire mutuellement lors d'une conversation.

VOIR AUSSI

2.1 Les créatures de la nuit
p. 58 La vie sociale

2.2 Des odeurs et des sons
p. 63 Messages nocturnes

3.2 La vie en groupe
p. 131 Toilettage et endorphines

4.3 L'intelligence des grands singes
p. 202 Converser

4.4 Un grand singe bipède
p. 222 Emblèmes tribaux

4.5 Portraits de familles : les grands singes – p. 231 Hommes

Les fabricants d'outils

Il y a 2,5 millions d'années, lors d'un refroidissement climatique soudain, les fossiles découverts en Afrique orientale révèlent l'apparition d'un nouveau grand singe au corps plus élancé et au cerveau plus gros : *Homo erectus*. Avec lui débute la deuxième phase de notre histoire, qui se traduit par un changement spectaculaire : les premières « haches manuelles » soigneusement taillées dans la pierre apparaissent parmi les fossiles.

L'espèce *Homo erectus* a connu un stupéfiant succès puisqu'elle a survécu plus de 2 millions d'années et a été la première à quitter l'Afrique pour coloniser l'Europe et l'Asie, renouvelant le voyage effectué par les ancêtres des orangs-outans 15 millions d'années plus tôt. Elle a vécu jusqu'à une date étonnamment récente, puisqu'elle s'est éteinte en Chine et en Extrême-Orient il y a à peine 50 000 à 100 000 ans.

Il est également surprenant de voir combien cette espèce a peu évolué anatomiquement et culturellement durant sa longue existence. Les archéologues ne cessent d'être intrigués par la similarité de taille et de forme des haches manuelles tout au long de cette période. Cette constance suggère que *Homo erectus* était particulièrement bien adapté à sa niche écologique. Celle-ci, probablement pour la première fois, contenait d'importantes réserves de viande. Bien que les chimpanzés soient des chasseurs, la viande ne constitue pas une grande part de leur régime alimentaire, et il en est allé à peu près de même pour les australopithèques. En revanche, la viande semble avoir constitué une part de plus en plus importante du régime de *Homo erectus*, peut-être en raison du changement de climat qui, en détériorant les forêts, l'a forcé à gagner la savane.

La splendide symétrie d'une hache taillée dans le style acheuléen il y a quelque 250 000 ans.

LES PREMIERS OUTILS DE NOS ANCÊTRES

Nos ancêtres hominidés ont certainement utilisé des outils bien avant que ceux-ci n'apparaissent parmi les fossiles vieux de 4 millions d'années. Les outils usités par les australopithèques devaient être proches des marteaux de pierre dont se servent les chimpanzés de la forêt de Taï, et on ne sait pas dans quelle mesure ceux-ci étaient travaillés ou n'étaient que des morceaux de roche naturels. C'est avec *Homo erectus*, notre premier ancêtre indiscutable, que l'on commence à trouver des outils manufacturés : les haches manuelles aux arêtes taillées avec soin.

Mais la réelle utilité de ces hachettes demeure obscure : servaient-elles à briser les os pour en extraire la moelle, à être lancées sur les animaux de proie, à creuser le sol pour y trouver des racines ? Certains anthropologues se sont même demandés si ces haches n'étaient pas seulement ce qu'il reste d'une pierre après qu'on en a taillé la surface pour en extraire des éclats fins comme des lames de rasoir utilisés pour dépecer les carcasses des animaux. Cela expliquerait pourquoi ces « outils » n'ont pratiquement pas changé durant 2 millions d'années.

Ce n'est qu'avec la révolution du Paléolithique supérieur, il y a moins de 50 000 ans, que l'on voit un grand bond en avant dans la diversité et la qualité des objets manufacturés, alors qu'apparaissent des aiguilles, poinçons et pointes de flèches finement travaillés. On trouve pour la première fois des pièces purement ornementales et même des jouets sous forme de figurines semblables à des poupées, tandis que l'art pariétal, avec les peintures des grottes, apparaît un peu plus tard.

Les hommes de Neandertal avaient le plus gros cerveau de tous les primates. Son volume de 1,6 litres dépassait de beaucoup le nôtre, d'un volume moyen de 1,25 litres.

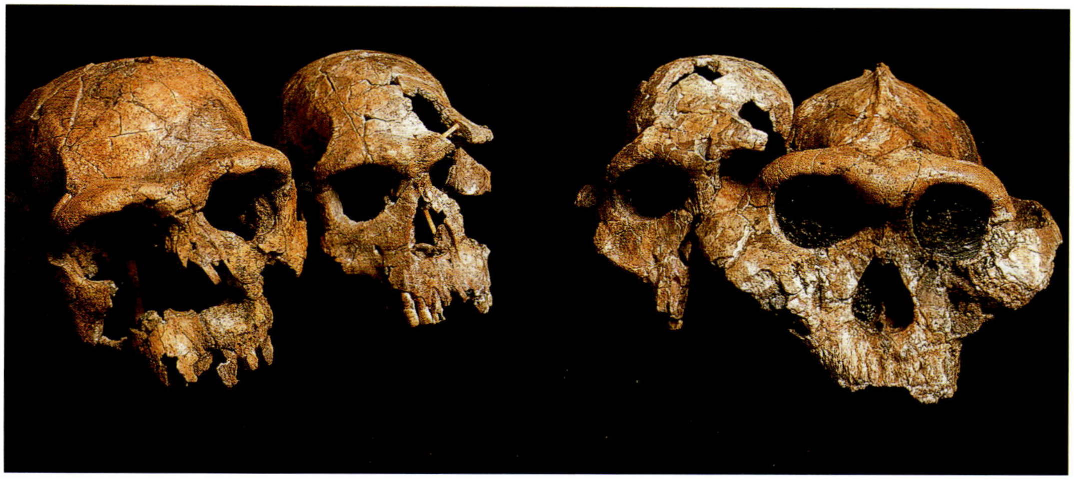

1

2

1. Fossiles d'hominidés du lac Turkana, au nord-est du Kenya. De gauche à droite : *Homo erectus*, un australopithèque *gracilis* et deux australopithèques *robustus*.

2. Reconstitution d'une femme de Neandertal à partir d'un squelette vieux de 41 000 ans, trouvé à Tabun, en Israël.

L'énigme de Neandertal

C'est en 1856, dans la vallée de Neander, en Allemagne, que des carriers ont découvert ce qui semblait être un squelette humain caché au fond d'une grotte. Perplexes devant cette forme lourde et cette face renfrognée, les anatomistes de l'époque conclurent qu'il s'agissait de quelque idiot du village déformé par le rachitisme, ou peut-être d'un soldat cosaque blessé qui, revenant de la bataille de Waterloo, s'était réfugié là pour mourir. Plus tard, après la publication en 1859 du livre de Charles Darwin, De l'origine des espèces, et la découverte de fossiles similaires, on commença à penser que les « hommes de Neandertal », comme on les appela, pouvaient être nos ancêtres.

Vêtu d'un costume, un Neandertalien n'attirerait pas trop l'attention si nous le croisions dans les rues d'une cité moderne. Les choses seraient différentes si nous le voyions nu. Nous verrions alors un être à la silhouette massive, aux membres trapus, au nez large et saillant et au menton effacé. Les Neandertaliens possédaient des muscles masticateurs puissants qui faisaient de leurs mâchoires un étau. Leur corps trapu était une adaptation au climat froid de l'Europe durant les périodes glaciaires, de même que leur large nez, qui devait réchauffer l'air froid avant qu'il ne pénètre dans leurs poumons.

Cousins ou ancêtres ?

Pendant de nombreuses années, les scientifiques ont pensé que les Neandertaliens étaient nos ancêtres directs, mais la génétique moderne a mis un terme à cette théorie. Il y a quelques années, on a pu extraire l'ADN d'un fragment du squelette trouvé à Neander. L'analyse comparative a montré qu'il était trop différent de l'ADN des hommes modernes pour que les Neandertaliens soient nos ancêtres directs. Selon toute probabilité, ils sont les descendants de populations antérieures aux premiers *Homo sapiens* qui ont colonisé l'Europe il y a plusieurs centaines de milliers d'années. Il s'avère que les hommes modernes sont issus d'une autre branche d'humains primitifs restée en Afrique. Les hommes de Neandertal sont donc une branche collatérale de notre arbre généalogique et non nos ancêtres directs.

Les Neandertaliens ont vécu pendant quelque 100 000 ans en Europe et, vers la fin de leur histoire, ont coexisté aux côtés de nos propres ancêtres. On estime que les derniers Neandertaliens se sont éteints il y a à peine 30 000 ans, soit mille générations avant notre époque. La raison de cette extinction demeure mystérieuse. On a invoqué une inadaptation au climat qui se réchauffait et au changement de faune en Europe, mais cela paraît peu probable eu égard aux capacités d'adaptation dont ils ont fait montre auparavant. L'extermination par les envahisseurs venus d'Afrique est la thèse favorite de nombreux articles de journaux, mais elle n'est guère plus plausible, car un génocide de cette ampleur est impossible sans armes modernes.

Les Neandertaliens ont probablement disparu pour la même raison que les peuplades indigènes plus modernes qui ont été presque anéanties après l'arrivée de leurs colonisateurs : la maladie. Il y a certes eu des cas de génocides perpétrés par des envahisseurs (ainsi, en 1835, l'extermination des Moriori des îles Chatham par les Maoris de Nouvelle-Zélande) ; mais la plupart des populations indigènes, de l'Amérique à l'Australie et à l'Asie, ont été décimées par les maladies introduites par les envahisseurs, contre lesquelles elles n'avaient pas de défenses.

« Out of Africa »

Il y a 70 000 ans, une nouvelle vague d'émigrants traversa le territoire qui reliait l'Afrique à l'Europe et se dispersa rapidement à travers le nouveau continent et vers l'Asie. Ces émigrants, les hommes de Cro-Magnon, étaient originaires d'Afrique et anatomiquement semblables à l'homme moderne, bien que sans doute un peu plus grands. Ce sont nos ancêtres directs. Avec eux émergeait une culture nouvelle et plus sophistiquée, dont témoignent les outils finement taillés et les pièces d'ornement qui suivent de peu leur apparition. Un peu plus tard apparurent les grottes peintes en France et en Espagne, si révélatrices de la vie de nos ancêtres, il y a 30 000 ans.

Durant les 30 000 années qui ont suivi leur départ d'Afrique, les hommes de Cro-Magnon ont colonisé toute l'Europe et se sont dispersés à travers l'Asie, jusqu'aux îles du sud-est asiatique et à l'Australie. Il est possible que, 15 000 ans plus tard, ils aient traversé le détroit de Béring, terre alors émergée, pour gagner l'Alaska, puis tout le continent jusqu'en Amérique du Sud, en à peine quelques milliers d'années.

Il n'y a encore que 30 000 ans, plusieurs espèces d'êtres humains vivaient simultanément.

1

2

1. La Vénus callipyge de Willendorf (Autriche) est un symbole de fertilité taillé dans la pierre il y a 25 000 ans.

2. Ce bison peint dans les grottes d'Altamira (Espagne) date d'environ 13 000 av. J.-C.

3

4

3. Les Inuits sont petits et trapus, un physique qui limite les pertes de chaleur dans les neiges de l'Arctique.

4. Ces Masaï grands et élancés sont adaptés au climat chaud des plaines tropicales d'Afrique.

5. Chez la plupart des races humaines, le lait est idéal pour les nourrissons, indigeste pour le adultes.

L' ANIMAL HUMAIN

Alors que le destin des grands singes semble être remis en question, le nôtre pourrait difficilement être plus différent. En effet, en 70 000 ans, nous avons conquis et colonisé le globe. Nous nous sommes même aventurés au-delà de notre biotope en allant visiter la Lune et en envoyant des sondes spatiales vers les planètes voisines. Sur notre planète elle-même, nous nous sommes diversifiés et adaptés de manière à triompher des conditions climatiques et environnementales qui avaient vaincu les autres espèces. On peut peut-être nous pardonner la fatuité qui nous fait nous considérer comme une espèce à part.

La diversité humaine

La population humaine rassemble une diversité de formes bien supérieure à celle que l'on peut voir chez les autres grands singes. En Afrique, de grands hommes côtoient des pygmées. L'Eurasie et l'Amérique abritent de grands hommes blonds et des populations plus petites à la peau mate et aux cheveux bouclés. Et ce n'est pas tout ; outre cette diversité de formes, on observe un incroyable mélange de langues et de cultures. Les hommes modernes emploient plus de 6 000 langues répertoriées, prient des dieux étonnament différents et se rassemblent en des groupes sociaux aussi diversifiés que ceux des autres primates.

Pourtant, toute cette diversité n'est que la couche superficielle recouvrant une autre réalité : tous les hommes actuels descendent d'un ancêtre commun qui vivait en Afrique il y a 150 à 200 000 ans. L'ancêtre commun aux Européens, Asiatiques, Australiens et Amérindiens, vivait il y a 70 000 à 100 000 ans. Ces différences de statures, de couleurs de peau, de langues et d'habitudes sociales ne sont que des évolutions apparues en quelques dizaines de milliers d'années. Certaines ont résulté d'une adaptation rapide à un nouvel environnement local, d'autres ont eu lieu sous la pression évolutive. Ainsi, la peau pâle des Européens du Nord est une adaptation à la faible luminosité solaire des hautes latitudes : la peau humaine a besoin de soleil pour fabriquer la vitamine D, mais les pigments de la peau noire ralentissent ce processus. Quand les ascendants des Scandinaves ont quitté l'Afrique il y a 70 000 ans, ils avaient la peau noire : 3 500 générations plus tard, leurs descendants sont blonds et ont la peau blanche.

Certaines adaptations génétiques ont été plus rapides, comme la faculté de digérer le lait à l'âge adulte. Si tous les bébés humains sont nourris au lait, la plupart ne peuvent plus le digérer une fois adultes : lors du sevrage, l'organisme cesse de produire l'enzyme nécessaire à cette digestion. Chez de nombreux hommes, le lait provoque des diarrhées et des maux sévères. Pourtant certaines races, dont la plupart des Caucasiens et certains peuples du nord-est africain, boivent du lait à l'âge adulte sans aucun problème. Ces peuplades sont essentiellement des gardiennes de troupeau.

5

LES FILLES D'ÈVE

L'ADN humain nous apporte la preuve que les hommes de Cro-Magnon ont colonisé l'Europe, l'Asie, l'Australie et les Amériques après leur départ d'Afrique il y a quelque 70 000 ans. Nos progrès en génétique moléculaire nous permettent aujourd'hui de comparer les codes génétiques des chromosomes de deux individus et de déterminer dans quelle mesure ils diffèrent et, donc, à quelle date remonte leur ancêtre commun.

1

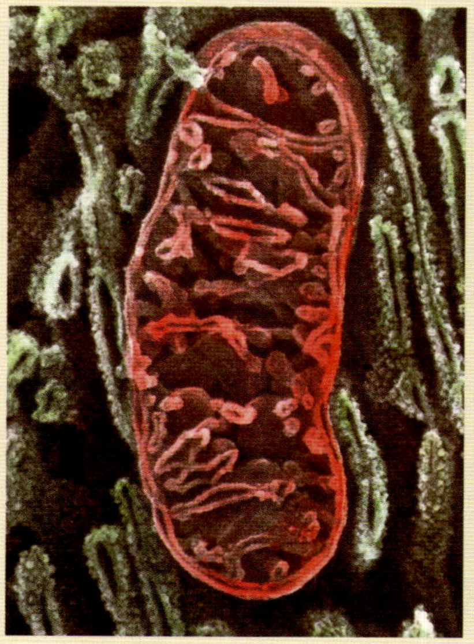

2

1. Évaluation des différences et similitudes entre les codes ADN de plusieurs individus. Chaque colonne est un code génétique individuel inscrit dans une fraction d'un chromosome.

2. Issues de bactéries qui ont réussi à envahir les cellules, les mitochondries fournissent l'énergie cellulaire. Leur code ADN n'est transmis que dans le lignage féminin.

L'ADN maternel

De nombreuses comparaisons entre ADN ont été rendues possibles grâce au matériel génétique de certaines parties des cellules appelées mitochondries. Ces minuscules « pompes énergétiques » sont présentes dans toutes les cellules, mais, leur ADN n'étant pas inclus dans le complément chromosomique niché dans le noyau cellulaire, on ne retrouve de trace de cet ADN que dans le lignage féminin, car l'embryon se développe à partir d'une cellule maternelle fécondée, l'ovule. L'ADN mitochondrial se transmet donc de mère en fille, et les similitudes entre ADN mitochondriaux retracent le lignage matrilinéaire.

Le berceau africain

Quand les généticiens ont comparé les ADN mitochondriaux des peuples actuels, ils ont été étonnés de voir à quel point ils se ressemblaient. Cette similitude suggère que tous les Européens, Asiatiques, Australiens et Amérindiens modernes avaient un ancêtre

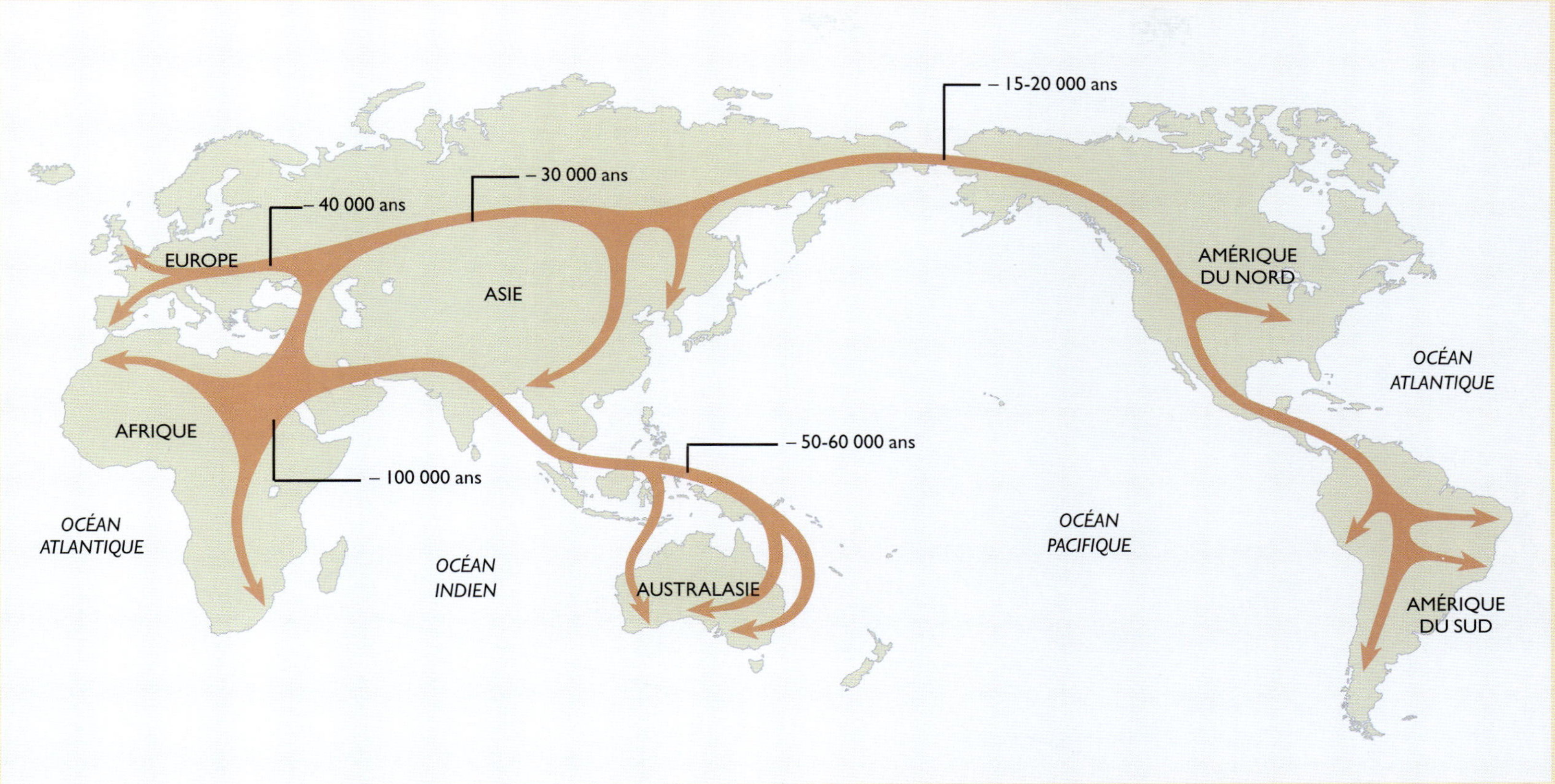

3

commun il y a encore 70 000 à 100 000 ans. Cet ADN plus ou moins commun étant issu d'une variation que l'on trouve dans l'Afrique actuelle, cela donne à penser que tous les êtres humains ont en commun un ancêtre qui vivait en Afrique il y a 100 000 ou 200 000 ans. Si nous ne sommes pas tous issus d'une seule et même « Ève », l'estimation de taille de la population ancestrale nécessaire pour produire les différences dans notre ADN moderne suggère qu'elle était réduite. Quelque 5 000 femmes seulement ont contribué à l'ascendance de tous les hommes vivant aujourd'hui. Quant aux derniers ancêtres masculins communs, la polygamie très répandue nous amène à conclure soit qu'ils ont été encore moins nombreux, soit qu'ils sont apparus plus récemment que leurs partenaires féminins.

Des survivants

Les 5 000 « Èves » qui vivaient en Afrique il y a 150 000 ans ne vivaient pas pour autant dans un même groupe social, ni même dans la même région d'Afrique. Ce qu'il faut comprendre du calcul précédent, c'est que, sans même tenir compte de la taille de la population qui vivait alors, seuls les descendants de ces 5 000 Èves ont survécu au cours des millénaires suivants.

Les ravages causés par les famines, les épidémies et autres désastres naturels qui ont touché les populations d'Afrique et d'Asie ont été tels que de nombreux lignages se sont éteints et que seuls les descendants d'un petit nombre de femmes ont survécu. Cette donnée, comparée à celle des femmes bien plus nombreuses qui vivaient à cette époque, prouve que notre présence ici bas fut sérieusement menacée.

3. L'origine de tous les humains modernes apparaît dans leur dispersion à partir de l'Afrique il y a quelque 70 000 ans. À peine 50 000 ans leur ont suffi pour coloniser tous les continents excepté l'Antarctique.

VOIR AUSSI

1.2 Les origines des primates
p. 32 Des anciens aux modernes

1.3 Les primates aujourd'hui
p. 40 L'horloge moléculaire
p. 43 Une vie qui tient à un fil

4.1 La planète des grands singes
p. 177 Histoire d'un âge d'or

4.5 Portraits de familles : les grands singes – p. 231 Hommes

1 

1. La société tribale survit dans les stades de football. Ces supporters du Borussia Dortmund affichent leur appartenance à la « tribu » par le port de vêtements emblématiques.

Il semble que leur adaptation à boire du lait soit apparue pour les aider à tirer le meilleur profit de leurs troupeaux.

En dépit de ces quelques exemples d'adaptation, l'espèce humaine demeure bien plus homogène génétiquement parlant que la plupart des autres primates. La distance génétique séparant deux sous-espèces de gorilles, par exemple, est plus grande que celle séparant les humains des chimpanzés ; quant aux différences existant entre deux races humaines, elles sont à peine décelables par un examen approfondi.

Le processus évolutif qui conduit à plusieurs espèces distinctes était sans aucun doute en marche chez les hommes, mais aucune espèce différente ne pourra plus émerger dans le futur du fait de notre dispersion géographique, de l'invention des bateaux et des avions, et de la répartition des gènes que cela a entraîné. La spéciation génétique demande l'isolation des populations durant des centaines de millénaires, ce qui ne pourrait désormais se produire que dans le cas improbable d'un effondrement économique planétaire interdisant tout voyage intercontinental.

Emblèmes tribaux

La culture est la marque distinctive de l'humanité depuis plus de 50 000 ans. Rien ne reflète mieux sa diversité que l'étonnante prolifération des langues parlées dans le monde, et au vu de leur extraordinaire capacité à évoluer, celles-ci ne représentent sûrement qu'une petite fraction de tous les langages ayant existé. Ainsi le français, l'espagnol, l'italien et le roumain ne se comprennent guère mutuellement et pourtant ces langues sont toutes issues du latin parlé par les Romains il y a quelque 2 000 ans.

Contrairement à la couleur de la peau, les langues ne résultent pas d'une adaptation à un milieu. Elles permettent d'affirmer la cohésion d'un groupe et de tracer une limite aisément reconnaissable entre les différentes populations. Langages et dialectes sont de fait les emblèmes de l'appartenance à un groupe ; ils identifient ceux qui sont nés au sein d'une communauté donnée, dont on peut conséquemment penser qu'ils partagent un nombre significatif de gènes.

Il existe bien d'autres emblèmes de ce genre, tels la manière de se vêtir et les croyances, mais aussi les organisations sociales et les cultes qui les accompagnent. La vitesse avec laquelle une langue change au fil du temps semble être liée au besoin de reconnaître facilement des groupes différents afin d'identifier sans erreur celui qui s'en prétend membre indûment. Une anecdote montre l'importance et l'ancienneté de l'identification par le dialecte : dans le livre des Juges de la Bible, les Éphraïmites vaincus sont identifiés et mis à mort par les Galaadites quand ces derniers leur demandent de prononcer le mot *schibboleth*, que les Éphraïmites prononcent *sibboleth*.

Identifier les membres d'un même clan est important, car, à l'instar des autres primates, les hommes ont des solutions coopératives pour résoudre les problèmes de la survie et de la reproduction. Mais nos grands groupes nous rendent particulièrement sensibles aux « escrocs » qui acceptent notre aide et notre générosité mais refusent de nous payer en retour. Les mécanismes mis en place pour distinguer les membres du groupe, que l'on doit aider, de ceux qui n'appartiennent pas au groupe, que l'on doit traiter avec plus de prudence, ont eu une telle importance au cours de l'évolution que la psyché humaine en connaît aujourd'hui beaucoup. Ainsi, être *in* ou *out*, dans le groupe ou en dehors, est une distinction qui sévit dans toutes les cultures humaines. Les membres *in* sont traités tels des frères et sœurs et bénéficient d'une aide sans restriction, tandis que les membres *out* peuvent être pillés voire tués impunément.

Les enfants de Caïn

Les langues évoluant graduellement au fil du temps, il a été possible d'en regrouper plusieurs en de grandes familles qui reflètent l'édifiante histoire des peuples. En étudiant ces diverses familles linguistiques, les anthropologues ont fait des découvertes surprenantes sur la manière dont les peuples se sont dispersés dans le monde il y a quelques millénaires. L'une de leurs conclusions est que, de manière générale, les invasions ont été plus souvent suivies par une extermination que par une absorption culturelle.

Un exemple nous est donné par les Basques, dont le territoire se situe dans les Pyrénées occidentales, à cheval sur la France et l'Espagne. Les Basques parlent une langue très différente de toutes les langues européennes, et l'analyse de leurs gènes prouve qu'ils ne sont pas

Plus de 650 langues (soit 10 % du total mondial) sont parlées dans l'île de la Nouvelle-Guinée.

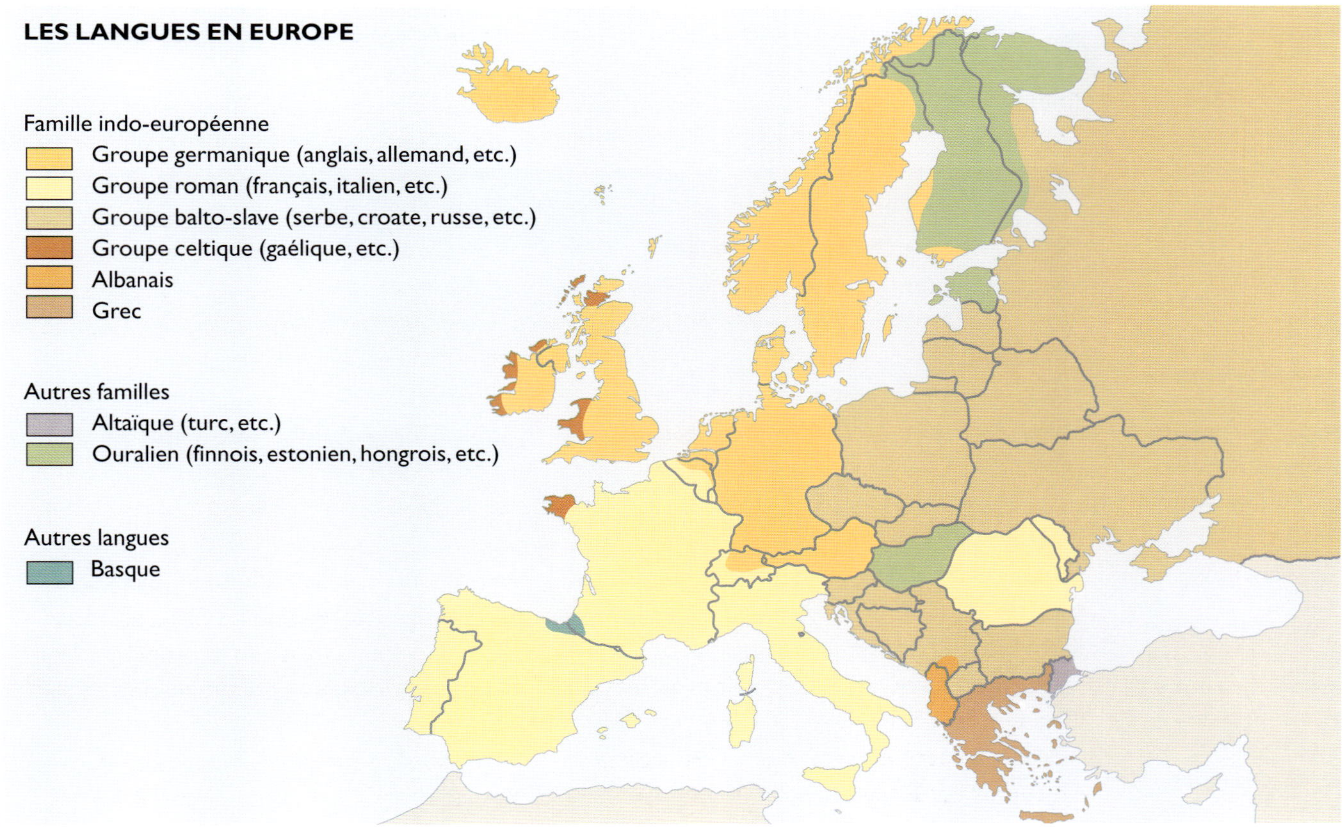

2

2. La majorité des langues européennes appartient à une seule famille, le groupe indo-européen, qui inclut aussi le persan et des langues de l'Inde. Les exceptions sont le hongrois et le finnois (qui appartiennent à une branche de langues asiatiques), et le basque (qui n'a de lien avec aucune autre langue européenne moderne).

apparentés aux Européens. Ils représentent assurément les derniers survivants d'un peuple qui habitait l'Europe avant que les Indo-Européens – les ancêtres immédiats de la plupart des Européens – n'envahissent ce continent.

Les similitudes entre les langues européennes (hormis le hongrois et le finnois) indiquent qu'elles appartiennent à la grande famille des langues dites indo-européennes. Cette famille comprend également le persan (la langue de l'Iran) et tous les langages du nord de l'Inde issus du sanskrit. Il semble que les ancêtres des Indo-Européens aient été une tribu de cavaliers qui vivait jadis au nord de la mer Noire. Il y a 6 000 à 8 000 ans, à la suite d'une soudaine explosion démographique, ils se sont rapidement dispersés, vers l'ouest, en Europe, et vers le sud et l'est, en direction de l'Asie, supplantant les habitants des régions dans lesquelles ils s'installaient. En Europe, seuls les Basques ont survécu parce qu'ils ont pu se retrancher dans leur forteresse montagneuse.

De tels événements sont caractéristiques de l'histoire humaine récente. Entre l'an 1000 avant J.-C. et l'an 1000 de notre ère, une semblable explosion démographique a conduit à la colonisation du Pacifique par des marins originaires de la Nouvelle-Guinée et du sud de la mer de Chine. Cette migration a finalement conduit à la découverte et à la colonisation d'îles éloignées comme Hawaï et la Nouvelle-Zélande. Une partie de cette expansion s'est également dirigée vers Madagascar, dont les habitants actuels parlent une langue plus proche de l'Indonésien que des langues africaines. Les îles du Pacifique et Madagascar étaient alors vierges de toute présence humaine et les colonisateurs y ont trouvé un paradis dans lequel ils n'ont pas tardé à proliférer.

Ailleurs dans le monde, les envahisseurs ont rencontré des populations humaines locales. Si certains de ces colons ont péri sur les plages, d'autres ont simplement balayé les populations indigènes. Il en est allé de même plus tard, quand les populations européennes ont envahi l'Australie et les Amériques.

1. Les Aborigènes de Tasmanie, comme celui-ci, peint en 1841 par Benjamin Duterreau, ont été exterminés par les colons blancs.

2. Vieille de 700 ans, cette gravure rupestre de Nouvelle-Zélande montre dans quels genres de canoës les ancêtres des Maoris venant du Nord ont traversé les océans.

4.5 PORTRAITS DE FAMILLES : LES GRANDS SINGES

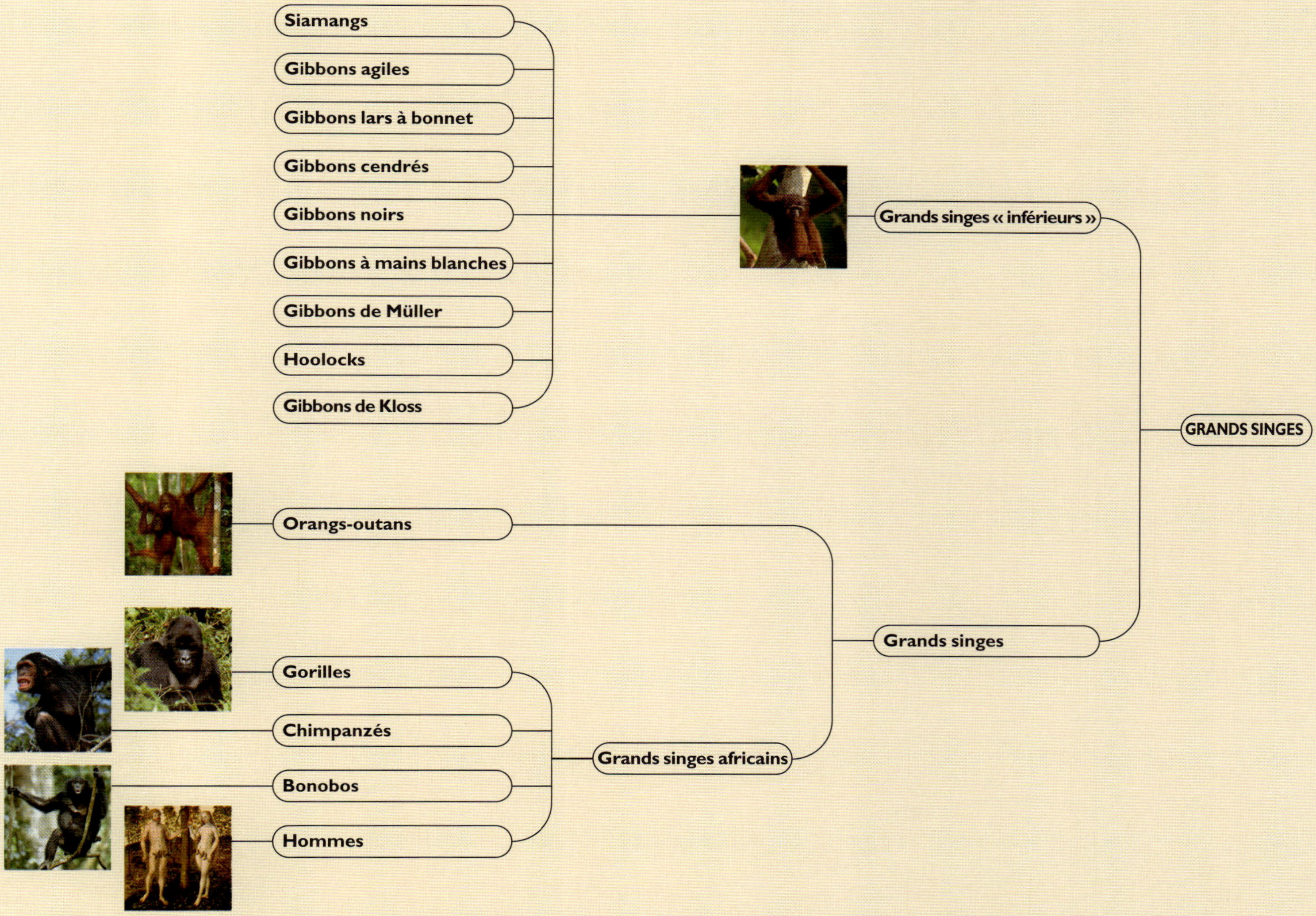

4.5

GIBBONS

Les gibbons sont de gracieux habitants de la canopée des forêts de l'Asie du Sud-Est. Légers et plutôt dégingandés, ce sont de superbes acrobates. Ils se répartissent en deux groupes principaux, les siamangs et les gibbons. Folivores, les siamangs sont plus corpulents et préfèrent les altitudes plus élevées que les autres gibbons, plus petits et frugivores. Alors que les siamangs sont présents à la fois dans les îles et sur le continent indochinois, les autres gibbons sont moins dispersés, chaque île abritant une espèce différente.

Les gibbons sont généralement monogames et occupent un territoire de 20 à 50 hectares, que la femelle défend en poussant son « grand cri », sorte de hurlement lancinant qui va crescendo, accompagné d'une démonstration acrobatique spectaculaire dans la cime des arbres. À peu près de taille identique, mâles et femelles diffèrent par leurs couleurs chez certaines espèces. Les nouveau-nés ont typiquement un pelage plus clair.

Les gibbons sont les grands singes les plus petits et les meilleurs acrobates des forêts d'Asie du Sud-Est.

VOIR AUSSI

Qu'est-ce qu'un primate ? 1.1
p. 14 Un mammifère plutôt ordinaire

Les origines des primates 1.2
p. 28 Qu'y a-t-il dans une dent ?
p. 32 Des anciens aux modernes

La planète des grands singes 4.1
p. 177 Histoire d'un âge d'or
p. 178 L'histoire récente
p. 182 Danser dans les arbres

La vie en société éclatée 4.2
p. 189 Une société éclatée
p. 194 Des raisons d'être fidèle

OÙ DANS LE MONDE ?

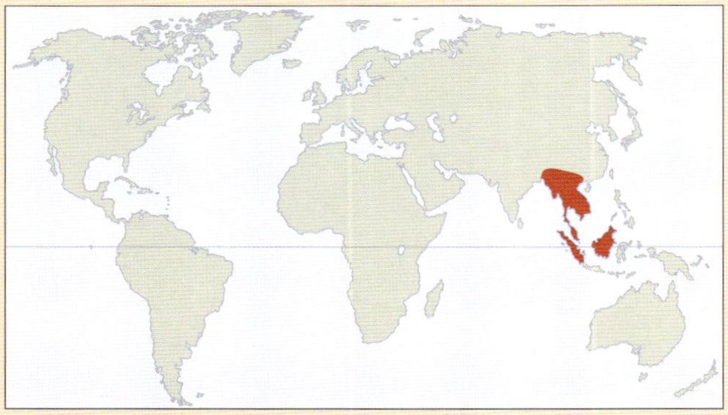

Autrefois étendue à toute l'Eurasie, l'aire de répartition des gibbons est aujourd'hui très restreinte.

FICHE SIGNALÉTIQUE

Répartition	Asie du Sud-Est
Espèces	Siamang *(Hylobates syndactylus)* 8 espèces de gibbons
Poids moyen	Siamang : de 11 à 12 kg Gibbons : de 5,5 kg à 7,5 kg
Mode de vie	Arboricole ; diurne
Type d'habitat	Forêts
Reproduction	Première portée à 9 ans, puis tous les 3 ans ; un petit par portée
Taille d'un groupe	De 3 à 5
Type de groupe	Couple monogame avec sa progéniture
Durée de vie max.	32 ans
Statut	Pas en danger pour l'instant, mais menacés par la destruction de leur habitat

ORANGS-OUTANS

Méthodique et pensif, l'orang-outan est le grand singe le plus menacé.

Immédiatement reconnaissables à leur pelage roux, les orangs-outans sont les seuls grands singes vivant aujourd'hui hors d'Afrique. S'il y en avait encore sur le continent chinois il y a seulement 10 000 ans, ils sont désormais confinés dans les forêts insulaires d'Indonésie et de Bornéo. Comme tous les grands singes, les orangs-outans sont frugivores. Menant une existence calme et souvent solitaire dans leur habitat naturel, ils sont en fait assez sociables et, en captivité, acceptent bien la vie en groupe.

Lorsqu'ils prennent de l'âge, de grands « coussins » charnus apparaissent sur les joues des mâles, tandis qu'une cape de longs poils couvre leurs épaules. Leur corps massif rendant difficile la progression de branche en branche, les mâles préfèrent descendre sur la terre ferme pour aller chercher leur nourriture. Les femelles, deux fois moins lourdes, restent généralement dans les arbres avec leur progéniture, n'allant que rarement à terre. Les mâles se montrent parfois très territoriaux, défendant férocement leur domaine contre les intrus qui s'y aventurent.

FICHE SIGNALÉTIQUE

Répartition	Sumatra et Bornéo
Espèces	Orang-outan *(Pongo pygmaeus)* 2 sous-espèces
Poids moyen	Femelles : 36 kg Mâles : 78 kg
Mode de vie	Arboricole, occasionnellement terrestre ; diurne
Type d'habitat	Forêts
Reproduction	Première portée à 10 ans, puis tous les 3 ou 4 ans ; un petit par portée
Taille d'un groupe	1 ou 2
Type de groupe	Généralement solitaire, sauf durant la saison des amours ; les jeunes dépendants accompagnent leur mère
Durée de vie max.	50 ans
Statut	Très sérieusement menacés par la destruction de leur habitat

OÙ DANS LE MONDE ?

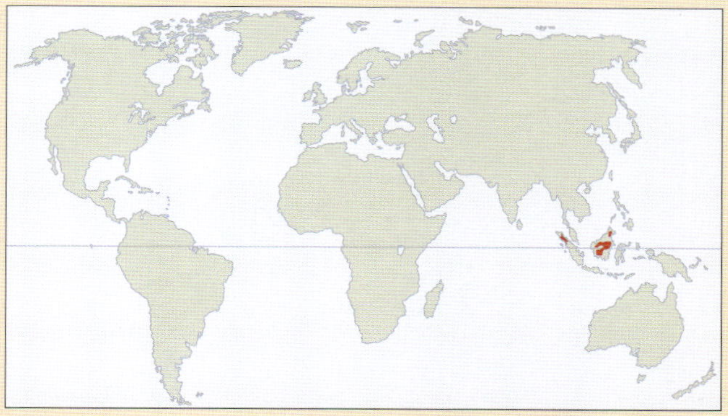

Les orangs-outans sont aujourd'hui confinés dans les îles de Sumatra et de Bornéo.

VOIR AUSSI

1.3 **Les primates aujourd'hui**
p. 40 Simiens de l'Ancien Monde

4.1 **La planète des grands singes**
p. 174 Les grands singes
p. 178 L'histoire récente
p. 182 L'anatomie

4.2 **La vie en société éclatée**
p. 187 Les modes de vie
p. 190 Les lois des mâles
p. 193 Comme on fait son nid…
p. 194 Des raisons d'être fidèle
p. 196 Sexe et société

4.5

GORILLES

Les gorilles, les plus grands primates vivant aujourd'hui, sont en fait de gentils géants qui ne méritent vraiment pas leur réputation d'animaux redoutables. Si les mâles peuvent charger les hommes lorsqu'ils sont dérangés, voire se battre férocement entre eux, leur nature généralement placide leur confère une dignité paisible.

On en distingue aujourd'hui trois sous-espèces : le gorille de montagne des régions volcaniques du Rwanda, très menacé (la population est estimée à quelque 450 individus), le gorille des plaines de l'est du Congo, et le gorille des plaines d'Afrique occidentale, en plus grand nombre. Les gorilles de montagne sont plus terrestres et plus folivores que les gorilles des plaines, qui tendent à vivre dans les arbres à se nourrir de fruits.

Ils vivent en groupes restreints et ne parcourent guère plus de 1 km par jour pour se nourrir. Sans être ouvertement territoriaux, les gorilles tiennent compte de leurs domaines respectifs. Un mâle à « dos argenté » domine chaque groupe, dont il est le principal reproducteur ; il est parfois « assisté » d'un mâle plus jeune, qui prendra éventuellement sa place à sa mort. Les femelles sont beaucoup plus petites que les mâles.

Ces doux géants des forêts africaines sont peu démonstratifs et plus enclins à se fondre dans la végétation qu'à faire front et se battre.

VOIR AUSSI

Les origines des primates 1.2
p. 32 Des anciens aux modernes

La planète des grands singes 4.1
p. 178 L'histoire récente
p. 180 La disparition des forêts
p. 182 L'anatomie
p. 184 Vivre et mourir

La vie en société éclatée 4.2
p. 187 À la recherche des fruits
p. 189 Une société éclatée
p. 190 à 193 Les lois des mâles
p. 196 Sexe et société

OÙ DANS LE MONDE ?

Probablement séparées depuis très longtemps, les trois sous-espèces de gorilles habitent des régions d'Afrique distinctes.

FICHE SIGNALÉTIQUE

Répartition	Afrique centrale
Espèces	Gorille (*Gorilla gorilla*) 3 sous-espèces
Poids moyen	Femelles : de 71 à 98 kg Mâles : de 160 à 175 kg
Mode de vie	Terrestre ; diurne
Type d'habitat	Forêts
Reproduction	Première portée à 10 ans, puis tous les 4 ans ; un petit par portée
Taille d'un groupe	De 7 à 10
Type de groupe	Un mâle pour 2 ou 3 femelles et leurs petits, certains groupes comprenant un ou plusieurs jeunes mâles marginaux
Durée de vie max.	39 ans
Statut	Menacés par la destruction de leur habitat, et par le braconnage (gorille des montagnes)

4.5

CHIMPANZÉS COMMUNS

Chez les chimpanzés, la vie en communauté se déroule sur un rythme effréné.

Les chimpanzés communs sont les grands singes les plus petits, les mâles étant un peu plus gros que les femelles. Ce sont en outre les plus dispersés géographiquement, car ils peuplent les bois et les forêts de presque toute l'Afrique centrale et occidentale, excepté le bassin du fleuve Congo, où ils laissent la place aux bonobos. Ce sont enfin les grands singes les plus intelligents, et leur vie sociale est riche en intrigues. À la différence des autres grands singes, les femelles signalent l'imminence de l'ovulation par de larges tumescences rouges sur leurs callosités fessières.

Actifs, les chimpanzés parcourent jusqu'à 5 km par jour pour se nourrir. Leurs communautés comptent de 55 à 100 individus et occupent des territoires atteignant 50 km². Les fraternités de mâles de proche parenté défendent leur groupe avec vigueur, allant jusqu'à mener des expéditions dans les domaines voisins pour y tuer les mâles rivaux. La relative pauvreté de leurs habitats les oblige à se séparer en sous-groupes, voire à s'isoler, pour fourrager. La taille de ces sous-groupes varie en fonction des saisons et de la disponibilité des fruits. Certaines populations chassent régulièrement des singes ou de petites antilopes.

FICHE SIGNALÉTIQUE

Répartition	Afrique centrale et occidentale
Espèces	Chimpanzé commun *(Pan troglodytes)* 3 sous-espèces
Poids moyen	Femelles : de 34 à 46 kg Mâles : de 43 à 60 kg
Mode de vie	Arboricole et terrestre ; diurne
Type d'habitat	Forêts
Reproduction	Première portée entre 11 et 12 ans, puis tous les 4 ans ; un petit par portée
Taille d'un groupe	Communauté : de 20 à 100 ; sous-groupes pour la recherche de nourriture : de 3 à 11
Type de groupe	Multimâles-multifemelles
Durée de vie max.	45 ans
Statut	Pas en danger pour l'instant, mais menacés par la destruction de leur habitat

OÙ DANS LE MONDE ?

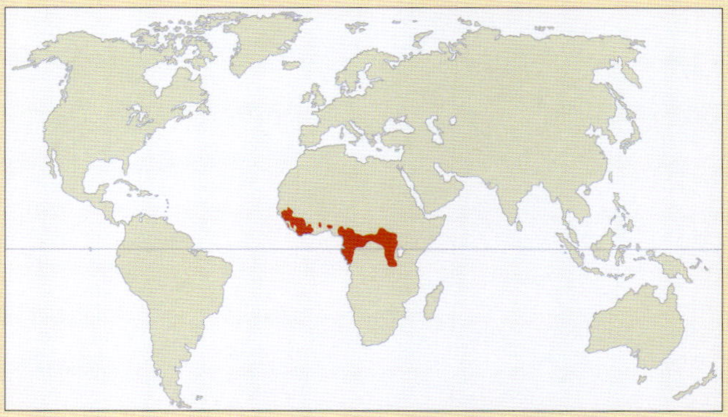

L'habitat des chimpanzés se limite aux forêts d'Afrique centrale et occidentale.

VOIR AUSSI

1.1 Qu'est-ce qu'un primate ?
p. 14 Un mammifère plutôt ordinaire
p. 16 Définir les espèces

1.2 Les origines des primates
p. 32 Des anciens aux modernes

1.3 Les primates aujourd'hui
p. 40 Simiens de l'Ancien Monde

3.2 La vie en groupe
p. 128 Frères et ennemis

4.1 La planète des grands singes
p. 176 à 185

4.2 La vie en société éclatée
p. 186 à 197

4.3 L'intelligence des grands singes
p. 198 à 209

BONOBOS

Les bonobos, ou chimpanzés nains, ne sont en fait pas plus petits que leurs cousins, les chimpanzés communs, mais ils sont un peu plus minces. Leur habitat, qui n'empiète pas sur celui des chimpanzés communs, se limite aux forêts denses du bassin du fleuve Congo. Bien qu'ils aient un mode de vie et un comportement semblables à ceux de leurs cousins, une atmosphère plus amicale et plus détendue règne au sein de leurs communautés. En outre, leur habitat étant plus riche, les bonobos peuvent se rassembler en groupes plus larges lorsqu'ils recherchent leur nourriture.

C'est peut-être pour cette raison qu'ils mènent une vie sociale plus active. Ils utilisent les relations sexuelles (entre tous les membres d'un groupe) pour entretenir la cohésion du groupe, mais aussi pour renforcer les liens amicaux. Les turgescences sexuelles des femelles durent pendant presque tout le cycle menstruel, sans doute dans le but de faciliter et d'encourager une activité sexuelle poussée. On présente parfois les bonobos comme ressemblant davantage aux hommes que les chimpanzés communs sous de nombreux aspects, aussi bien anatomiques que comportementaux.

Les bonobos sont réputés pour leur vie sociale paisible, dans laquelle ils usent du sexe comme les hommes usent de la conversation.

VOIR AUSSI

Les primates aujourd'hui 1.3
p. 40 Simiens de l'Ancien Monde

La planète des grands singes 4.1
p. 178 L'histoire récente

La vie en société éclatée 4.2
p. 189 Une société éclatée
p. 190 Les lois des mâles
p. 196 Sexe et société
p. 197 Obsédés par le sexe

L'intelligence des grands singes 4.3
p. 199 Connais-toi toi-même
p. 202 Converser

OÙ DANS LE MONDE ?

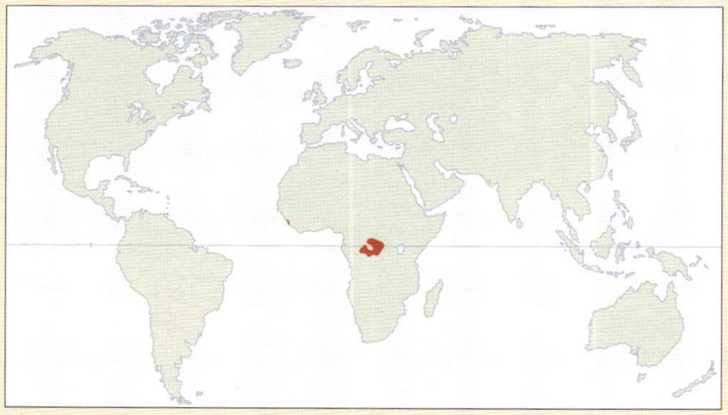

L'habitat des bonobos se limite aux forêts d'Afrique centrale.

FICHE SIGNALÉTIQUE

Répartition	Congo
Espèces	Bonobo *(Pan paniscus)*
Poids moyen	Femelles : 33 kg Mâles : 45 kg
Mode de vie	Arboricole et terrestre ; diurne
Type d'habitat	Forêts
Reproduction	Première portée à 10 ans, puis tous les 4 ans ; un petit par portée
Taille d'un groupe	Communauté : de 10 à 40 ; sous-groupes pour la recherche de nourriture : de 3 à 13
Type de groupe	Multimâles-multifemelles
Durée de vie max.	Inconnue
Statut	Pas en danger pour l'instant, mais menacés par la destruction de leur habitat

HOMMES

Adam et Ève vus par le peintre du XVIe siècle Cranach le jeune. Les grands singes bipèdes, dépeints ici, sont les plus prospères et les plus destructeurs de tous les primates.

Les plus intelligents et les plus sociables des grands singes, les hommes, sont par ailleurs uniques dans l'art de la communication par la parole. Ils se distinguent également par leur moindre dépendance vis-à-vis des forêts et leur mode de locomotion bipède. Ils forment des unités monogames ou polygames (parfois polyandres), qui se rassemblent pour former des communautés (les villages, par exemple). Légèrement plus petites que les mâles, les femelles sont sexuellement réceptives à tout moment.

Avant le développement de l'agriculture, il y a environ 10 000 ans, les hommes vivaient en communautés de chasseurs (parfois de pêcheurs). Celles-ci ont colonisé tous les types d'habitat de la planète. Grâce à l'agriculture, nombre de populations ont opté pour une vie plus sédentaire, tandis que d'autres, pastorales, menaient une existence nomade avec leurs troupeaux d'animaux domestiques. Dans les sociétés agricoles et industrielles modernes, les communautés se rassemblent souvent en larges entités politiques, les plus vastes (les États) comptant parfois des centaines de millions d'individus. Les relations de parenté revêtent un caractère particulièrement important ; ainsi, dans les communautés agricoles, les terres se transmettent souvent de père en fils.

FICHE SIGNALÉTIQUE

Répartition	Toute la planète
Espèces	Humain *(Homo sapiens)*
Poids moyen	Femelles : de 42 à 73 kg Mâles : de 47 à 78 kg
Mode de vie	Terrestre ; diurne
Type d'habitat	Tous types d'habitat
Reproduction	Première portée entre 15 et 20 ans, puis tous les 4 ans dans les sociétés traditionnelles ; un petit par portée
Taille d'un groupe	Grande
Type de groupe	Couple monogame ou harem unimâle, accompagnés des jeunes dépendants ; généralement rassemblés en vastes groupes sociaux
Espérance de vie	90 ans
Statut	Pas en danger

OÙ DANS LE MONDE ?

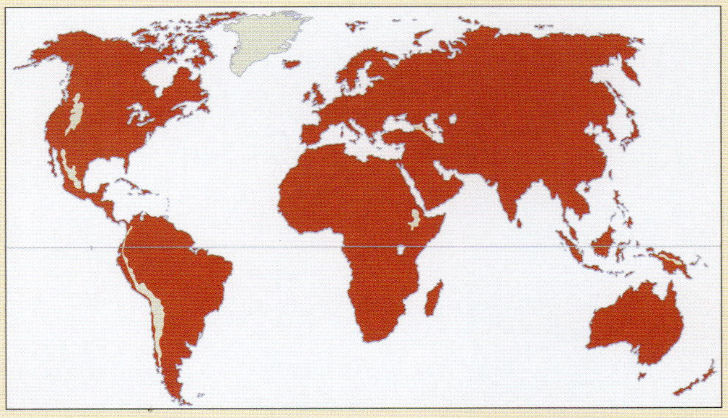

En moins de 70 000 ans, les hommes sont parvenus à coloniser tous les continents de la planète.

VOIR AUSSI

1.1 Qu'est-ce qu'un primate ?
p. 16 Définir les espèces
1.2 Les origines des primates
p. 32 Des anciens aux modernes
1.3 Les primates aujourd'hui
p. 40 L'horloge moléculaire
4.1 La planète des grands singes
p. 178 L'histoire récente
p. 182 Cage thoracique plate
p. 197 Obsédés par le sexe
4.3 L'intelligence des grands singes
p. 199 Le « cerveau social »
p. 201 Lire dans les pensées
p. 202 Converser
4.4 Un grand singe bipède
p. 210 à 224

Épilogue

Les primates forment une remarquable famille animale, et c'est un privilège pour notre espèce que d'y appartenir. C'est bien à cette famille que nous devons d'être ce que nous sommes et de faire ce que nous faisons. Nous partageons avec nos cousins primates une longue histoire riche en événements, où la survie n'a, plus d'une fois, tenu qu'à un fil. Nous ne devons notre prospérité qu'aux caprices de l'histoire qui ont engendré nos ancêtres prosimiens et grands singes. Ces développements parfois surprenants, survenus au cours des derniers 65 millions d'années, n'ont, en aucun cas, été le choix délibéré d'une quelconque espèce. L'évolution est un processus aveugle sans aucune finalité objective, pas plus qu'il n'est progressif. Bien au contraire, le cours de l'histoire de l'évolution balance d'un côté, puis de l'autre, au fur et à mesure que les fortes contraintes imposées par les changements climatiques et la compétition écologique conduisent inexorablement les populations au bord d'une catastrophe puis d'une autre. Nous sommes là à cause de ces accidents de l'histoire.

Notre aventure partagée nous confère peut-être une affinité particulière vis-à-vis de nos cousins primates, une affinité qui s'accompagne de responsabilités. Notre intelligence est notre grand accomplissement. Nous pouvons en faire usage – et nous le faisons incontestablement – pour le meilleur comme pour le pire. Nous sommes à nous seuls responsables de la mise en marche du plus grand désastre écologique menaçant la planète au cours des 65 millions d'années qui viennent de s'écouler. C'est notre devoir de trouver les solutions aux dilemmes de ces extinctions massives. Et, sans pour autant ignorer nos obligations envers les autres formes de vie animale et végétale avec lesquelles nous partageons la planète, il est peut-être opportun que nous considérions nos cousins comme membres de notre famille, puisque c'est ce qu'ils sont.

Robin Dunbar et Louise Barrett
Juin 2000

Bibliographie

Bloom Steve, *Hommage aux primates*, éditions Könemann, 1999.

Bobbé Sophie, *Grands singes – La fascination du double*, coll. Monde / Nature extrême, éditions Autrement, 1998.

Dunbar Robin, *Primate Social Systems*, éditions Chapman and Hall, 1988. Une vue d'ensemble du comportement social des primates.

Dunbar Robin, *Grooming, Gossip and the Evolution of Language*, éditions Faber and Faber and Harvard University Press, 1996. Le comportement des primates et les origines du langage pour le lecteur non-spécialiste.

Farris-Toussaint Letitia, de Wetter Bernard, *Cap sur les singes et les lémuriens*, coll. dirigée par Cap Nature, éditions Nathan, 2000.

Fossey Dian, *Gorille dans la brume*, éditions Presses Pocket, 1990.

Fouts Roger, Mills Stephan, Goodall Jane, *L'École des chimpanzés*, éditions Jean-Claude Lattès, 1998.

Galdikas Biruté, *Souvenirs d'Éden*, éditions Belfond, 1997.

Gilders Michelle, *L'univers des singes - Nos plus proches parents*, éditions du Trécarré, 2000.

Goodall Jane, *In the Shadow of Man*, éditions Collins, 1971. Le livre qui a tout déclenché…

Goodall Jane, *The Chimpanzees of Gombe : Patterns of Behaviour*, éditions Harvard University Press, 1986. Le guide de référence sur les chimpanzés les plus célèbres du monde.

Goodall Jane, *Les chimpanzés et moi*, éditions Stock, 1991.

Goodall Jane, *La vie du chimpanzé*, éditions Stock, 1992.

Lestel Dominique, *Paroles de singes : L'impossible dialogue homme-primate*, éditions La Découverte, 1995.

Schaller Georges, Nichols Michael, *Gorilles - Les survivants des Birunya*, éditions Nathan, 1989.

Sourd Christine, Visage Albert, Ferrero Jean-Paul, *L'Orang-outang*, éditions Milan, 1996.

de Waal Frans, *Chimpanzee Politics : Power and Sex Among Apes*, éditions Unwin, 1982. Le récit des relations politiques dramatiques entre Yeroen, Luit et Nikkie au zoo d'Arnhem, au Pays-Bas.

de Waal Frans, *Peacemaking Among Primates*, éditions Harvard University Press, 1989. Une étude sur la manière dont les primates gèrent leurs relations les uns avec les autres.

de Waal Frans, *De la réconciliation chez les primates*, éditions Flammarion, 1992.

de Waal Frans, *La politique du chimpanzé*, préface Desmond Morris, éditions Odile Jacob, 1995.

de Waal Frans, *Le bon singe : les bases naturelles de la morale*, coll. Documents Phosphore, Sciences et Techniques, éditions Bayard, 1997.

de Waal Frans, Lanting Frans, *Bonobos - Le bonheur d'être singe*, coll. Le temps des sciences, éditions Fayard, 1999.

de Waal Frans, *Quand les singes prennent le thé*, coll. Le temps des sciences, éditions Fayard, 2001.

SITES INTERNET

American Society of Primatologists
http://www.asp.org

International Primate Protection League
http://www.ippl.org/index.html

International Primatological Society
http://indri.primate.wisc.edu/pin/ips.html

Jane Goodall Institute
http://www.janegoodall.org/index.html

Primate Conservation
http://www.primate.org

Primate Society of Great Britain
http://www.ana.ed.ac.uk/PSGB/home.html

Fauna and Flora International
http://www.ffi.org.uk

Association française pour la protection des gorilles et autres primates
http://www.cybsnack.mnet.fr

Crédits photographiques

BBC Worldwide remercie les photographes et organismes suivants pour leur aimable autorisation de reproduction des photographies et documents dans cet ouvrage. Tous les efforts ont été faits pour retrouver les propriétaires des droits de reproduction, et l'éditeur tient à s'excuser pour toute erreur ou omission.

Anthro-photo p. 145 *haut* (Sarah Blaffer Hrdy) et 202 (Herbert Terrace) ; **Ardea** p. 58 (M. Watson), 76 *droite* (Peter Steyn), 118 (Jean-Paul Ferrero), 156 *gauche* (M. Watson), 184 (Jean-Paul Ferrero), 189 (Ferrero-Labat), 191 *bas* (Parer-Cook), 195 Jean-Paul Ferrero) et 206 *droite* (Adrian Warren) ; **Art Archive** p. 224 *haut* (Queen Victoria Museum) ; **Louise Barrett** p. 154 et 156 *droite* ; **Miles Barton** p. 140 *bas* et 158 *haut* ; **BBC Natural History Unit Picture Library** p. 4-5 (Anup Shah),17 *droite* (Anup Shah), 23 (Ian Redmond), 33 (Richard du Toit), 37 (Pete Oxford), 41 (Anup Shah), 42 (David Shale), 44 (Anup Shah), 54 (Pete Oxford), 59 *gauche* (Bruce Davidson), 61 (Pete Oxford), 65 (Pete Oxford), 73 *haut* (Nick Garbutt), 98 (Pete Oxford), 99 (Richard du Toit), 112 *haut* (Pete Oxford), *bas gauche* (Miles Barton), 123 *haut* (Richard du Toit), 124 (Anup Shah), 125 *bas* (Mike Wilkes), 127 (Anup Shah), 137 *gauche* (Miles Barton), 138 (Vivek Menon), 143 *haut* (Anup Shah), *bas* (Dietmar Nill), 144 (Pete Oxford), 158 *bas* (Miles Barton), 161 (Nick Gordon), 174 (Anup Shah), 179 *haut* (Anup Shah), 187 Neil P. Lucas), 188 *bas droite* (Anup Shah), 192 Bruce Davidson) et 229 (Anup Shah) ; **Simon Bearder** p. 70 ; **Bridgeman Art Library** p. 218 *gauche* (Ali Meyer/Naturhistorisches Museum, Vienna), 218 *droite* et 231 (Edith A. et Percy S. Strauss Collection, Museum of Fine Arts, Houston, Texas) ; **Bubbles** p. 201 (Amanda Knapp) et 203 *bas* (Loisjoy Thurston) ; **Bruce Coleman Collection** p. 2 (Janos Jurka), 22 *bas* (Gerald Cubitt), 56 *gauche* (Alain Compost), 60 (Rod Williams), 64 (Konrad Wothe), 66 *bas* (Konrad Wothe), 74 (Rod Williams), 84 *droite* (Konrad Wothe), 92 *gauche* (Konrad Wothe), 96 (Konrad Wothe), 102 (J. P. Zwaenepoel), 105 (Jorg et Petra Wegner), 107 (Gunter Ziesler), 108 *bas* (Luiz Claudio Marigo), 109 *haut* (Luiz Claudio Marigo), 117 *haut* (Trevor Barrett), 119 (Steven C. Kaufman), 123 *bas* (Ingo Arndt), 130 (Ingo Arndt), 135 (Konrad Wothe), 136 (Ingo Arndt), 145 *bas* (Rod Williams), 146-147 (Ingo Arndt), 160 (Rod Williams), 165 (Luiz Claudio Marigo), 185 *haut* (John Cancalosi) et 194 *droite* (Rod Williams) ; **Frans de Waal** p. 209 *les deux* ; **Robin Dunbar** p. 149 ; **Michael et Patricia Fogden** p. 20 ; **Werner Forman Archive** p. 224 *bas* ; **Fortean Picture Library** p. 178 *haut* (Copyright 1968 Dahinden, photo Patterson/Gimlin) et *bas* (Tony Healy) ; **Nick Garbutt, Indri Images** p. 59 *droite*, 66 *haut*, 71, 78 *droite*, 84 *gauche*, 85, 87, 88-89, 91 et 97 ; **Michael A. Huffman** p. 205 ; **The Jane Goodall Institute**, UK p. 199 *bas* ; **S. et R. Greenhill** p. 214 *gauche* ; **Images Colour Library** p. 10, 45 *bas* et 215 *gauche* ; **Melanie Krebs** p. 128 *les deux* ; avec l'aimable autorisation de la **Linnean Society of London**, p. 16 *gauche* ; **Magnum** p. 185 *bas* et 203 *haut* (*les deux* Michael Nichols) ; **Florian Mollers** p. 112 *bas droite* et 129 ; **Natural History Museum, Londres** p. 25 *les deux*, 26, 30, 216 et 217 *droite* ; **Network** p. 214 *droite* (Olivier Martel/Rapho) et 222 (Ellerbrock/ Bilderberg) ; **NHPA** p. 14 *droite* (Steve Robinson), 19 (Orion Press), 21 (Martin Harvey), 46 (Jany Sauvanet), 55 *gauche* (Peter Pickford), 77 (Martin Harvey), 79 (Martin Harvey), 92 (Martin Harvey), 94 (Martin Harvey), 101 (Ivan Polunin), 114 *gauche* (James Carmichael Jr), 115 *droite* (Christopher Ratier), 116 *droite* (Nigel J. Dennis), 126 (Nigel J. Dennis), 132 (Stephen Dalton), 133 (Iain Green), 139 (Gerard Lacz), 142 (Daryl Balfour), 151 *bas* (E. A. Janes), 153 *bas* (Martin Harvey), 155 (Kevin Schafer), 162 (Kevin Schafer), 169 (John Shaw), 173 (Martin Harvey), 177 (Nigel J. Dennis), 179 *bas* (Martin Harvey), 182 *haut* (Martin Harvey), 188 *gauche* (Nigel J. Dennis) et 204 (Steve Robinson) ; **Oxford Scientific Films** p. 14 *gauche* (David Curl), 22 *haut* (David Cayless), 29 (Alan Root/Survival Anglia), 35 (Stan Osolinski), 43 (Bob Campbell/Survival Anglia), 48 (David Curl), 52 (Michael Leach), 53 (Densey Clyne/Mantis Wildlife Films), 56 *droite* (David Haring), 63 (Des et Jen Bartlett/Survival Anglia), 67 (Mark Pidgeon), 69 (David Curl), 75 (Mark Pidgeon), 76 *gauche* (David Haring), 78 *gauche* (David Haring), 86 (Doug Allan), 106 (Nick Gordon), 113 *haut* (Stan Osolinski), 115 *gauche* (John Chellman/Animals Animals), 116 *gauche* (Stan Osolinski), 117 *bas* (Konrad Wothe), 121 *haut* (Warwick Johnson), 122 (Michael Fogden), 125 *haut* (Zig Leszczynski), 131 (Belinda Wright), 140 *haut* (Jan Teede/Survival Anglia), 150 (Mickey Gibson/Animals Animals), 152 *haut* (Mike Birkhead), 157 (Tom Ulrich), 164 (Edward Parker), 166 (Alan et Sandy Carey), 167 (Stephen Mills), 168 (Alan et Sandy Carey), 171 (Michael Dick/Animals Animals), 180 *droite* (Edward Parker), 182 *bas* (Mike Birkhead), 188 *haut droite* (Dieter et Mary Plage), 190 *gauche* (Konrad Wothe), 191 *haut* (Mike Birkhead), 194 *gauche* (Clive Bromhall), 197 (Martyn Colbeck), 200 *bas* (Martyn Colbeck), 206 *gauche* (Clive Bromhall), 207 *gauche* (Clive Bromhall), 208 (Clive Bromhall), 227 (Mike Hill), 228 (Daniel J. Cox) et 230 (Martyn Colbeck) ; **Photofusion** p. 219 *droite* (Clarissa Leahy) ; **Planet Earth Pictures** p. 1 (Anup Shah), 13 (Elio della Ferrera), 15 (K. Jayaram), 16-17 *gauche* (Julian Partridge), 18 (Ned Middleton), 28 (M. et C. Denis-Huot), 47 *haut* (K. et K. Ammann), 51 (Ken Lucas), 55 *droite* (Rod Williams), 73 *bas* (Rod Williams), 80 (Peter Lilja), 81 *les deux* (Nick Garbutt), 95 (Nick Garbutt), 100 (Rod Wiiliams), 108 *haut* (Brian Kenney), 109 *les deux en bas* (Claus Meyer), 111 (Jonathan Scott), 113 *bas* (K. et K. Ammann), 114 *droite* (Anup Shah), 121 *bas* (Jonathan Scott), 141 *gauche* (Ken Lucas), *droite* (M. et C. Denis-Huot), 151 *haut* (Michael McKinnon), 152 *bas* (John Downer), 153 *haut* (John Downer), 163 (Ken Lucas), 170 (Jonathan Scott), 170 (Jonathan Scott), 172 (Brian Kenney), 183 (Anup Shah), 196 (Jonathan Scott), 215 *droite* (Jonathan Scott), 219 *haut gauche* (B. et C. Alexander), *bas gauche* (Jonathan Scott), 226 (Robert Franz), 232 (Elio Della Ferrara), 235 (Anup Shah) et 236 (Peter Lilja) ; **Science Photo Library** p. 32 (John Reader), 40 (Carolyn Iverson), 45 *haut* (CNES/1989 Distribution Spot Image), 181 (Jacques Langoux), 199 *haut* (D. Roberts), 211 (John Reader), 212 (Petit Format/Nestle), 213 (John Reader), 217 *gauche* (John Reader), et 220 *haut* (Simon Fraser), *bas* (P. Motta et T. Naguro) ; **Still Pictures** p. 47 *bas* (Yves Lefevre), 83 (Roland Seitre), 137 *droite* (Xavier Eichaker), 180 *gauche* (Mark Edwards), 190 *droite* (Schafer et Hill) et 193 (Michael Gunther) ; **University of Louisiana** p. 200 *haut* (Donna T. Biershwale/Institute of Cognitive Science) ; **Bernard Walton** p. 9.

La photographie de la page 207, à droite, est extraite de *The Mentality of Apes*, de Wolfgang Kohler, 1925.

Index

Les pages en ***italique gras*** renvoient aux illustrations.